MANUEL PRATIQUE
DE
MAGNÉTISME ANIMAL

LIBRAIRIE DE J. B. BAILLIÈRE.

LE MAGNÉTISME ANIMAL EXPLIQUÉ, ou Leçons analytiques sur la nature essentielle du magnétisme, sur ses effets, son histoire, ses applications, les divers moyens de le pratiquer, etc.; par le docteur A. TESTE. Paris, 1845, 1 vol. in-8 de 500 pages.
7 fr.

Cet ouvrage, que l'auteur considère avec raison (dans la préface) comme de beaucoup supérieur à tout ce qu'il a publié, est peut-être ce qu'on a écrit jusqu'à présent de plus clair, de plus intéressant, et surtout de plus rationnel sur le magnétisme animal. Il s'adresse indistinctement à toutes les classes de lecteurs, car « il s'agit de l'homme étudié physiquement et moralement d'un point de vue nouveau. » Cet ouvrage se compose de *Onze leçons* ou chapitres. Ces leçons ont été suivies, dans le cours de l'hiver de 1844, par des savants, des philosophes, des magistrats, des médecins et des gens de lettres. L'extrême assiduité de cet auditoire d'élite prouva à l'auteur qu'elles présentaient un véritable intérêt. Telle est la raison qui l'a déterminé à le publier. Ce cours est ainsi divisé : *Ire leçon* : Aperçus généraux de l'ordre le plus élevé sur la nature intime du magnétisme. — *IIe leçon* : Histoire philosophique de cette science nouvelle. — *IIIe leçon* : Théories et Opinions des anciens sur le fluide magnétique ; Renaissance de ces Théories au xve siècle. — *IVe, V^e, VIe leçons* : Mesmer, ses démêlés avec les corps savants. Rapports de 1784. Théories de Mesmer, ses opinions et ses actes jugés et appréciés. — *VIIe leçon* : Effets produits par le magnétisme. — *VIIIe, IXe leçons* : Histoire du somnambulisme, phénomènes observés pendant cet état. — *X^e leçon* : Effets divers et consécutifs du magnétisme, de ses applications. — *XIe leçon* : Théorie de l'auteur, théorie générale, ingénieuse, absolument nouvelle, et qui rattache très-logiquement tous les faits magnétiques aux axiomes des sciences physiques. — En résumé, l'ouvrage de M. Teste ouvre une nouvelle voie aux sciences physiologiques et métaphysiques dont il a surtout pour but de prouver la dépendance réciproque.

TRAITÉ HOMŒOPATHIQUE DES MALADIES AIGUES ET CHRONIQUES DES ENFANTS ; par le docteur A. TESTE. Paris, 1850, in-12 de 460 pages. 4 fr. 50

Cet ouvrage, fruit de cinq années d'observations et de recherches assidues, a, par-dessus tout, le mérite d'être clairement écrit et essentiellement pratique. Il est divisé en deux parties, dont la première comprend l'hygiène des enfants depuis les premiers jours de la vie jusqu'à l'adolescence, et la seconde la description et le traitement de toutes leurs maladies. Cette seconde partie contient une foule d'indications thérapeutiques absolument nouvelles, dont l'expérience clinique a prouvé l'efficacité, et qu'on chercherait vainement ailleurs.

SYSTÉMATISATION PRATIQUE DE LA MATIÈRE MÉDICALE HOMŒOPATHIQUE, par le docteur A. TESTE, membre de la Société gallicane de médecine homœopathique, Paris, 1853, 1 vol. in-8 de 600 pages.

CORBEIL, TYP. ET STÉRÉOT. DE CRÉTÉ.

MANUEL PRATIQUE

DE

MAGNÉTISME ANIMAL

EXPOSITION MÉTHODIQUE DES PROCÉDÉS

EMPLOYÉS

POUR PRODUIRE LES PHÉNOMÈNES MAGNÉTIQUES

ET LEUR APPLICATION

A L'ÉTUDE ET AU TRAITEMENT DES MALADIES

PAR

ALPH. TESTE

Docteur en médecine de la Faculté de Paris ; membre de plusieurs Sociétés savantes

---

QUATRIÈME ÉDITION

REVUE, CORRIGÉE ET AUGMENTÉE.

> « La vérité est éternelle comme Dieu ; on peut
> la maudire ou l'honorer, la proscrire ou la
> proclamer ; tout cela ne change rien à son
> existence (page 13). »

A PARIS,

CHEZ J. B. BAILLIÈRE,

LIBRAIRE DE L'ACADÉMIE IMPÉRIALE DE MÉDECINE,

RUE HAUTEFEUILLE, 19.

A LONDRES, CHEZ H. BAILLIÈRE, 219, REGENT STREET.
A NEW-YORK, CHEZ H. BAILLIÈRE, 290, BROADWAY,
A MADRID, CHEZ C. BAILLY-BAILLIÈRE, CALLE DEL PRINGIPE, 11.

1853

PRÉFACE.

Depuis plusieurs années j'ai renoncé à la pratique du magnétisme pour me livrer exclusivement à celle de l'homœopathie, qui absorbe aujourd'hui toute mon intelligence et tous mes instants. L'homœopathie, découverte immense, doctrine fondée sur des lois certaines, évidentes, immuables, m'a réconcilié avec une science que le vide de ses systèmes m'avait fait prendre en dégoût. Mais en redevenant médecin je n'ai point abjuré ma foi au magnétisme. Toutes les vérités de quelque nature qu'elles soient, sont essentiellement compatibles entre elles. Aussi bien en relisant ce manuel, n'ai-je trouvé ni un fait ni une allégation dont mes convictions nouvelles m'imposassent le désaveu.

Et vraiment il est heureux pour la paix de ma conscience et pour l'honneur de ma sincérité scientifique, qu'il en soit ainsi; car ce petit ouvrage est aujourd'hui tellement répandu dans toutes les contrées du globe, que je n'aurais pu le démentir sans me couvrir de honte. Aucun autre ouvrage sur le magnétisme n'a eu autant de lecteurs. Indépendamment des éditions françaises et des contrefaçons étrangères, il est traduit en plusieurs langues, et n'a pas été moins bien accueilli en Angleterre, en Allemagne, en Italie, dans les deux Amériques, etc., qu'il ne l'a été en France. Je n'ignore pas d'ailleurs que ce succès prouve beaucoup moins son mérite que l'intérêt universel qu'inspire le sujet dont il traite et plus encore peut-être l'opportunité de l'époque à laquelle il a paru. Quel qu'il fût, un manuel pratique de magnétisme ne pouvait manquer d'être bien accueilli.

Celui-ci, j'aime à le croire, justifie son titre. Il s'adresse simplement aux personnes qui se contentant de notions usuelles, ne tiennent à savoir du magnétisme que l'art de le pratiquer. Quant à celles qui ont le désir de s'initier aux lois intimes de ce merveilleux agent, à son histoire dans l'antiquité, où il joua un si grand rôle, aux inductions physiologiques et psychologiques qui en découlent, c'est pour elles que j'ai écrit le *Magnétisme animal expliqué,* ouvrage qui assurément a plus de portée que n'en a celui-ci, mais dont l'objet est très-différent.

19 décembre 1852.

MANUEL PRATIQUE
DE
MAGNÉTISME ANIMAL.

CHAPITRE PREMIER.

Coup d'œil historique.

§ 1ᵉʳ. — *Mesmer et sa théorie.*

Le mot *magnétisme*, qui a pour racine le substantif grec μαγνὴ (aimant), désigne en physique un ensemble de phénomènes observés d'abord dans un petit nombre de substances minérales et dont l'attraction de l'aimant est le type.

De l'analogie, sinon de l'identité que l'on crut plus tard reconnaître entre cette attraction et certains faits physiologiques, manifestes surtout chez l'homme, surgit une idée nouvelle, que, à défaut d'un néologisme qui peut-être eût été sage, désignèrent ces expressions *magnétisme animal*.

Cette association de mots présente aujourd'hui trois acceptions distinctes, car nous entendons indifféremment par *magnétisme animal* :

1º Un principe particulier, inhérent à la vie organique;

2° L'ensemble des notions que nous possédons sur ce principe ;

3° Enfin l'art de le mettre en œuvre dans l'intérêt de nos semblables, ou la *science appliquée du magnétisme*.

C'est principalement de ce dernier point de vue que nous devons traiter la question.

Le magnétisme, considéré comme principe physiologique, est aussi vieux que le monde : cela n'a pas besoin de démonstration ; car il est clair que si ce principe existe, il a existé toujours.

Mais les hommes de tous les temps en ont-ils eu connaissance et en ont-ils su tirer parti? C'est ici une grande question d'histoire dont la discussion ne saurait trouver place dans un livre élémentaire, mais dont j'ai donné ailleurs la solution affirmative (1). Ce qui nous est parvenu de la doctrine des Chaldéens, des Égyptiens et des Hébreux ; les livres des philosophes grecs, notamment des successeurs de Zénon; enfin les écrits plus récents de Plotin, de Pomponace, de Paracelse, de Robert Boyle, de Sébastien Wirdig, de Maxwell et surtout de Van Helmont, ne sauraient laisser à cet égard subsister l'ombre du doute.

Cependant Mesmer passe généralement pour avoir découvert le magnétisme à la fin du dernier siècle. A Dieu ne plaise que nous cherchions à le dépouiller de

---

(1) *Magnétisme animal expliqué.* Paris, 1845, p. 82 et suiv.

ce beau titre de gloire ; mais le fait de cette découverte demande explication.

Il est certain d'abord, je le répète, que pendant un grand nombre de siècles le magnétisme constitua exclusivement l'art médical des anciens. Dogmatisé par les mages et les prêtres égyptiens, il était pratiqué dans les temples à l'ombre mystique d'un sacerdoce qui, par une sorte de politique très-facile à comprendre, s'était fait une loi de s'en réserver le secret et les bénéfices. La langue des hiéroglyphes, que les prêtres seuls entendaient, étaient d'ailleurs très-propre à couvrir ce mystère. Plus tard, le magnétisme, pratiqué sous le nom de *magie* par les disciples des *mages*, se répandit dans la Grèce et dans l'empire romain ; mais ce ne fut pas, comme on l'a dit, à la suite des armées romaines qu'il pénétra dans les Gaules, car d'après le témoignage de César, les druides le pratiquaient depuis longtemps à l'époque de l'invasion.

Les ordonnances de Théodose qui fermèrent les temples païens au quatrième siècle, les lois lombardes, celles qui furent promulguées sous les rois francs et visigoths, et renouvelées dans les capitulaires de Charlemagne, enfin, par-dessus tout, les idées superstitieuses émanées d'une fausse interprétation du christianisme portèrent au magnétisme une atteinte dont il ne se releva que vers la fin du moyen âge.

Cependant, comme en dépit d'une législation absurde, le principe, l'agent magnétique, n'avait pu cesser d'être, il se révélait de loin en loin chez des hommes de toutes les classes qui, le mettant en œuvre sans se douter seulement de son existence, en abusaient quelquefois et se faisaient en conséquence condamner au feu comme *sorciers*. Mais, à l'exception de ces magiciens de bas étage qui souvent avaient mérité par des crimes inconnus les peines infamantes qu'on leur infligeait pour leurs *maléfices*, presque personne au monde ne s'occupait du magnétisme. C'est à peine si, dans les sociétés secrètes des philosophes hermétiques, quelques adeptes en conservaient une tradition confuse, persuadés qu'ils étaient, d'après la foi publique, que le diable seul présidait à ses manifestations. Il résulte clairement, en effet, de la lecture des traités de magie publiés au moyen âge, que la doctrine magnétique de cette époque d'ignorance se réduisait à une sorte de panthéisme ridicule dans lequel les anges du mal représentaient les principes.

Les choses se maintinrent ainsi jusqu'à la fin du seizième siècle. Mais ce fut alors que le célèbre Paracelse, reprenant en sous-œuvre les idées plus ou moins vagues de l'Italien Pomponazi, les systématisa à sa manière, et ruina par une ingénieuse théorie l'intervention jusqu'alors admise des puissances infernales. Paracelse réhabilita le fluide universel autrefois imaginé par les philosophes stoïciens, et ce principe une fois admis, il en épuisa les conséquences.

Bientôt parurent sur le magnétisme plusieurs traités

originaux. La *Médecine magnétique* de Maxwell, entre autres, se répandit dans toute l'Europe. Robert Boyle, le fondateur de la société royale de Londres, se rangea courageusement du côté des novateurs; et bientôt enfin, le plus profond physiologiste de l'Europe, corroborant de son génie toutes ces idées nouvelles, donna au magnétisme une consistance qui aurait dû en assurer le triomphe et la longévité. Mais les conceptions toutes spiritualistes de Van Helmont étaient inconciliables avec le panthéisme de Spinosa et des philosophes qui lui succédèrent : aussi Van Helmont, que les médecins ne pouvaient s'empêcher de regarder comme un grand homme en tant que médecin, fut-il regardé comme un fou en tant que magnétiseur. Sa doctrine, en conséquence, s'éteignit avec lui, et personne en Europe ne songeait plus au magnétisme, lorsque Mesmer (1) annonça qu'il venait de le découvrir.

Si donc ce dernier n'a pas absolument mérité le titre d'inventeur que lui décernèrent ses disciples, il n'en a pas moins de droit à notre reconnaissance, puisque, en définitive, le magnétisme fût resté sans lui dans l'oubli dont l'ont retiré ses efforts.

Mesmer était un homme de génie. Observateur et philosophe, il savait embrasser à la fois dans leurs rap-

(1) F.-Antoine Mesmer, né à Weiler, près de Stein, sur le Rhin, en 1734, et mort à Mersbourg, près du lac de Constance, le 5 mars 1815. Il étudia la médecine sous Van Swieten et De Haën, et fut reçu docteur à la faculté de Vienne en 1766.

ports généraux et dans les conditions intimes de leur existence individuelle toutes les choses de la nature. Sa thèse inaugurale, qui avait pour titre *de Influxu planetarum*, nous prouve que longtemps avant l'expérience des faits il avait compris, par une sorte d'intuition, le principe fondamental du système universel auquel il rattacha dans la suite sa théorie du magnétisme. C'est-à-dire que, recherchant la cause de l'attraction newtonienne, il l'avait généralisée dans l'idée, d'ailleurs émise bien des siècles avant lui, d'un fluide universellement répandu. Ce fluide, dans son hypothèse, était le lien latent qui unit tous les êtres, et le moyen, pour ainsi dire, de leur influence réciproque. Pénétré tout d'abord de la pensée que ce fluide jouait un rôle capital dans nos actes vitaux, et supposant en outre que le magnétisme minéral n'était qu'une de ses manifestations spéciales, il fut naturellement conduit par cette double conception à essayer l'emploi de l'aimant dans le traitement des maladies.

Mesmer fit donc un jour, sur une jeune fille atteinte d'affection nerveuse, l'application de pièces aimantées. Une modification surprenante se manifesta dans l'état de la malade. Il sembla à celle-ci que des courants nerveux s'établissaient dans son corps et se dirigeaient vers ses pieds : sensation bizarre à laquelle succéda la cessation des accès. Fort de ce premier point, Mesmer varia à plusieurs reprises les conditions de son expérience, et reconnut enfin que le contact de sa main ou plutôt que sa propre volonté constituait la véritable cause des effets qu'il avait d'abord attribués à l'aimant.

Assurément cette découverte impliquait un fait immense : aussi Mesmer comprit-il qu'en s'en réservant le secret, elle deviendrait infailliblement un jour la pierre d'assise de sa fortune et de sa réputation. L'événement réalisa son espérance ; mais il eut à vaincre auparavant bien des obstacles que peut-être il n'avait pas prévus. La malveillance et l'envie se liguèrent contre lui. Un jésuite, le père Hell, professeur d'astronomie à Vienne, à qui il avait confié les résultats de ses premiers essais, les interpréta à sa manière et publia effrontément qu'il venait, lui, père Hell, de découvrir *dans l'aimant* un nouveau moyen de guérir les affections nerveuses. Cette assertion, aussi déloyale que mensongère, suscita de la part de Mesmer de justes réclamations. Mais celui-ci était encore inconnu, et le père Hell était célèbre. Les jésuites et les savants se réunirent donc contre Mesmer, qui, après cinq années de polémique et de sollicitations inutiles auprès des académies d'Allemagne, se décida, en désespoir de cause, à quitter sa patrie pour la France, où l'attendaient de nouvelles déceptions et un éclatant déni de justice.

La nature et les proportions de cet ouvrage nous interdisent les détails de cette scandaleuse histoire, qui, d'ailleurs, est à peu près celle de toutes les grandes découvertes.

Quoi qu'il en soit, lorsque Mesmer vint, en 1768, s'établir à Paris, sa réputation l'y avait précédé, et, nonobstant le refus obstiné des corps savants, je ne dirai pas de sanctionner, mais d'examiner sa doctrine et surtout les faits qui lui servaient de base, il parvint en peu d'années au comble de la fortune.

On comprend au surplus que la conduite privée de Mesmer, ses prétentions et ses succès d'argent doivent rester étrangers à l'histoire du magnétisme : ses idées seules nous intéressent. C'est donc pourquoi, sans nous arrêter aux stériles débats que souleva sa doctrine, nous nous contentons de mettre sous les yeux de nos lecteurs les vingt-sept propositions qui la résument sous forme d'aphorismes (1).

1º Il existe une influence mutuelle entre les corps célestes, la terre et les corps animés ;

2º Un fluide universellement répandu et continué de manière à ne souffrir aucun vide, dont la subtilité ne permet aucune comparaison, et qui, de sa nature, est susceptible de recevoir, propager et communiquer toutes les impressions du mouvement, est le moyen de cette influence ;

3º Cette action réciproque est soumise à des lois mécaniques inconnues jusqu'à présent ;

4º Il résulte de cette action des effets alternatifs qui peuvent être considérés comme un flux et reflux ;

---

(1) La théorie complète de Mesmer forme un travail assez étendu, très-intéressant dans quelques-unes de ses parties, et qu'on trouvera en entier dans *le Magnétisme animal expliqué*.

5° Ce flux et reflux est plus ou moins général, plus ou moins particulier, plus ou moins composé, selon la nature des causes qui le déterminent ;

6° C'est par cette opération (la plus universelle de celles que la nature nous offre), que les relations d'activité s'exercent entre les corps célestes, la terre et ses parties constitutives ;

7° Les propriétés de la matière et des corps organisés dépendent de cette opération ;

8° Le corps animal éprouve les effets alternatifs de cet agent, et c'est en s'insinuant dans la substance des nerfs qu'il les affecte immédiatement ;

9° Il se manifeste particulièrement dans le corps humain des propriétés analogues à celles de l'aimant ; on y distingue des pôles également divers et opposés, qui peuvent être communiqués, changés, détruits et renforcés ; le phénomène même de l'inclinaison y est observé ;

10° La propriété du corps animal, qui le rend susceptible de l'influence des corps célestes et de l'action réciproque de ceux qui l'environnent, manifestée par son analogie avec l'aimant, m'a déterminé à la nommer MAGNÉTISME ANIMAL ;

11° L'action et la vertu du magnétisme animal, ainsi caractérisées, peuvent être communiquées à d'autres corps animés et inanimés. Les uns et les autres en sont cependant plus ou moins susceptibles ;

12° Cette action et cette vertu peuvent être renforcées et propagées par les mêmes corps ;

13° On observe à l'expérience l'écoulement d'une matière dont la subtilité pénètre tous les corps, sans perdre notablement de son activité ;

14° Son action a lieu à une distance éloignée, sans le secours d'aucun corps intermédiaire ;

15° Elle est augmentée et réfléchie par les glaces, comme la lumière ;

16° Elle est communiquée, propagée et augmentée par le son ;

17° Cette vertu magnétique peut être accumulée, concentrée et transportée ;

18° J'ai dit que les corps animés n'en étaient pas également susceptibles. Il en est même, quoique très-rares, qui ont une propriété si opposée, que leur seule présence détruit tous les effets de ce magnétisme dans les corps ;

19° Cette vertu opposée pénètre aussi tous les corps ; elle peut être également communiquée, propagée, accumulée, concentrée et transportée, réfléchie par les glaces et propagée par le son ; ce qui constitue non-seulement une privation, mais une vertu opposée positive ;

20° L'aimant, soit naturel, soit artificiel, est, ainsi que les autres corps, susceptible du magnétisme animal, et même de la vertu opposée, sans que, ni dans l'un ni dans l'autre cas, son action sur le fer et l'aiguille souffre aucune altération ; ce qui prouve que le principe du magnétisme animal diffère essentiellement de celui du minéral ;

21° Ce système fournira de nouveaux éclaircissements sur la nature du feu et de la lumière, ainsi que dans la théorie de l'attraction, du flux et du reflux, de l'aimant et de l'électricité ;

22° Il fera connaître que l'aimant et l'électricité artificielle n'ont à l'égard des maladies que des propriétés communes avec plusieurs autres agents que la nature nous offre ; et que s'il est résulté quelques effets utiles de l'administration de ceux-là, ils sont dus au magnétisme animal ;

23° On reconnaîtra par les faits, d'après les règles pratiques que j'établirai, que ce principe peut guérir immédiatement les maladies de nerfs et immédiatement les autres ;

24° Qu'avec son secours, le médecin est éclairé sur l'usage des médicaments ; qu'il perfectionne leur action, et qu'il provoque et dirige les crises salutaires de manière à s'en rendre le maître ;

25° En communiquant ma méthode, je démontrerai par une théorie nouvelle des maladies l'unité universelle du principe que je leur oppose ;

26° Avec cette connaissance, le médecin jugera sûrement l'origine, la nature et les progrès des maladies, même les plus compliquées ; il en empêchera l'accroissement, et parviendra à leur guérison, sans jamais exposer le malade à des effets dangereux ou des suites fâcheuses, quels que soient l'âge, le tempérament et le sexe. Les femmes, même dans l'état de grossesse et lors des accouchements, jouiront du même avantage.

27° Cette doctrine, enfin, mettra le médecin en état de bien juger du degré de santé de chaque individu, et de le préserver des maladies auxquelles il pourrait être exposé. L'art de guérir parviendra à sa dernière perfection.

Tout naturellement, la pratique médicale de Mesmer se réglait sur les principes énoncés dans ces propositions, et nonobstant leur étrangeté, il les justifia en plus d'un cas par d'éclatants succès. Mais les cures qu'il opérait, loin de lui concilier les médecins, excitaient leur jalousie. Il demandait des juges et ne rencontrait que des envieux : aussi, rebuté par le mauvais vouloir et la mauvaise foi des corps savants de notre pays, se résolut-il à quitter la France (en 1781) comme il avait fait de l'Allemagne. Circonstance inouïe ! ce fut après son départ et par conséquent en son absence qu'on se décida enfin à examiner sa découverte.

D'Eslon, docteur régent de la Faculté, avec lequel Mesmer avait entretenu pendant son séjour à Paris d'étroites relations d'amitié, obtint à force d'habileté ce que d'inqualifiables préventions avaient fait refuser à son ami. Ce fut donc chez d'Eslon qu'une commission académique (1) alla prendre connaissance d'une doctrine

(1) Cette commission, nommée le 12 mars 1784, se composait des médecins Borie, Sallin, d'Arcet et Guillotin, auxquels on ad-

dont il pouvait d'autant plus ignorer les principes, que l'inventeur déclarait ne les lui avoir pas enseignés et le désavouait publiquement pour son disciple.

Il est peu de médecins et il n'est point de magnétiseurs qui n'aient lu le rapport de Bailly. C'est le procès en règle de la doctrine mesmérienne ; et, sans contredit, les conclusions qui le terminent étaient de nature à trancher définitivement la question du magnétisme animal, si les jugements des hommes pouvaient porter atteinte à la vérité. Mais la vérité est éternelle comme Dieu ; on peut la maudire ou l'honorer, la proclamer ou la proscrire ; tout cela ne change rien à son existence.

Répandu avec une sorte d'ostentation dans toutes les écoles et parmi les gens du monde, le rapport de Bailly ne produisit guère d'autre effet que celui d'aigrir les esprits convaincus et d'exciter parmi les partisans de la doctrine inculpée de justes récriminations. C'est qu'il est dans la nature de l'esprit humain de chérir l'indépendance et de s'exaspérer par les obstacles. Que le pouvoir adopte et prescrive une croyance, il fera un schisme ; qu'il proscrive cette croyance, il lui fera des apôtres ; qu'il la tourmente, il lui fera des martyrs. — Le magnétisme aurait eu les siens si le pouvoir l'eût voulu ; mais un excès d'intolérance avait cessé d'être possible. Le magnétisme, en effet, comptait déjà parmi ses apô-

---

joignit, sur la demande qu'ils en firent, les cinq membres de l'Académie des sciences, Franklin, Lenoir, Bailly, de Bory et Lavoisier.

tres des hommes de trop grand poids : il avait trouvé un défenseur jusqu'au sein de l'Académie royale, où il venait de faire son entrée sous les auspices d'un des plus beaux génies de l'époque.

Le rapport d'Antoine-Laurent de Jussieu, rédigé avec la minutieuse conscience d'un observateur probe et délicat, fut la contre-partie du rapport de Bailly. Il n'y a que les intelligences médiocres qui redoutent la contradiction dans une cause dont ils sont sûrs, et qui craignent de se mettre en opposition avec les forts et la majorité. — De Jussieu terminait ainsi : « La théorie du magnétisme ne peut être admise tant qu'elle ne sera pas développée et étayée de preuves solides. Les expériences faites pour constater l'existence du fluide magnétique prouvent seulement que l'homme produit sur son semblable une action sensible par le frottement, par le contact et plus rarement par un simple rapprochement à quelque distance. Cette action, attribuée à un fluide universel non démontré, appartient certainement à la chaleur animale existant dans les corps, qui en émane continuellement, se porte assez loin et peut passer d'un corps dans un autre. La chaleur animale est développée, augmentée ou diminuée dans un corps par des causes morales et par des causes physiques. Jugée par ses effets, elle participe de la propriété des remèdes toniques, et produit comme eux des effets salutaires ou nuisibles selon la quantité communiquée et selon les circonstances où elle est employée. Un usage plus long et plus réfléchi de cet agent fera mieux connaître sa véritable action et son degré d'utilité. Tout médecin peut suivre les méthodes qu'il croit avantageuses pour le traitement des maladies, mais sous la condition de publier ses moyens lorsqu'ils seront nouveaux ou opposés à la pratique ordinaire. Ceux qui ont établi, propagé ou suivi le traitement appelé magnétique, et qui se proposent de le continuer, sont donc obligés d'exposer leurs découvertes et leurs observations; et l'on doit proscrire tout traitement de ce genre dont les procédés ne seront pas connus par une prompte publication. »

Les magnétiseurs, Dieu merci, ont répondu à cet appel.

§ II. — *Découverte du somnambulisme.*

Entrevu par de Jussieu aux traitements de d'Eslon, mais méconnu de Mesmer et de ses premiers partisans, le *somnambulisme* est aujourd'hui le fait capital du magnétisme, et il ne s'agit plus, pour résoudre définitivement la grande question qui s'y rattache, que de faire connaître et de démontrer l'existence des phénomènes qui le constituent. Nous verrons un peu plus loin où en est à ce sujet l'opinion publique et en particulier celle des médecins. Mais, auparavant, continuons, pour ne pas anticiper, notre simple relation des faits.

Les premiers cas de somnambulisme artificiel furent

observés par le marquis de Puységur (1), à sa terre de Busancy. Voici ce qu'il écrivait le 8 mars 1784, à l'un des membres de la société de l'Harmonie :

« Je ne puis tenir, monsieur, au plaisir de vous faire part des expériences dont je m'occupe dans ma terre. Je suis d'ailleurs si agité moi-même, je puis même dire si exalté, que je sens qu'il me faut du relâche, du repos, et j'espère le trouver en écrivant à quelqu'un qui puisse m'entendre. Lorsque je blâmais l'enthousiasme du père Hervin, que j'étais loin encore d'en connaître la cause ! Aujourd'hui, je ne l'approuve pas davantage, mais je l'excuse. Plus de feu, plus de chaleur dans l'imagination que je n'en ai peut-être, l'auront maîtrisé ; et d'ailleurs l'expérience de personne avant lui ne le pouvait retenir. Puissé-je contribuer, ainsi que ceux qui, comme moi, s'occuperont du magnétisme animal, à ramener la tranquillité dans l'esprit de tous les témoins de nos singulières expériences, et cela par notre propre tranquillité. Contenons-nous; faisons, à l'exemple de M. Mesmer, des efforts; et certes, il en faut beaucoup pour ne pas s'exalter au dernier point, en voyant tous les effets surprenants et salutaires qu'un homme, avec le cœur droit et l'amour du bien, peut opérer par le magnétisme animal. J'entre donc en matière, et j'en suis bien pressé.

« Après dix jours de tranquillité dans ma terre, sans

(1) Armand-Marie-Jacques Chastenet de Puységur, né à Paris en 1752, mort en 1825.

m'occuper d'autre chose que de mon repos et de mes jardins, j'eus occasion d'entrer chez mon régisseur. Sa fille souffrait d'un grand mal de dents ; je lui demandai en plaisantant si elle voulait être guérie ; elle y consentit, comme vous pouvez le croire. Je ne l'eus pas magnétisée dix minutes que ses douleurs furent entièrement calmées ; elle ne s'en ressent pas depuis.

« La femme de mon garde fut guérie le lendemain du même mal et en aussi peu de temps.

« Ces faibles succès me firent essayer d'être utile à un paysan, homme de vingt-trois ans, alité depuis quatre jours par l'effet d'une fluxion de poitrine. J'allai donc le voir : c'était mardi passé, 4 de ce mois, à huit heures du soir ; la fièvre venait de s'affaiblir. Après l'avoir fait lever, je le magnétisai. Quelle fut ma surprise de voir au bout d'un demi-quart d'heure cet homme *s'endormir* paisiblement dans mes bras, sans convulsions ni douleurs ! Je poussai la crise ; ce qui lui occasionna des vertiges : il parlait, s'occupait tout haut de ses affaires. Lorsque je jugeais ses idées devoir l'affecter d'une manière désagréable, je les arrêtais et cherchais à lui en inspirer de plus gaies. Il ne me fallait pas pour cela faire de grands efforts ; alors je le voyais content, imaginant tirer à un prix, danser à une fête, etc. *Je nourrissais en lui* ces idées, et par là, je le *forçais* à se donner beaucoup de mouvement sur sa chaise, comme pour danser sur un air, qu'en chantant *mentalement* je lui faisais répéter tout haut. Par ce moyen, j'occasionnai dès ce jour-là au malade une sueur abondante. Après une heure de crise, je *l'apaisai* et sortis de la chambre. On lui donna à boire, et lui ayant fait porter du pain et du bouillon, je lui fis manger dès le soir même une soupe, ce qu'il n'avait pu faire depuis cinq jours. Toute la nuit. il ne fit qu'un somme, et le lendemain ne se souvenant plus de ma visite du soir, il m'apprit le meilleur état de sa santé... Je lui ai donné deux crises mercredi, et jeudi j'ai eu la satisfaction de ne lui voir le matin qu'un léger frisson. Chaque jour j'ai fait mettre les pieds dans l'eau au malade, l'espace de trois heures, et lui ai donné deux crises par jour. Aujourd'hui samedi, le frisson a été encore moins long qu'à l'ordinaire; son appétit se soutient, ses nuits sont bonnes; enfin j'ai la satisfaction de le voir dans un mieux sensible, et j'espère que d'ici à trois jours il reprendra ses ouvrages accoutumés, etc. »

Depuis cette lettre, un grand nombre de faits analogues furent constatés et publiés par M. de Puységur; et les observations de somnambulisme artificiel se sont tellement multipliées, qu'il n'est presque personne aujourd'hui qui n'ait eu l'occasion d'en recueillir. Ce nouvel ordre de phénomènes dut nécessairement modifier les premières idées qu'on s'était faites du magnétisme : aussi tout est-il changé maintenant dans les procédés (1) comme dans la théorie. On substitua un *fluide nerveux*

(1) Voir notre chapitre *Des différentes manières de magnétiser*.

au *fluide universel* de Mesmer ; mais cette moderne hypothèse mérite à peine qu'on en fasse mention ; car dans les sciences naturelles les faits seuls sont plus ou moins immuables, et l'explication qu'on en donne n'est que relative à la tournure d'esprit et au degré de savoir des hommes qui les observent. Mais ce qui est incontestable, c'est que la question du magnétisme animal avait réellement changé de terrain depuis la découverte du marquis de Puységur, et que, lorsque M. le docteur Froissac proposa en 1825 à l'Académie de médecine l'examen d'une somnambule, il ne s'agissait nullement de reprendre en sous-œuvre les observations de 1784, mais bien d'observer une chose nouvelle : aussi MM. les membres de l'Académie, chargés par leurs collègues d'apprécier l'opportunité d'une nouvelle commission, se résumèrent-ils en ces termes :

« 1° Le jugement porté en 1784 par les commissaires chargés par le roi d'examiner le magnétisme animal ne doit en aucune manière vous dispenser de l'examiner de nouveau, parce que, dans les sciences, un jugement quelconque n'est point une chose absolue, irrévocable ;

« 2° Parce que les expériences d'après lesquelles ce jugement a été porté paraissent avoir été faites sans ensemble, sans le concours simultané et nécessaire de tous les commissaires, et avec des dispositions morales qui devaient, d'après les principes du fait qu'ils étaient chargés d'examiner, les faire complétement échouer.

« 3° Le magnétisme, jugé ainsi en 1784, diffère entièrement par la théorie, les procédés et les résultats, de celui que des observateurs exacts, probes, attentifs, que des médecins éclairés, laborieux, opiniâtres, ont étudié dans ces dernières années.

« 4° Il est de l'honneur de la médecine française de ne pas rester en arrière des médecins allemands dans l'étude des phénomènes que les partisans éclairés et impartiaux du magnétisme annoncent être produits par ce nouvel agent.

« 5° En considérant le magnétisme comme un remède secret, il est du devoir de l'Académie de l'étudier, de l'expérimenter, afin d'en enlever l'usage et la pratique aux gens tout à fait étrangers à l'art, qui abusent de ce moyen, et en font un objet de lucre et de spéculation.

« D'après toutes ces considérations, votre commission est d'avis que la section doit adopter la proposition de M. Froissac, et charger une commission spéciale de s'occuper de l'étude et de l'examen du magnétisme animal.

« *Signé* ADELON, PARISET, MARC, BURDIN *aîné*, HUSSON, *rapporteur.* »

Après de longs débats, ces conclusions furent adoptées par l'Académie, et la commission, demandée en octobre 1825, fut enfin formée en mai 1826 de MM. Leroux, Bourdois de la Motte, Double, Magendie, Guersant, Husson, Thillaye, Marc, Itard, Fouquier et Guéneau de Mussy.

Presque immédiatement après leur nomination, MM. les commissaires commencèrent leurs travaux et les poursuivirent jusqu'au milieu de l'année 1831 ; enfin, ce fut dans les séances des 21 et 28 juin de la même année qu'ils communiquèrent à l'Académie, par l'organe de M. Husson, les résultats de leurs observations.

Ce rapport de M. Husson fera désormais et pour toujours époque dans les fastes du magnétisme, et il nous serait difficile de donner à nos lecteurs une idée plus nette et plus authentique de l'état actuel de la science, qu'en leur transcrivant textuellement les conclusions qui le terminent.

§ III. — *Conclusions du rapport de M. Husson en* 1831.

1° Le contact des pouces ou des mains, les frictions ou certains gestes que l'on fait à peu de distance du corps, et appelés *passes*, sont les moyens employés pour mettre en rapport, ou en d'autres termes, pour transmettre l'action du magnétiseur au magnétisé;

2° Les moyens qui sont extérieurs et visibles ne sont pas toujours nécessaires, puisque, dans plusieurs occasions, la volonté, la fixité du regard ont suffi pour produire les phénomènes magnétiques, même à l'insu des magnétisés ;

3° Le magnétisme a agi sur des personnes de sexes et d'âges différents ;

4° Le temps nécessaire pour transmettre et faire éprouver l'action magnétique a varié depuis une heure jusqu'à une minute ;

5° Le magnétisme n'agit pas en général sur les personnes bien portantes ;

6° Il n'agit pas non plus sur tous les malades ;

7° Il se déclare quelquefois, pendant qu'on magnétise, des effets insignifiants et fugaces que nous n'attribuons pas au magnétisme seul, tels qu'un peu d'oppression, de chaleur ou de froid, et quelques autres phénomènes nerveux dont on peut se rendre compte sans l'intervention d'un agent particulier, savoir, par l'espérance ou la crainte, la prévention et l'attente d'une chose inconnue et nouvelle, l'ennui qui résulte de la monotonie des gestes, le silence et le repos observés dans les expériences, enfin, par l'imagination, qui exerce un si grand empire sur certains esprits et sur certaines organisations ;

8° Un certain nombre des effets observés nous ont paru dépendre du magnétisme seul, et ne se sont pas reproduits sans lui. Ce sont des phénomènes physiologiques et thérapeutiques bien constatés ;

9° Les effets réels produits par le magnétisme sont très-variés ; il agite les uns, calme les autres ; le plus ordinairement il cause l'accélération momentanée de la respiration et de la circulation, des mouvements convulsifs fibrillaires passagers, ressemblant à des secousses électriques, un engourdissement plus ou moins profond, de l'assoupissement, de la somnolence, et, dans un petit nombre de cas, ce que les magnétiseurs appellent *somnambulisme;*

10° L'existence d'un caractère unique, propre à faire reconnaître, dans tous les cas, la réalité d'un état de somnambulisme, n'a pas été constatée ;

11° Cependant on peut conclure avec certitude que cet état existe, quand il donne lieu au développement des facultés nouvelles qui ont été désignées sous les noms de *clairvoyance*, d'*intuition*, de *prévision intérieure*, ou qu'il produit de grands changements dans l'état physiologique, comme l'*insensibilité*, un *accroissement subit et considérable de forces*, et quand cet effet ne peut être rapporté à une autre cause ;

12° Comme parmi les effets attribués au somnambulisme, il en est qui peuvent être simulés, le somnambulisme lui-même peut quelquefois être simulé et fournir au charlatanisme des moyens de déception : aussi, dans l'observation de ces phénomènes qui ne se présentent encore que comme des faits isolés, qu'on ne peut rattacher à aucune théorie, ce n'est que par l'examen le plus attentif, les précautions les plus sévères, et par des épreuves nombreuses et variées qu'on peut échapper à l'illusion ;

13° Le sommeil provoqué avec plus ou moins de promptitude, et établi à un degré plus ou moins profond, est un effet réel, mais non constant, du magnétisme;

14° Il nous est démontré qu'il a été provoqué dans des circonstances où les magnétisés n'ont pu voir et ont ignoré les moyens employés pour le déterminer;

15° Lorsqu'on fait tomber une fois une personne dans le sommeil magnétique, on n'a pas toujours besoin de recourir au contact et aux passes pour la magnétiser de nouveau. Le regard du magnétiseur, sa volonté seule ont sur elle la même influence. Dans ce cas, on peut non-seulement agir sur le magnétisé, mais encore le mettre complétement en somnambulisme et l'en faire sortir à son insu, hors de sa vue, à une certaine distance et au travers des portes fermées;

16° Il s'opère ordinairement des changements plus ou moins remarquables dans les perceptions et les facultés des individus qui tombent en somnambulisme par l'effet du magnétisme.

A. Quelques-uns, au milieu du bruit des conversations confuses, n'entendent que la voix de leur magnétiseur; plusieurs répondent d'une manière précise aux questions que celui-ci ou que les personnes avec lesquelles on les a mis en rapport leur adressent; d'autres entretiennent des conversations avec toutes les personnes qui les entourent : toutefois il est rare qu'ils entendent ce qui se passe autour d'eux. La plupart du temps, ils sont complétement étrangers au bruit extérieur et inopiné fait à leur oreille, tel que le retentissement de vases de cuivre vivement frappés près d'eux, la chute d'un meuble, etc.

B. Les yeux sont fermés, les paupières cèdent difficilement aux efforts qu'on fait avec la main pour les ouvrir. Cette opération, qui n'est pas sans douleur, laisse voir le globe de l'œil convulsé et porté vers le haut, et quelquefois vers le bas de l'orbite.

C. Quelquefois l'odorat est comme anéanti. On peut leur faire respirer l'acide muriatique ou l'ammoniaque sans qu'ils en soient incommodés, sans même qu'ils s'en doutent. Le contraire a lieu dans certains cas, et ils sont sensibles aux odeurs.

D. La plupart des somnambules que nous avons vus étaient complétement insensibles. On a pu leur chatouiller les pieds, les narines et l'angle des yeux par l'approche d'une plume, leur pincer la peau de manière à l'ecchymoser, la piquer sous l'ongle avec des épingles enfoncées à l'improviste à une assez grande profondeur, sans qu'ils aient témoigné de la douleur, sans qu'ils s'en soient aperçus. Enfin, on en a vu une qui a été insensible à une des opérations les plus douloureuses de la chirurgie, et dont ni la figure, ni le pouls, ni la respiration n'ont dénoté la plus légère émotion.

17° Le magnétisme a la même intensité, il est aussi promptement ressenti à une distance de six pieds que de six pouces, et les phénomènes qu'il développe sont les mêmes dans les deux cas;

18° L'action à distance ne paraît pouvoir s'exercer

avec succès que sur des individus qui ont été déjà soumis au magnétisme;

19° Nous n'avons pas vu qu'une personne magnétisée pour la première fois tombât en somnambulisme; ce n'a été quelquefois qu'à la huitième, dixième séance que le somnambulisme s'est déclaré;

20° Nous avons constamment vu le sommeil ordinaire, qui est le repos des organes des sens, des facultés intellectuelles et des mouvements volontaires, précéder et terminer l'état de somnambulisme;

21° Pendant qu'ils sont en somnambulisme, les magnétisés que nous avons observés conservent l'exercice des facultés qu'ils ont pendant la veille. Leur mémoire même paraît plus fidèle et plus étendue, puisqu'ils se souviennent de ce qui s'est passé pendant tout le temps toutes les fois qu'ils ont été en somnambulisme;

22° A leur réveil, ils disent avoir oublié totalement toutes les circonstances de l'état de somnambulisme, et ne s'en ressouvenir jamais. Nous ne pouvons avoir à cet égard d'autres garanties que leurs déclarations;

23° Les forces musculaires des somnambules sont quelquefois engourdies et paralysées; d'autres fois les mouvements ne sont que gênés, et les somnambules marchent en chancelant à la manière des hommes ivres, et sans éviter, quelquefois aussi en évitant les obstacles qu'ils rencontrent sur leur passage. Il y a des somnambules qui conservent intact l'exercice de leurs mouvements ; on en voit même qui sont plus forts et plus agiles que dans l'état de veille ;

24° Nous avons vu deux somnambules distinguer, les yeux fermés, les objets que l'on a placés devant eux ; ils ont désigné, sans les toucher, la couleur et la valeur des cartes ; ils ont lu des mots tracés à la main, ou quelques lignes de livres que l'on a ouverts au hasard. Ce phénomène a eu lieu alors même qu'avec les doigts on fermait exactement l'ouverture des paupières ;

25° Nous avons rencontré chez deux somnambules la faculté de prévoir des actes de l'organisme plus ou moins éloignés, plus ou moins compliqués. L'un d'eux a annoncé plusieurs jours, plusieurs mois d'avance, le jour, l'heure et la minute de l'invasion et du retour d'accès épileptiques ; l'autre a indiqué l'époque de sa guérison. Leurs prévisions se sont réalisées avec une exactitude remarquable. Elles ne nous ont paru s'appliquer qu'à des actes ou des lésions de leur organisme ;

26° Nous n'avons rencontré qu'une seule somnambule qui ait indiqué les symptômes de la maladie de trois personnes avec lesquelles on l'avait mise en rapport. Nous avons cependant fait des recherches sur un assez grand nombre ;

27° Pour établir avec quelque justesse les rapports du magnétisme avec la thérapeutique, il faudrait en avoir observé les effets sur un plus grand nombre d'individus, et avoir fait longtemps et tous les jours des expériences sur les mêmes malades. Cela n'ayant pas eu lieu, la commission a dû se borner à dire ce qu'elle a vu dans un trop petit nombre de cas, sans oser rien prononcer ;

28° Quelques-uns des malades magnétisés n'ont ressenti aucun bien ; d'autres ont éprouvé un soulagement plus ou moins marqué, savoir : l'un, la suppression de douleurs habituelles ; l'autre, le retour des forces ; un troisième, un retard de plusieurs mois dans l'apparition des accès épileptiques ; et un quatrième, la guérison complète d'une paralysie grave et ancienne ;

29° Considéré comme agent de phénomènes physiologiques ou comme moyen thérapeutique, le magnétisme devrait trouver sa place dans le cadre des connaissances médicales ; et par conséquent les médecins seuls devraient en faire ou en surveiller l'emploi, ainsi que cela se pratique dans les pays du Nord ;

30° La commission n'a pu vérifier, parce qu'elle n'en a pas eu l'occasion, d'autres facultés que les magnétiseurs avaient annoncé exister chez les somnambules ; mais elle a recueilli et communiqué des faits assez importants pour qu'elle pense que l'*Académie devrait encourager les recherches sur le magnétisme*, comme une branche *très-curieuse de psychologie et d'histoire naturelle.*

Arrivée au terme de ses travaux, avant de clore ce rapport, la commission s'est demandé si, dans les précautions qu'elle a multipliées autour d'elle pour éviter toute surprise ; si, dans le sentiment de constante défiance avec lequel elle a toujours procédé ; si, dans l'examen des phénomènes qu'elle a observés, elle a rempli scrupuleusement son mandat. Quelle autre marche, nous sommes-nous dit, aurions-nous pu suivre? Quels moyens plus certains aurions-nous pu prendre? De quelle défiance plus marquée et plus discrète aurions-nous pu nous pénétrer? Notre conscience, messieurs, nous a répondu hautement que vous ne pouviez rien attendre de nous que nous n'ayons fait. Ensuite, avons-nous été des observateurs probes, exacts, fidèles? C'est à vous qui nous connaissez depuis longues années; c'est à vous qui nous voyez constamment soit dans le monde, soit dans nos fréquentes assemblées, de répondre à cette question. Votre réponse, messieurs, nous l'attendons de la vieille amitié de quelques-uns d'entre vous, et de l'estime de tous.

Certes, nous n'osons nous flatter de vous faire partager entièrement notre conviction sur la réalité des phénomènes que nous avons observés, et que vous n'avez ni vus, ni suivis, ni étudiés avec et comme nous.

Nous ne réclamons donc pas de vous une croyance aveugle à tout ce que nous vous avons rapporté. Nous concevons qu'une grande partie de ces faits sont si extraordinaires, que vous ne pouvez pas nous l'accorder : peut-être nous-mêmes oserions-nous vous refuser la nôtre, si, changeant de rôle, vous veniez les annoncer à cette tribune à nous, qui, comme vous, n'aurions rien vu, rien observé, rien étudié, rien suivi.

Nous demandons seulement que vous nous jugiez

comme nous vous jugerions, c'est-à-dire que vous demeuriez bien convaincus que ni l'amour du merveilleux, ni le désir de la célébrité, ni un intérêt quelconque ne nous ont guidés dans nos travaux. Nous étions animés par des motifs plus élevés, plus dignes de vous, par l'amour de la science et par le besoin de justifier les espérances que l'Académie avait conçues de notre zèle et de notre dévouement.

Ont signé : Bourdois de la Motte, *président*, Fouquier, Guéneau de Mussy, Guersant, Itard, J. J. Leroux, Marc, Thillaye, Husson, *rapporteur* (1).

Le rapport de M. Husson produisit une vive impression à l'Académie. Cependant s'il éveilla quelques doutes, il fit peu de convictions. On ne pouvait pas révoquer la véracité de MM. les commissaires, dont la bonne foi comme le haut savoir étaient choses irrévocables, mais on les soupçonna d'avoir été dupes. C'est qu'en effet certaines vérités malheureuses compromettent ceux qui les croient, et surtout ceux qui ont la candeur de les avouer publiquement : le magnétisme est au nombre de ces vérités. Mais que les magnétiseurs se consolent et prennent courage, la postérité a fait justice à Galilée; à leur tour la postérité la leur rendra. Le passé leur répond de l'avenir, car s'ils ouvrent l'histoire, ils y verront que de tous temps les académies furent, comme

(1) MM. *Double* et *Magendie*, n'ayant point assisté aux expériences, n'ont pas cru devoir signer le rapport.

elles sont aujourd'hui, des sortes de citadelles armées contre toute innovation. La vérité n'y pénètre que par ruse le plus souvent, mais quelquefois aussi elle y entre par force, quand, après avoir envahi successivement toutes les intelligences, elle vient battre de son flot tumultueux et faire crouler à la fin la muraille du sanctuaire.

Ici se terminent nos aperçus historiques sur le magnétisme animal; car les discussions académiques des années suivantes, le prix proposé en 1837, et le rapport Gérardin en 1838 (1), ne nous semblent pas marquer de nouvelles phases dans cette histoire,

CHAPITRE II.

Des causes qui ont retardé la propagation du magnétisme.

Il y en a deux principales : l'inconstance des phénomènes magnétiques dès qu'il s'agit de les produire devant témoins ; le défaut de persévérance chez les hommes de bonne foi qui veulent se convaincre par des expériences personnelles. Ajoutons que les phénomènes magnétiques

(1) *Bulletin de l'Académie de médecine.* Paris, 1838, t. II, p. 962.

reposent sur des principes inconnus et partant rejetés comme absurdes ; enfin, qu'ils sont tellement en dehors de toute idée reçue, tellement extraordinaires en leur nature, qu'on passe pour un fou quand on y croit après les avoir vus, et pour un imposteur lorsqu'on parvient à les faire voir aux autres. Quant à moi, je suis persuadé qu'en racontant ce qui m'est arrivé à ce sujet, je vais faire le récit de ce qui est arrivé à tous les magnétiseurs, et de ce qui arrive journellement à ceux qui ne croient pas encore au magnétisme.

Dès 1830, j'avais lu l'*Instruction pratique* de Deleuze, plusieurs articles insérés dans les publications périodiques, et la relation des expériences faites à l'Hôtel-Dieu de Paris, par M. J. Dupotet. Tout cela m'avait *amusé* beaucoup, mais ne m'avait pas convaincu, et tous les magnétiseurs ne me paraissant que des niais ou des fripons (j'étais explicite dans mes jugements), je me permis cent fois sur leur compte maintes plaisanteries que j'ai de la peine à me pardonner aujourd'hui. Cependant j'essayai de magnétiser moi-même ; mais soit absence de foi, soit absence de *sympathie* entre les sujets de mes expériences et moi, je ne parvins qu'à des résultats négatifs. Plus tard (en 1834), le hasard fit tomber entre mes mains quelques ouvrages sérieux que je me sentis forcé de lire avec attention. L'impression que me firent ces ouvrages me détermina à reprendre mes expériences et à les poursuivre aussi loin que possible. Je me mis donc à l'œuvre ; mais je ne fis pas à beaucoup près ce que je m'étais proposé de faire ; c'est-à-dire que je magnétisai *une fois* deux personnes, dont l'une eut des pandiculations après une demi-heure de *passes*, et dont l'autre, plus ou moins bien endormie après trois quarts d'heure d'efforts, répondit (fort niaisement, il est vrai), aux questions que je lui adressai. Il est certain pour moi maintenant que si j'avais eu alors la patience de recommencer le lendemain, j'aurais déterminé, au moins sur un de mes sujets, les phénomènes du somnambulisme complet ; mais, soit légèreté, soit présomption, j'en restai là ; et, bien convaincu d'avoir atteint en fait de magnétisme jusqu'aux colonnes d'Hercule, je crus devoir, l'année suivante, faire entrer cette proposition dans ma thèse inaugurale :

« Il y a quelque chose de vrai dans le magnétisme animal, mais il s'en faut que tout soit vrai dans ce qu'on en a dit. Depuis Mesmer, qui n'était qu'un charlatan, jusqu'à nos modernes, parmi lesquels on pourrait compter plus d'un Mesmer, le magnétisme trouva tour à tour des fauteurs fanatiques et des détracteurs exagérés. Mais en fait de science, il est aussi hasardeux de croire sur parole que de se faire sceptique par passion. Avant de rien admettre ou de rien nier, lorsqu'il s'agit de questions litigieuses, il faut expérimenter, il faut voir. Or, c'est probablement là ce que n'ont pas fait ou ce qu'ont mal fait, ce qui pis est (j'étais persuadé d'avoir fait très-bien), ceux qui ont tout admis et ceux qui ont tout nié. De là le merveilleux ridicule ou la futilité de la plupart des articles *magnétisme* de nos recueils encyclopédiques. »

Dans la première partie de cette dernière phrase j'avais évidemment en vue l'article de M. Rostan, dont tant de médecins s'étaient moqués Quant à la *futilité*, je connais plus d'un rédacteur de *dictionnaire* ou de *revue* qui aurait pu se croire l'objet de ma critique. Mais que réparation soit faite à M. le professeur Rostan, qui non-seulement eut le mérite de constater la vérité, mais qui eut le courage de la dire, lorsqu'elle était encore plus qu'elle n'est aujourd'hui en butte au ridicule.

Pour ce qui est de l'article *magnétisme* de M. Bouillaud.... (1), la nature de cet ouvrage m'interdit la polémique.

Voilà donc où j'en étais en 1836, après *avoir expérimenté moi-même*. Or, je déclare que, pour me conduire au point où j'en suis aujourd'hui, il m'a fallu un concours de circonstances qui ne doivent se reproduire que rarement, un hasard presque prodigieux, et une persévérance que je n'aurais peut-être pas trouvée en moi seul, si je n'avais eu pour m'encourager des hommes éclairés et énergiques qui me montrèrent la route et m'entraînèrent après eux.

Eh bien, je le répète, les obstacles que j'ai rencontrés ont toujours dû et doivent encore aujourd'hui exister pour tout le monde. Cependant il est un fait positif :

(1) *Dictionnaire de médecine et de chirurgie pratiques*, t. IX, p. 289 et suiv.

c'est qu'en matière de magnétisme chacun ne croit que ce qu'il a vu et bien vu, et comme, d'après ce qui précède, il est souvent fort difficile de voir, on ne doit nullement s'étonner de l'incrédulité presque générale avec laquelle on accueille encore en France les relations des magnétiseurs, quels que soient d'ailleurs leurs antécédents scientifiques et moraux.

Au surplus, comme il est aisé d'éviter un écueil bien signalé, et comme, après tout, la chose, sous plus d'un rapport, mérite qu'on l'examine de près, tout nous porte à croire et nous fait espérer que les plus *incrédules* eux-mêmes ne tarderont pas à se mettre à l'œuvre, et que du concours de tant d'efforts résultera en peu de temps une foi générale, universelle, dans un ordre de faits destinés, selon nous, à devenir dans tous les pays autant de vérités populaires.

CHAPITRE III.

Conditions nécessaires à la production des phénomènes magnétiques.

Quelle que soit l'idée qu'on se fasse du magnétisme, quelle que soit la théorie à laquelle on rattache les phénomènes qu'il détermine, il me semble qu'une déduction rationnelle de cette théorie est que tous les hommes peuvent être tour à tour, et suivant les conditions physiques ou morales dans lesquelles on les place, magnétiseurs et magnétisés. En effet, en invoquant l'analogie des faits d'anthropologie qui nous sont connus, il n'est guère supposable qu'une faculté dont est douée une organisation quelconque ne se retrouve pas, au moins à l'état rudimentaire, dans une organisation analogue : seulement, il est permis de penser que, sur un assez grand nombre d'individus, l'influence magnétique, tout en s'exerçant suivant sa nature et son mode ordinaire, non-seulement ne se manifeste pas d'une manière appréciable pour l'observateur, mais encore échappe à la perception de celui même qui en est l'objet. — Je vais plus loin, je crois (abstraction faite de l'intervention de toute espèce de *fluide*) que cette influence s'exerce constamment, bien que d'une manière latente, de telle façon que tous les hommes, et que peut-être tous les êtres de la nature, sont réciproquement et incessamment magnétisés. Cela est obscur, je le sais, et bien éloigné encore d'être susceptible de démonstration rigoureuse ; mais, à tout prendre, si cette loi, que l'on peut à peine encore pressentir, devenait un jour un axiome de physiologie, devrait-elle nous étonner plus que les phénomènes de la pesanteur, de la gravitation, etc.? Non sans doute ; et je ne serais nullement étonné en apprenant que ce pouvoir magique que certains hommes exercent sur leurs semblables n'est qu'un pouvoir *magnétique* (1).

(1) Voir *le Magnétisme animal expliqué*, 2e leçon, p. 25.

— Aristide, au dire de Platon, avançait dans l'étude de la sagesse par cela seul qu'il habitait la même maison que Socrate. — Mais les réflexions que nous pourrions ajouter sur ce sujet révolteraient nos lecteurs par leur étrangeté, et ne seraient bien comprises que des magnétiseurs. Laissons faire au temps, et ces *rêveries* que Voltaire eût assurément assimilées aux dissertations *quintessenciées* de l'hôtel Rambouillet, deviendront peut-être un jour la base d'un grand système d'anthropologie. Au surplus, ce n'est point ici le lieu de développer longuement des espérances que trop de gens encore trouveraient extravagantes ; d'ailleurs c'est un livre pratique que nous avons pris l'engagement d'écrire.

Quels sont les sujets qui, par leur sexe, leur âge, leur tempérament, etc., sont les plus sensibles à l'action magnétique? Voilà des questions à résoudre, et certes on peut affirmer que les faits dont la science est aujourd'hui en possession sont assez nombreux pour constituer les éléments d'une statistique concluante. Notre propre expérience, jointe à celle d'hommes laborieux et intègres, va donc nous fournir là-dessus les principes généraux qu'il importe d'établir.

§ Ier. — *Du sexe.*

Les femmes, généralement parlant, sont incomparablement plus magnétisables que les hommes. Cela se conçoit aisément si l'on admet avec nous que l'impressionnabilité magnétique n'est, pour ainsi dire, qu'une faculté négative, laquelle tend à rendre l'âme et toute l'organisation passives d'une puissance extérieure. Tout chez les femmes semble les entraîner naturellement à cette sorte de dépendance qui, dans leur état normal, constitue chez la plupart d'entre elles un des traits saillants de leur organisme et de leurs mœurs. Presque toutes ressentent même le besoin d'éprouver cette dépendance lorsqu'elle n'est point portée jusqu'à une servilité pénible. La domination (sauf pour quelques exceptions qui ressemblent à des anomalies) serait au-dessus de leurs forces, et de leur propre aveu, en dehors de leurs instincts. Ajoutons que, si certaines propensions de l'âme sont de nature à favoriser la réception de l'action magnétique, les femmes bien plus que nous sont douées de ces propensions. Ainsi elles ont plus de sensibilité, plus de tendance au merveilleux, plus de vénération, moins d'énergie, moins d'orgueil, et en conséquence de toutes ces choses une foi plus vive, ce qui constitue, comme nous aurons l'occasion de le dire plus loin, une des conditions favorables à la production des phénomènes magnétiques. Les hommes en général ne croient que difficilement, et lorsqu'ils en sont arrivés à croire, je ne dis pas seulement les choses les plus raisonnables, mais les plus incontestables, ils ont souvent encore l'impardonnable faiblesse de rougir de leurs croyances. Voilà pourquoi les hommes discutent la religion pendant que les femmes la pratiquent. Mais on pourrait résumer en trois mots toutes ces considérations : les femmes sont plus faibles, plus délicates, plus impressionnables que les hommes. Telle est la véritable cause, la cause évidente, palpable, de leur impressionnabilité magnétique, et les ennemis de la vérité que nous avons pris mission de propager manqueraient de loyauté, s'ils affectaient d'attribuer uniquement à *la faiblesse d'esprit* des femmes les prodigieux phénomènes que l'on parvient journellement à développer sur un grand nombre d'entre elles. Beaucoup d'hommes, au surplus, peuvent être magnétisés jusqu'au somnambulisme et l'ont été en effet ; mais la plupart de ceux-là, il le faut dire, se rapprochaient singulièrement des femmes par la débilité et la délicatesse de leur organisation, ou bien encore ils se trouvaient accidentellement placés dans des conditions physiologiques qui leur avaient fait perdre pour un temps plus ou moins limité les prérogatives de leur sexe.

§ II. — *De l'âge.*

J'ai magnétisé un grand nombre d'enfants depuis l'âge de six mois à cinq ans, et je dois avouer qu'excepté sur quelques sujets chétifs, souffreteux ou convalescents, je n'ai jamais réussi, ce que je m'explique aisément. Indépendamment de ce que les enfants sont distraits, inattentifs, impatients, le système nerveux, enseveli chez eux dans la graisse abondante qui arrondit leurs formes, n'a certainement pas encore acquis toute la susceptibilité qu'il doit avoir. Il est bien clair qu'il n'est ici question que des enfants en bonne santé ; car la maladie peut modifier à l'infini, comme personne n'en doute, les conditions organiques dont je parle. Cependant il me paraît, d'après mes propres expériences et le petit nombre d'observations que l'on trouve dans les livres, qu'il est assez souvent difficile de magnétiser complétement un enfant très-jeune, lors même qu'il est malade; témoin le fait suivant relaté dans le rapport de M. Husson : « Un enfant de vingt-huit mois, *atteint d'attaques d'épilepsie*, fut magnétisé chez M. Bourdois, par M. Foissac, le 6 octobre 1827. Presque immédiatement après le commencement des passes, l'enfant se frotta les yeux, fléchit la tête de côté, l'appuya sur un des coussins du canapé où on l'avait assis, bâilla, s'agita, se gratta la tête et les oreilles, parut combattre le sommeil qui semblait vouloir l'envahir, et bientôt se releva, permettez-nous l'expression, en grognant. Le besoin d'uriner le prit, et après qu'il l'eut satisfait, il fut encore magnétisé quelques instants : mais comme cette fois *la somnolence n'était pas aussi prononcée*, on cessa l'expérience. » Nous lisons dans une notte que ce petit garçon fut mis plus tard en somnambulisme par M. Foissac ; mais il n'en reste pas moins constant que les enfants ne cèdent pas à l'action magnétique en raison directe de leur faiblesse.

Les vieillards aussi peuvent être magnétisés ; mais les expériences faites sur eux sont peu nombreuses, et pour mon compte, je ne puis en citer qu'une seule qui me soit personnelle. L'individu sur lequel j'opérai était âgé de soixante-douze ans ; il était de haute taille, d'un tempérament nerveux bien caractérisé, d'un caractère doux, mais mobile et impressionnable. Enfin Pierre Courtois (c'était son nom) était atteint de la gravelle, et de plus d'une incontinence d'urine dont il était difficile de bien préciser la cause. Le résultat le plus remarquable des premières séances fut la manifestation subite et parfaitement insolite d'une sorte de toux convulsive qui donna lieu le deuxième jour à une légère expectoration sanguinolente. Enfin le cinquième jour (chaque séance ayant été d'une demi-heure), Courtois s'endormit et me parla pendant son sommeil. Mais ses paroles étaient confuses, embarrassées, presque dépourvues de sens, et souvent n'offraient aucun rapport à mes questions. Les jours suivants je ne fus pas plus heureux, et je renonçai enfin, après huit ou neuf jours de tentatives inutiles, à poursuivre une expérience qui me sembla ne devoir être d'aucun profit ni pour mon malade ni pour moi.

L'adolescence me paraît donc être l'époque de la vie où le magnétisme réussit le mieux ; mais c'est surtout aux approches et dans les premiers temps de la puberté que les jeunes filles offrent le plus de prise à son action. Cependant je dois ici à mes lecteurs un conseil utile que m'a suggéré l'expérience. Il n'est pas sans danger de magnétiser une fille de quatorze ou quinze ans, qui voit ses règles pour la première fois. Divers accidents cérébraux ou nerveux dont j'ai été témoin en circonstances pareilles motivent ma réflexion, et m'ont averti à mes dépens qu'il pouvait être des cas, très-rares à la vérité, dans lesquels il est bon d'être circonspect dans la pratique du magnétisme. Je déclare, au reste, que les accidents dont je parle n'ont eu absolument aucune suite fâcheuse.

Quelques observations récentes tendraient à faire croire que les femmes sur le point d'atteindre l'âge critique se retrouvent précisément dans les mêmes dispositions que les jeunes filles depuis peu menstruées, et il n'est rien à cela d'étonnant, puisque l'apparition comme la cessation des règles constituent véritablement deux états *morbides* qui, sans compter plusieurs autres points d'analogie, se rapprochent évidemment par la singulière influence qu'ils exercent sur le système nerveux en général et sur le cerveau en particulier.

§ III. — *Du tempérament.*

Jusqu'à présent en magnétisme on est embarrassé dès qu'il s'agit de résoudre une question générale et d'en ériger la solution en principe. A coup sûr, les personnes de tempérament nerveux sont généralement celles qui paraissent le plus sensibles à l'action des passes; mais le somnambulisme n'est pas toujours la conséquence de cette sensibilité. Peut-être même, et je ne serais pas loin de l'affirmer, faudrait-il voir un obstacle au somnambulisme dans une excessive impressionnabilité. Tous les efforts du magnétiseur n'aboutissent souvent alors qu'à déterminer un état très-singulier, difficile à décrire, parce que les signes en sont très-variables, et dont le caractère habituel consiste uniquement dans une grande exaltation morale et physique. J'ai vu des personnes dans cet état sentir et comprendre aussi bien que des somnambules lucides, toutes les nuances de ma volonté. Quelques-unes même semblaient douées d'une sorte de seconde vue, qui les faisait parler avec assurance sur les causes et la nature des maladies dont elles étaient atteintes, et prédire sans se tromper l'issue de ces maladies. Mais n'était-ce pas là, dira-t-on, de véritables somnambules? Peut-être. Toujours est-il néanmoins qu'ils ne présentaient aucun des traits pathognomoniques du sommeil magnétique, tel que l'insensibilité, l'oubli au réveil, etc.

En résumé, j'ai observé le somnambulisme parfait ou complet, comme on voudra l'appeler : 1° chez des personnes très-nerveuses; 2° chez d'autres qui ne l'étaient que médiocrement; 3° enfin, chez d'autres qui prétendaient ne l'être pas du tout et présentaient en effet tous les signes d'une constitution lymphatique, je dirai même scrofuleuse. J'ajouterai d'ailleurs (et la remarque est importante) que certains traits de ressemblance rapprochent entre eux les phénomènes qu'on détermine chez les sujets de tempérament analogue, de telle sorte qu'avec des faits plus nombreux on finira peut-être par établir le rapport qui existe entre tel tempérament et tel ensemble de phénomènes.

§ IV. — *De l'état physiologique.*

C'est surtout chez les sujets amaigris et débilités par une affection chronique qu'il est facile de déterminer les phénomènes magnétiques ; mais on se tromperait étrangement si l'on pensait que les malades seuls ou les convalescents fussent susceptibles de présenter ces phénomènes. De nombreuses observations prouvent même qu'une parfaite santé n'est pas un obstacle insurmontable à la production du somnambulisme artificiel (1).

Mais un fait qui n'est pas moins certain, c'est qu'une longue maladie, ou même une maladie aiguë, de nature nerveuse ou débilitante, *peut* rendre magnétisable un sujet qui, auparavant, eût semblé ne pas l'être. — J'avais inutilement tenté à plusieurs reprises de magnétiser mademoiselle Julie S***, jeune personne de vingt-deux ans, d'un tempérament lymphatico-sanguin et d'une excellente santé, lorsque, dans le courant du mois de mars 1839, cette demoiselle fut atteinte d'une fièvre muqueuse qui, après avoir revêtu pendant quelques jours des caractères typhoïdes très-prononcés, s'amenda

---

(1) D'après les observations recueillies par M. Mialle, les personnes affectées *d'épilepsie*, *d'hystérie* et de *maux d'yeux*, sont les plus faciles à mettre en somnambulisme.

assez rapidement sous l'influence de purgatifs énergiques administrés coup sur coup. Huit ou dix jours après le début de sa maladie, mademoiselle Julie pouvait passer pour convalescente, mais elle était loin encore d'avoir recouvré ses forces. Ce fut alors qu'à sa demande (car *mes grimaces*, disait-elle, l'amusaient beaucoup) je la magnétisai en présence de sa mère et de deux de ses amies. Mais, cette fois, cette demoiselle cessa ses plaisanteries ; car après dix ou douze minutes de *passes* tout au plus, elle bâilla, soupira, se trémoussa sur sa chaise, et s'endormit, à la grande admiration des témoins qui se trouvaient être des *esprits forts ;* puis enfin elle tomba dans un somnambulisme complet pendant lequel elle parla fort sérieusement du magnétisme.

Ce fait n'a rien que de très-ordinaire, et bien certainement il ne serait pas difficile de rassembler un grand nombre d'observations semblables. L'explication qu'on en donnerait serait d'ailleurs infiniment simple ; ni la fièvre, ni les purgatifs, en effet, n'avaient fait acquérir à mademoiselle Julie une faculté nouvelle ; mais la douloureuse excitation de son système nerveux pendant huit jours de souffrances avait augmenté son impressionnabilité : voilà pour le physique ; tandis que le mal, en usant son énergie, l'avait privée de sa force de résistance : voilà pour le moral. Tout cela tombe sous les sens, et n'a pas besoin d'être commenté. Nous dirons donc en nous résumant : *qu'il n'est point indis-*

pensable d'être malade pour être endormi par le magnétisme ; mais que les maladies, surtout les maladies nerveuses, telles que l'hystérie, l'épilepsie, etc., favorisent l'action magnétique.

§ V. — *Conditions morales.*

On ne saurait douter que les dispositions morales des personnes qui se soumettent au magnétisme n'aient une grande part sur le résultat des expériences. Je sais bien qu'il est souvent très-difficile, impossible même à l'expérimentateur, d'apprécier ces dispositions ; mais enfin son devoir, s'il veut réussir, est de chercher à les pénétrer et même à les modifier si elles lui sont contraires, par le raisonnement et l'insinuation. Si l'on rencontre parfois de ces esprits ombrageux auxquels personne au monde ne parviendrait à inspirer de la confiance, beaucoup d'autres se rendent volontiers à la parole d'un homme d'honneur. Il convient donc en pareil cas, surtout s'il s'agit d'une personne étrangère à l'étude du magnétisme, de s'expliquer clairement, sérieusement et surtout avec bienveillance sur ce qu'on se propose de faire.

Quelquefois il existe entre le magnétiseur et la personne qui se livre à son influence certaine antipathie morale que rien ne pourrait dissiper. Cette circonstance est fâcheuse ; je la crois même un obstacle insurmontable, lorsque le sentiment d'aversion dont nous parlons est principalement ressenti par celui ou celle qu'on prétend magnétiser. Néanmoins cette sorte de répulsion morale peut, jusqu'à un certain point, être compensée par une grande disproportion des forces physiques et de volonté entre les deux sujets. Le hasard m'a rendu témoin de pareilles circonstances : j'ai vu, par exemple, une jeune dame se prêter par politesse aux passes d'un médecin pour lequel elle ressentait involontairement un éloignement extrême ; le sommeil eut lieu, mais il fut agité, pénible, et la *lucidité,* ordinairement très-remarquable de la jeune somnambule, manqua totalement ce jour-là, au grand dépit des assistants.

§ VI. — *Conditions phrénologiques.*

Les volumes relatifs des masses cérébrales et des centres nerveux en général jouent également ici un rôle important ; mais nous n'osons pas encore nous hasarder sur le terrain mouvant de la phrénologie (1), et appuyer une science qui naît sur les données trop incertaines d'une science née d'hier.

§ VII. — *Des lieux, des témoins, etc.*

Comment pourrait-on imaginer une expérience sé-

(1) Voir *Cours de phrénologie,* professé à la Faculté de médecine de Paris, par F. J. Broussais. Paris, 1836, in-8.

rieuse faite dans l'agitation tumultueuse d'un salon, par exemple, au milieu de témoins ou bruyants, ou distraits, ou malveillants, ou même seulement incrédules? Qu'on explique comme on voudra la transmission réciproque, sinon des idées, du moins des dispositions morales, mais il est certain que cette transmission s'effectue. Dans toutes les réunions, quel que soit leur but, il arrive toujours un instant, si elles se prolongent, où une sorte d'équilibre indéfinissable s'établit entre toutes les pensées de ceux qui les composent ; de telle sorte qu'une nuance uniforme de joie ou de plaisir, de gaieté ou de tristesse s'étend sur toutes les physionomies, et règne dans l'appartement comme une atmosphère commune. Eh bien ! qu'une expérience de magnétisme ait lieu dans une pareille assemblée, les influences réciproques des deux organismes qui vont se mettre en rapport ne seront-elles pas croisées en tous sens par les influences extérieures ? — Tout cela est obscur ; mais, encore une fois, cela peut être ainsi, et tout au moins ne pouvons-nous pas nier que cela soit, puisque rien ne nous prouve le contraire. — Encore une fois, quelle que soit l'explication qu'on en donne, les expériences magnétiques ne réussissent presque jamais devant de nombreux témoins.

Il faut donc opérer dans le calme, autant que possible dans la solitude et dans les lieux qui n'inspirent à l'âme ni émotion ni contrainte, et où rien ne soit de nature à captiver trop vivement l'attention. — Quant aux témoins, qu'on en restreigne le nombre autant que les circonstances ou la bienséance le permettront; qu'on tâche surtout de les avoir bienveillants; mais encore, qu'est-il besoin de témoins, si l'on ne fait du magnétisme qu'un acte de charité et de philanthropie !

CHAPITRE IV.

Classification et description des phénomènes magnétiques.

Ce chapitre étant un des plus importants de ce manuel, nous allons mettre toute notre attention à l'écrire. Tout en nous aidant des ouvrages de nos devanciers pour en compléter les détails, nous ne donnerons pour certain que ce que nous avons nous-même observé, et nous prenons l'engagement d'être fidèle et scrupuleux dans le récit de nos observations. C'est surtout lorsqu'on traite d'un sujet nouveau et de faits extraordinaires qu'il importe à l'écrivain d'être rigoureux, de ne rien imaginer, et de présenter la vérité toute nue, sous sa véritable forme, sous son véritable aspect, et sans jamais l'altérer par un seul mot faux ou inexact. Quant à moi, quel que soit le merveilleux des faits que je raconterai, je n'aurai jamais honte de les affirmer lorsque je serai bien convaincu de leur existence.

Au surplus, je renonce d'avance à toute espèce d'interprétation dogmatique, parce qu'une théorie du magnétisme exige des développements qui seraient déplacés dans un manuel. Il faut d'ailleurs admettre que les faits magnétiques, au lieu d'être contradictoires aux principes reçus en physiologie, sont tout simplement des faits d'un nouveau genre. Pour en donner un exemple, la vision à travers les paupières closes ou même par l'occiput n'infirme pas nécessairement la théorie de l'optique; mais seulement on peut supposer que, en outre de la vision au moyen de l'œil, il existe un autre genre de vision dont nous ne comprenons pas encore le mécanisme (1). — Socrate disait à ses disciples : « Tout ce qu'on m'a enseigné, toutes les sciences humaines que j'ai étudiées et approfondies, toutes les recherches enfin que j'ai faites sur le principe et l'essence des choses, ne m'ont servi qu'à m'apprendre que je ne savais rien. »

Les phénomènes magnétiques présentent dans leur développement quatre phases différentes, savoir : 1° les signes précurseurs du sommeil; 2° le sommeil; 3° le somnambulisme; 4° enfin le réveil. Nous allons donc, pour procéder méthodiquement, consacrer à chacune de ces phases une des principales divisions de ce chapitre.

(1) Voir notre *Magnétisme animal expliqué*, 7ᵉ leçon, p. 251.

§ Ier. — *Signes précurseurs du sommeil.*

Ils sont, généralement parlant, très-complexes et très-difficiles à décrire. Variables à l'infini suivant les sujets, ils dépendent non-seulement de la constitution de ceux-ci, mais encore de la disposition éventuelle dans laquelle ils se trouvent, des circonstances où ils sont placés, des témoins qui les observent; enfin, ils dépendent de la constitution, de la puissance magnétique, du procédé employé et de la disposition mentale du magnétiseur. — Une jeune somnambule de ma connaissance, magnétisée successivement par quatre personnes, s'est quatre fois endormie d'une manière différente. — Cependant voici ce qui a lieu le plus communément.

a. La tête s'appesantit; mais ceci mérite explication. Il ne s'agit pas seulement ici de cet alourdissement de la pensée qui caractérise une légère congestion cérébrale, telle que celle que pourrait déterminer l'application d'un corps chaud sur le front; il s'agit d'une sensation particulière, qu'il n'est pas aisé de comprendre lorsqu'on ne l'a pas soi-même éprouvée. Il semble que la main du magnétiseur s'appuie médiatement sur le sommet et les régions latérales de la tête, en pressant un corps élastique sur ces régions, qui deviennent en même temps le siége d'une vive sensation de chaleur ou de fraîcheur (ce qui est plus rare), alors pourtant que la main qui s'en approche n'est ni froide ni chaude.

b. Une sensation analogue à celle que nous venons de décrire se manifeste à l'épigastre lorsque le magnétiseur y touche, et dessine le trajet des nerfs lorsqu'on fait des passes sur les membres. Quelquefois, chez les sujets très-nerveux, c'est un fourmillement bien marqué qui se fait sentir jusqu'au bout des doigts ou des orteils, et ébranle le membre tout entier d'un léger trémoussement convulsif.

c. Les paupières éprouvent un clignotement tout particulier, qui devient de plus en plus marqué à mesure que l'opération s'avance; avant qu'elles se ferment définitivement, leur muscle orbiculaire se contracte fortement à plusieurs reprises, comme cela arrive lorsque la vue est fatiguée d'une contemplation prolongée ou de l'aspect d'un corps lumineux.—Les larmes semblent aussi les humecter plus abondamment que dans l'état ordinaire (1).

d. Le globe oculaire, aux approches du sommeil, exécute plusieurs mouvements de rotation, après lesquels il se convulse définitivement vers la voûte de l'orbite, et beaucoup plus rarement vers sa paroi inférieure. — Ce signe n'est pas constant, et il arrive parfois, on peut dire même assez fréquemment, que l'œil reste fixe; mais alors la pupille se dilate, ce qui donne au regard

---

(1) Le magnétisme paraît activer toutes les sécrétions.

quelque chose de vague et d'hébété. — Enfin, il y a quelquefois strabisme.

e. La contraction spasmodique des muscles de la face chez quelques sujets imprime à la physionomie un cachet indéfinissable ; tandis que le tremblement convulsif des *masséters*, qui survient d'intervalle en intervalle chez d'autres sujets, fait claquer les arcades dentaires l'une contre l'autre avec une incroyable rapidité.

f. Assez fréquemment (et nous verrons que cette circonstance se représente au réveil), les fonctions de l'estomac éprouvent un trouble passager, mais bien manifeste.

g. Le pouls est tantôt ralenti, tantôt accéléré, sans qu'il soit possible de préciser les circonstances qui donnent lieu à l'un ou à l'autre de ces deux symptômes opposés ; mais, à peu près constamment, il y a augmentation de chaleur à la peau.

h. La respiration, d'abord évidemment ralentie, devient ensuite suspirieuse et haletante. La poitrine est comme comprimée par une force physique, et j'ai vu quelquefois un point douloureux se manifester subitement à la région sous-sternale, et persister jusqu'au sommeil. Viennent ensuite les bâillements fréquents, prolongés et irrésistibles, un malaise général, une toux nerveuse, et parfois du hoquet ; mais c'est principalement au réveil que j'ai eu l'occasion de constater ces trois derniers caractères, qui sont d'ailleurs loin d'être fréquents.

i. Ce qui est moins rare, c'est une sorte d'hilarité sans motif, hilarité bizarre, souvent fort plaisante, et qui ne cesse qu'au moment du sommeil.

k. Enfin, le corps entier peut être pris de convulsions violentes, de ces convulsions qui constituaient les *crises* de Mesmer, mais qui ne sont guère de nos jours que le résultat de circonstances accidentelles, apparentes ou non pour l'observateur. — Il n'est rien de plus commun, au contraire, qu'une espèce de soubresauts qu'on prendrait pour les effets inopinés de décharges électriques. La plus légère agitation préexistante à l'opération ne manque presque jamais d'y donner lieu.

Il peut arriver que tous ces prodromes existent simultanément sur le même sujet et dans la même séance; mais ce n'est pas l'ordinaire qu'il en soit ainsi. Une observation importante à faire, c'est qu'ils sont en général d'autant plus prononcés que le sujet est moins accoutumé au magnétisme. — Madame Hortense *** (1), pendant que je la magnétise, cause et plaisante avec moi sans la moindre émotion jusqu'à l'instant où le sommeil vient à clore brusquement sa paupière; et, dès la première seconde, ce sommeil est un somnambulisme parfait.

La manière dont s'endormait Paul Villagrand, l'un des sujets soumis à l'observation de MM. les commis-

(1) Cette jeune dame, dont j'aurai l'occasion de parler souvent, est une des somnambules les plus remarquables que j'aie vues.

saires de 1826, est des plus remarquables. Nous allons en emprunter la relation à M. Foissac :

« On ne trouve dans les ouvrages de magnétisme aucun exemple des effets que Paul éprouvait avant d'entrer en somnambulisme. Les premières passes excitaient d'abord son hilarité ; mais au bout de deux minutes, sa figure devenait sérieuse et peignait l'étonnement. Tout le corps était agité de secousses partielles ou générales, ressemblant à celles que détermine l'action de l'électricité. Les paupières s'élevaient et s'abaissaient en suivant la direction de mes doigts avec une précision mécanique ; bientôt toute la tête participait à ce mouvement. Si je m'éloignais, il s'avançait, comme attiré par un aimant ; si ma main s'arrêtait à quelques pouces de distance de ses yeux, il reculait la tête avec un air effrayé ; si je faisais des passes avec les deux mains, il portait rapidement ses yeux de l'une à l'autre ; bientôt il en saisissait une, me pinçait fortement les doigts, et les quittait presque aussitôt pour suivre les mouvements de l'autre. Quelquefois il avançait sa figure vers ma main, et semblait craindre pourtant de la toucher ; il la flairait ; tout à coup il ouvrait la bouche pour la saisir ; mais ses lèvres l'avaient à peine effleurée qu'il se retirait avec effroi.

« Il nous arriva souvent, à la Charité, de l'engager à se tenir immobile pendant l'opération magnétique. Nous placions une montre devant lui, en l'invitant de nous prévenir lorsque la troisième minute serait écoulée ; il le promettait, et fixait les yeux sur cette montre. Pendant la première minute, il restait tranquille ; mais à la seconde, ses yeux allaient avec rapidité de la montre à mes doigts, et de ceux-ci à la montre ; enfin, à la troisième, après de vains efforts, il semblait perdre le souvenir et la volonté, et ne s'occupait que de ma main. On avait beau lui rappeler sa promesse, le pincer, le tirer par les cheveux, il était insensible à tout. Si je lui adressais la parole, il répétait à plusieurs reprises, comme un écho fidèle, le dernier mot de ma phrase, avec des inflexions de voix différentes et fort bizarres ; mais à mesure que le sommeil s'emparait de lui, sa voix s'affaiblissait, il prononçait ce mot plus bas et moins distinctement, et enfin ses lèvres, ne pouvant plus émettre de sons, faisaient encore un mouvement pour articuler la première syllabe. Lorsque je voulais arrêter cette pantomime amusante, il me suffisait de placer une main sur l'épigastre du malade ; aussitôt il baissait la tête et ne tardait pas à pousser un long soupir, qui était le signe précurseur du somnambulisme. Si je lui demandais alors ce que le magnétisme lui faisait éprouver, il répondait qu'il voyait d'abord mes doigts multiples, lumineux, et s'allongeant quelquefois de manière à lui faire croire qu'ils allaient lui crever les yeux ; qu'ensuite ses idées s'obscurcissaient ; que sa vue était toute éblouie et qu'il était sous l'empire d'une véritable fascination. A son réveil, toutes ces circonstances étaient effacées de sa mémoire ; il répondait naturellement à nos questions, et croyait avoir obéi à l'injonction de se tenir tranquille. »

J'avoue n'avoir jamais rien observé de pareil à ce que l'on vient de lire ; mais bien que le fait rapporté par M. Foissac me paraisse des plus curieux, je pourrais en produire qui peut-être n'auraient pas moins d'intérêt. En effet, ainsi que je l'ai fait remarquer au commencement de ce chapitre, rien n'est plus varié que les signes précurseurs du sommeil magnétique ; et, pour en donner une idée complète, il faudrait presque faire autant de descriptions qu'on a magnétisé de sujets. Pour ce qui est du moral, il est à présumer que tous les sujets, dans cette circonstance, subissent, à l'anxiété près, les modifications graduées que produit une somnolence naturelle ; c'est-à-dire que l'âme se retranche peu à peu en elle-même, à mesure que les sens suspendent leurs fonctions, jusqu'à ce qu'enfin la pensée, complétement privée d'excitations extérieures, ne vive plus que de sa puissance intime ; car le sommeil dans sa première période n'est qu'une vie de pure intuition.

Avant de terminer ce qui se rapporte aux signes précurseurs du sommeil magnétique, nous allons résumer en quelques phrases ce qu'il y a de pratique dans les pages qui précèdent.

Ainsi nous dirons :

1° Que ces signes n'ont rien de constant ;

2° Qu'ils sont d'autant plus marqués que le sujet sur lequel on fait l'expérience n'a point encore été magnétisé, ou qu'il ne l'a été qu'un petit nombre de fois, ou bien enfin qu'il ne l'a jamais été par le magnétiseur actuel ; qu'il offre volontairement une résistance morale à l'action magnétique ; qu'il entre plus d'énergie dans l'acte du magnétiseur (1) ;

3º Enfin que la durée de ces prodromes, qui ne se manifestent qu'à demi ou ne se manifestent pas du tout chez les sujets réfractaires au magnétisme, est subordonnée, ainsi qu'on le devine d'ailleurs aisément, à la présence ou à l'absence des diverses conditions que nous avons signalées dans le chapitre précédent comme favorisant l'action magnétique.

§ II. — *Du sommeil magnétique.*

Les hommes, en général, ne cherchent le repos que lorsqu'ils en éprouvent le besoin ; et comme ils ne prennent ce repos qu'à des heures déterminées et peu variables, il en résulte que leur sommeil quotidien, lors même qu'il n'est pas pour eux un besoin réel, se trouve être encore un acte d'habitude que la nature même de leur organisation les pousse irrésistiblement à accomplir. Mais que, au milieu des agitations de sa vie active, on aille surprendre un homme, juste au moment où il a surtout coutume d'exercer son esprit ou son corps, et que, par un moyen quelconque, on arrive à le plonger subitement dans le sommeil, est-il supposable que ce

(1) Par énergie, j'entends parler ici de la *volonté*. Les chapitres suivants faciliteront l'intelligence de ce passage.

sommeil impromptu soit pour l'homme dont nous parlons l'analogue du repos réparateur qui vient chaque jour à intervalles égaux rafraîchir sa pensée et ses sens. Eh non sans doute, parce qu'en violentant la nature on la fait sortir de ses lois ; et voilà précisément le fait du sommeil magnétique. Au reste, cette espèce de sommeil, si l'on n'y comprend pas le somnambulisme, ne constitue, à vrai dire, qu'un temps très-limité et souvent même inappréciable quant à sa durée dans l'ensemble et la succession des phénomènes magnétiques. — On magnétise un individu, vous le croyez endormi, et voilà que le seul contact de votre main lui fait ouvrir les yeux, d'où l'on pourra conclure qu'il ne dormait pas. — Mais on ne l'éveille pas en le touchant ? Parlez-lui, alors, il vous répondra ; car il est en somnambulisme (1).

§ III. — *Du somnambulisme.*

Le somnambulisme est un état physiologiste particulier et assez mal étudié jusqu'à présent. Dépendant de circonstances extérieures (les passes magnétiques) ou de conditions intérieures qui échappent à nos moyens d'investigation (2), il se présente à nous sous deux for-

(1) Ce passage est peut-être trop explicite ; car, dans certains cas, il se manifeste réellement un sommeil profond sans somnambulisme.
(2) Voir *Magnétisme animal expliqué*, 7ᵉ leçon, p. 251.

mes principales que nous allons essayer de décrire. La première de ces formes est le somnambulisme proprement dit, et la seconde le somnambulisme *lucide*.

DU SOMNAMBULISME PROPREMENT DIT.

Si un homme se trouvait privé en naissant de toute espèce de sens, soit externes, soit internes; c'est-à-dire s'il existait un homme qui pût vivre sans vision, sans ouïe, sans odorat, sans organes de toucher, enfin sans la moindre perception de ce qui se passerait en lui, je maintiens que, à moins d'admettre la révélation divine, il serait absolument impossible que cet homme eût une seule idée. — Cette image est, à mon avis, celle du sommeil profond, pendant lequel une séparation presque complète s'est effectuée entre l'âme et les organes.

Si au contraire on suppose que l'homme dont nous parlons perçoit seulement les actes physiologiques de sa vie intérieure, cet homme aura une sensation et partant une idée, celle de son existence. Bien plus, il est très-vraisemblable que, dans ce cas, cette idée unique se développerait et se perfectionnerait au delà de tout ce que nous pouvons imaginer, par cela même qu'elle serait, à elle seule, l'élément incessant de toute une vie de sensation et de réflexion. — Voilà exactement l'intuition des somnambules *isolés* et non *lucides*.

Supposons maintenant l'existence d'un des sens de la vie de relation, mais d'un seul, de l'ouïe, par exemple, jointe au jeu normal de quelques-unes seulement des facultés instinctives ou intellectuelles, ou bien au jeu incomplet de toutes les facultés; la pensée dès lors se complique, puisqu'elle peut s'alimenter de sensations multiples et variées; et si la volonté parvient à se transmettre aux organes de la voix, c'est la *somniloquie;* ou si la volonté réagit sur les muscles de la locomotion, c'est le véritable somnambulisme avec perception des sons.

Cela posé, il est clair que le somnambulisme se rapprochera d'autant plus de la vie réelle qu'il y aura plus de sens et plus de facultés *éveillés*, avec cette seule différence que toutes les sensations auront acquis une excessive délicatesse.

Ce qu'on vient de lire nous semble pouvoir s'appliquer exactement à toutes les espèces de somnambulismes, et je ne comprends pas pourquoi des auteurs doués de bon sens et d'esprit d'observation se sont plu jusqu'à présent à nous faire du somnambulisme naturel et du somnambulisme magnétique deux entités absolument différentes. Une seule circonstance est peut-être susceptible de les justifier, c'est la permanence du rapport nerveux ou magnétique, comme on voudra l'appeler, en un mot, de cette sorte d'association organique qui, dans un assez grand nombre de cas, semble mettre le somnambule magnétique dans la dépendance explicite de son magnétiseur. Mais que dira-t-on alors des somnambules qui s'endorment en se magnétisant eux-mêmes (1)?

(1) J'ai constaté ce fait, dont les magnétiseurs les plus expérimentés rapportent quelques exemples.

Actuellement que nous avons établi sommairement des principes généraux, très-longuement développés dans notre dernier ouvrage, nous allons procéder à l'examen des phénomènes du somnambulisme en étudiant successivement les appareils intellectuels et sensitifs chez les somnambules observés jusqu'à présent.

§ IV. — *Intelligence et facultés morales.*

Ces facultés sont subordonnées à deux conditions capitales : la première est leur état normal pendant la veille ; la seconde, le degré du somnambulisme dans lequel se trouvent les magnétisés. Lors des premières expériences, l'intelligence est ordinairement confuse, et les sujets, tout en exprimant des idées vraies, ne savent pas coordonner ces idées, et sont presque toujours incapables de faire ou de comprendre un raisonnement suivi. D'ailleurs, lorsqu'il existe un engourdissement absolu de tous les sens externes, de telle sorte qu'il n'est possible qu'au magnétiseur de se faire entendre du somnambule, celui-ci est taciturne, et ne parle guère que pour répondre aux questions que le premier lui adresse. Cependant, comme il sent quelquefois admirablement ce qui se passe en lui, il réfléchit sur cette sensation, et très-souvent exprime tout haut l'étonnement qu'il en éprouve. La mémoire est aussi chez lui une des premières facultés dont on puisse constater l'existence. Dès le principe, la plupart des somnambules se rappellent avec une étonnante précision tous les événements qui leur sont arrivés, quelquefois depuis si longtemps qu'ils en avaient absolument perdu le souvenir pendant l'état de veille ; mais leur tendance la plus évidente alors est de ne parler et de ne s'occuper que des choses qui les concernent personnellement. Leur santé surtout, lors même que l'expérience est faite sur des sujets bien portants, les préoccupe avant tout : aussi les premières questions qu'un magnétiseur bienveillant adresse à son somnambule doivent-elles se rapporter à cet objet.

Plus tard, bien que l'isolement persévère, l'intelligence se développe, et on ne tarde pas à arriver à un point où *toutes les facultés* de l'âme présentent une exaltation égale. On s'en convainc en s'adressant séparément à chacune de ces facultés. C'est la mémoire qui est devenue prodigieuse, c'est la sensibilité qui est exquise, c'est l'amour-propre, la vanité, la ruse, etc., qui se mettent en jeu à la moindre occasion. Mais observons que je n'entends parler ici que des somnambules habitués déjà depuis un certain temps au magnétisme.

Une faculté remarquable que développe aussi le somnambulisme est l'appréciation du temps. Un somnambule n'a nullement besoin d'être *lucide* pour indiquer l'heure que marque une montre qui marche bien.

J'avais un jour magnétisé une jeune dame de la rue Saint-Dominique, et je lui demandai l'heure qu'il était.

— Quatre heures trois quarts, me répondit-elle.

Je tirai ma montre, il était en effet quatre heures trois quarts.

— Vous avez donc vu l'heure à ma montre, madame?

— Non, monsieur.

— Où donc l'avez-vous vue?

— Je ne l'ai vue nulle part.

— Alors comment savez-vous?

— Je la sais.

— Mais encore?...

— Je la sens.

J'ai répété cent fois, avec le même succès, des épreuves du même genre.

De très-fréquentes expériences finissent par donner au somnambulisme la plus parfaite ressemblance avec l'état de veille.

Madame Hortense ***, pendant son sommeil, raisonne et converse avec moi des sujets métaphysiques les plus délicats; souvent elle m'embarrasse par la vivacité de ses reparties et la subtilité de sa controverse. Son langage est brillant, facile, souvent métaphorique, sans cesser d'être vrai. Madame Hortense *** est, à la vérité, une personne de sens et de beaucoup d'esprit, mais elle est loin, infiniment loin, d'avoir dans son état habituel la facilité de penser et d'élocution que lui donne le sommeil magnétique.

On sait que La Fontaine a écrit en dormant sa fable

des *Deux Pigeons*, délicieuse poésie où se réfléchissent à l'envi les deux facultés dominantes de notre grand fabuliste, la candeur et la sensibilité.

Les *besoins* et les *passions*, tels que la faim, la soif, les affections, etc., se font également sentir chez les somnambules, et il est certaines questions sur lesquelles il serait inconvenant, pour ne pas dire immoral, de mettre leur franchise à l'épreuve. Remarquons pourtant qu'après un petit nombre de séances, pour peu qu'ils aient en eux les habitudes que donne une bonne éducation, ils ne tardent guère à substituer, pendant leur sommeil, le sentiment des bienséances aux inspirations quelquefois brutales de la nature. Ce sentiment peut même aller chez eux jusqu'à l'exagération. Quelques réflexions purement médicales m'ont valu, de la part d'une jeune dame, de vertes réprimandes dont rirent les assistants.

Peut-être devrions-nous énoncer ici quelques-unes des facultés qui, bien que beaucoup plus évidentes pendant le sommeil lucide, existent pourtant aussi dans le somnambulisme ordinaire; mais, pour éviter les redites fastidieuses, nous renvoyons nos lecteurs aux paragraphes suivants, et nous passons de suite à l'examen des phénomènes de la vie de relation.

§ V. — *De l'isolement.*

Nous avons tout à l'heure exprimé d'une mainère métaphorique et pourtant très-exacte ce qu'il faut entendre par ce mot. Il signifie, dans le sens où nous l'employons, la suspension complète des fonctions de relation, c'est-à-dire l'engourdissement absolu des sens externes, de telle sorte que le somnambule ne perçoit plus d'autres sensations que celles qui lui viennent directement de son magnétiseur. Ainsi :

a. Les yeux sont fermés ; mais lorsque l'on parvient à entr'ouvrir mécaniquement les paupières, ce qui d'ailleurs ne se fait qu'assez difficilement, le somnambule ne voit pas. Il est trop aisé de se convaincre d'un pareil fait pour qu'il nous soit besoin de citer des observations à son appui. L'œil, dans ce cas, est terne, sans expression, et convulsé vers une des parois de l'orbite, ordinairement vers la supérieure.

b. Les somnambules n'entendent pas, ou du moins n'entendent que les paroles qui leur sont adressées par leur magnétiseur. — Bien longtemps avant les expériences faites en 1820 à l'Hôtel-Dieu de Paris, il n'y avait à ce sujet aucune incertitude dans l'esprit des magnétiseurs ; mais les témoignages d'hommes aussi connus que MM. Husson, Récamier, etc., ne doivent actuellement laisser de doutes dans l'esprit de personne. — Il n'est pas aisé de contrefaire le sourd, surtout avec des médecins. — Par opposition, l'ouïe des somnambules acquiert, relativement à la voix de la personne qui les magnétise, une délicatesse inaccoutumée et quelquefois extrême. En voici un exemple. Dans le courant du mois de mars 1840, je magnétisai en présence d'un assez grand nombre de personnes une jeune fille nommée Adèle Défossey, sur laquelle j'avais déjà tenté plusieurs expériences. Cette jeune fille, d'une santé très-frêle et d'une intelligence plus chétive encore, s'endormait au bout de dix ou douze minutes, tombait immédiatement dans le somnambulisme et dans un isolement parfait. Le jour dont je parle, en raison sans doute des nombreux témoins que j'avais réunis, je mis un peu plus de temps que de coutume à l'endormir; mais enfin sa paupière s'appesantit et se ferma; elle poussa un profond soupir, sa tête tomba sur sa poitrine, et je crus pouvoir l'interroger :

— Dormez-vous, Adèle?
— Oui, monsieur (1).
— Qui est-ce qui vous a endormie?
— C'est vous.
— Cela vous a-t-il fait plaisir qu'on vous endorme?
— Ça ne me fait pas de peine.

Un des assistants ayant fait une réflexion plaisante à côté d'elle, je continuai :

— Entendez-vous, Adèle ?
— Quoi?
— Ce que l'on vient de dire ?

(1) Il est à remarquer que tous les somnambules n'ont pas la conscience de leur état, et que plusieurs, surtout lors des premières expériences, se refusent obstinément à convenir qu'ils dorment.

— Je n'ai rien entendu.

— Pourtant on a parlé ; nous ne sommes pas seuls ici.

— Je le sais bien.

— Connaissez-vous ces messieurs ?

— Je ne les vois pas.

— Mais vous les avez vus ?

— Oui, mais je ne les vois plus.

— Et moi, me voyez-vous ?

Adèle hésita, et finit par répondre : — Non, monsieur.

A cet instant, un de mes amis, qui avait gonflé de son haleine un sac de fort papier, le fit éclater en le frappant violemment sur sa main, et de manière à produire un son excessivement éclatant. Adèle ne fit pas le moindre mouvement, et sa physionomie ne dénota pas la plus légère émotion. Nous ne remarquâmes pas même cet imperceptible clignotement de paupière qu'avait présenté la fille Sanson à l'Hôtel-Dieu, au bruit retentissant du bassin de métal qu'on avait jeté à côté d'elle sur le parquet. Adèle, en un mot, n'avait rien entendu. — Il s'engagea alors parmi les assistants une conversation animée et bruyante, pendant laquelle je continuai à m'entretenir à voix très-basse avec notre somnambule, absolument comme si j'eusse été seul avec elle et dans le calme le plus absolu. Circonstance remarquable, c'est que j'eus beau mettre Adèle en rapport avec les différentes personnes qui vinrent l'observer dans son somnambulisme, il n'y eut jamais que ma voix qu'elle entendit.

Au surplus, si l'on nous permet de revenir encore une fois sur l'identité, ou pour le moins la grande analogie des somnambulismes naturel et magnétique, nous affirmons avoir vu un somnambule naturel, duquel il était absolument impossible de se faire entendre, et qu'aucune espèce de bruit n'était capable d'éveiller. Le manque d'observations ne nous permet pas de savoir s'il en est ou non qui présentent les autres conditions de l'isolement, mais nous dirons un peu plus loin à quoi tient surtout cette manière d'être chez les somnambules magnétiques.

c. Odorat. Des expériences concluantes ont démontré que non-seulement le sens de l'odorat est suspendu pendant l'isolement, mais encore que la muqueuse des fosses nasales a perdu alors toute sa sensibilité. Je fis priser une jeune somnambule qui n'était nullement accoutumée au tabac, et elle n'en ressentit aucun effet. Ce fut seulement à son réveil, c'est-à-dire une heure après l'injection du sternutatoire, qu'elle se prit à éternuer avec les contorsions les plus plaisantes. Une autre fois je substituai le poivre en poudre au tabac, et le même résultat eut lieu. On sait d'ailleurs que, pendant le cours des expériences de 1820, on plaça des flacons d'alcali volatil sous le nez de plusieurs somnambules qui ne s'aperçurent pas même de ce qu'on avait cherché à leur faire éprouver.

d. Goût. Je n'ai fait qu'une seule expérience qui tende à prouver la suspension de ce sens durant le somnambulisme. Je mis un jour un morceau de coloquinte dans la bouche d'Adèle Défossey, magnétiquement endormie, en la priant de mâcher sans l'avaler la *délicieuse dragée* dont je la gratifiais. Adèle fit ce que je lui disais. Elle mâcha automatiquement, pendant plus d'un quart d'heure la pulpe de coloquinte, et finit par me déclarer que la *dragée* n'avait aucune saveur. — Dans quelques circonstances, au contraire, l'odorat et le goût semblent acquérir chez les somnambules une admirable perfection.

§ VI. — *Du toucher.*

L'insensibilité existe, non-seulement à la peau, mais encore dans les tissus sous-cutanés, dans les muscles et jusque dans les ramifications nerveuses; témoin le fait si connu communiqué par M. Jules Cloquet à l'Académie de médecine, séance du 16 avril 1829. Madame Plantain, âgée de soixante-quatre ans, demeurant rue Saint-Denis, n. 151, consulta M. Cloquet, le 8 avril 1829, pour un cancer ulcéré qu'elle portait au sein droit depuis plusieurs années, et qui était compliqué d'un engorgement considérable des ganglions axillaires correspondants. M. Chapelain, médecin de cette dame, qu'il magnétisait depuis quelques mois, dans l'intention, disait-il, de dissoudre l'engorgement du sein, n'avait pu obtenir d'autre résultat qu'un sommeil très-profond pendant lequel la sensibilité paraissant anéantie, les idées conservaient toute leur lucidité. Il proposa à M. Cloquet de l'opérer pendant qu'elle serait plongée dans le sommeil magnétique. Ce dernier, qui avait jugé l'opération indispensable, y consentit, et l'on décida qu'elle aurait lieu le dimanche suivant, 12 avril. La veille et l'avant-veille, cette dame fut magnétisée plusieurs fois par M. Chapelain, qui la disposait, lorsqu'elle était en somnambulisme, à supporter sans crainte l'opération, et qui l'amena même à en causer avec sécurité, tandis qu'à son réveil elle en repoussait l'idée avec horreur.

Le jour fixé pour l'opération, M. Cloquet, en arrivant à dix heures et demie du matin, trouva la malade habillée, assise dans un fauteuil, dans l'attitude d'une personne paisible et livrée au sommeil naturel. Il y avait à peu près une heure qu'elle était revenue de la messe, qu'elle entendait habituellement à la même heure. M. Chapelain l'avait mise dans le sommeil magnétique depuis son retour; la malade parla avec beaucoup de calme de l'opération qu'elle allait subir. Tout étant disposé pour l'opérer, elle se déshabilla elle-même, et s'assit sur une chaise.

M. Chapelain soutint le bras droit. Le bras gauche fut laissé pendant sur le côté du corps. M. Pailloux, élève interne de l'hôpital Saint-Louis, était chargé de présenter les instruments et de faire les ligatures. Une première incision, partant du creux de l'aisselle, fut dirigée au-dessus de la tumeur jusqu'à la face interne de la mamelle. La deuxième, commencée au même point, cerna la tumeur par en bas, et fut conduite à la rencontre de la première. M. J. Cloquet disséqua avec précaution les ganglions engorgés, à raison de leur voisinage de l'artère axillaire, et extirpa la tumeur. La durée de l'opération a été de dix à douze minutes.

Pendant tout ce temps, la malade a continué à s'entretenir tranquillement avec l'opérateur, et n'a pas donné le plus léger signe de sensibilité : aucun mouvement dans les membres ou *dans les traits*, aucun changement *dans la respiration* ni *dans la voix*, aucune émotion, même *dans le pouls*, ne se sont manifestés : la malade n'a pas cessé d'être dans l'état d'abandon et d'impassibilité automatique où elle était quelques minutes avant l'opération. On n'a pas été obligé de la contenir, on s'est borné à la soutenir. Une ligature a été appliquée sur l'artère thoracique latérale, ouverte pendant l'extraction des ganglions. La plaie étant réunie par des emplâtres agglutinatifs, et pansée, l'opérée fut mise au lit, toujours en état de somnambulisme, dans lequel on l'a laissée quarante-huit heures. Une heure après l'opération il se manifesta une légère hémorragie qui n'eut pas de suites. Le premier appareil fut levé le mardi suivant, 14; la plaie fut nettoyée et pansée de nouveau : la malade ne témoigna ni sensibilité ni douleur; le pouls conserva son rhythme habituel.

Après ce pansement, M. Chapelain réveilla la malade,

dont le sommeil somnambulique durait depuis une heure avant l'opération, c'est-à-dire depuis deux jours. Cette dame ne parut avoir aucune idée, aucun sentiment de ce qui s'était passé; mais en apprenant qu'elle avait été opérée, et voyant ses enfants autour d'elle, elle en éprouva une très-vive émotion, que le magnétiseur fit cesser en l'endormant aussitôt (1).

M. le docteur Oudet a communiqué à l'Académie de médecine (séance du 24 janvier 1833) une observation qui, sans être aussi concluante que celle qu'on vient de lire, tend néanmoins à accréditer le phénomène de l'insensibilité chez un bon nombre de somnambules. Voici le fait tel que l'a raconté le magnétiseur, avec l'approbation de M. Oudet (2) :

« Madame B*** a vingt-cinq ans et un caractère très-impressionnable; elle appréhende vivement la moindre douleur, et souffre de l'action de causes à peine appréciables pour d'autres. C'est ainsi qu'elle ne peut pas entendre craquer les doigts de quelqu'un sans éprouver des palpitations et une sorte de défaillance.

« Plusieurs fois j'avais produit en elle le somnambulisme, et constaté son insensibilité dans cet état, quand, le 6 septembre dernier, elle se plaignit à moi d'un mal de dents qui, disait-elle, la torturait depuis quelques

---

(1) *Bulletin de l'Académie royale de médecine.* Paris, 1837, t. II, p. 370.

(2) *Bulletin de l'Académie de médecine.* Paris, 1837, t. I, p. 343.

jours. L'extraction de la dent malade était l'unique remède à ses souffrances ; mais l'idée d'une opération la tourmentait au point qu'elle en éprouvait presque des convulsions. Je la conduisis à M. le docteur Oudet, qui, étant prévenu de l'état particulier de cette dame, la rassura sur la nécessité qu'elle redoutait ; je convins secrètement avec mon estimable confrère qu'il la trouverait chez moi en somnambulisme.

« Le 14 novembre, à l'heure indiquée, M. Oudet la vit paisiblement assise dans un fauteuil, et livrée depuis une heure au sommeil magnétique. Pour explorer sa sensibilité, je la piquai fortement et à plusieurs reprises avec une épingle ; je lui plongeai un doigt pendant quelques secondes dans la flamme d'une chandelle ; elle ne donna absolument aucun signe de douleur. Durant ces épreuves, madame B*** répondait à mes questions avec l'indolence ordinaire à son état. M. Oudet déplia sa trousse. Le cliquetis de ses instruments ne parut lui causer aucune sensation : ma somnambule se croyait seule avec moi. Je la priai de me laisser voir sa dent malade (c'était une grosse molaire). Elle ouvrit la bouche sans défiance, en me disant : « Elle ne me fait plus de mal. » M. Oudet plaça son instrument. Au moment de l'avulsion, la tête sembla fuir un peu la main de l'opérateur, et nous entendîmes un léger cri. Ces deux signes de douleur eurent la rapidité de l'éclair. Le pouls de la patiente était calme ; son visage n'indiquait pas la moindre émotion ; ses mains étaient demeurées immobiles sur ses genoux. Je me hâtai de lui adresser cette question : « Avez-vous souffert ? Elle répondit tranquillement : « Pourquoi souffrir ? » Elle ignorait ce qu'on venait de faire. Je lui offris un verre d'eau en l'engageant à se laver la bouche. Elle ne comprit pas ma recommandation, ne but, ni cracha.

« Pendant une demi-heure que je prolongeai encore son sommeil, je la fis beaucoup parler, mais je ne pus découvrir en elle aucune marque de douleur ; éveillée, elle ne se douta de rien, et ne se plaignit point d'abord. Vingt minutes après elle porta la main à sa joue, en disant : « Voilà ma dent qui va recommencer à me tourmenter. » Je lui appris enfin, à sa grande satisfaction, ce que j'avais fait pour lui épargner des terreurs et de la souffrance. »

J'ai rapporté, à la suite de mon *Magnétisme animal expliqué*, la relation d'une amputation de cuisse, pratiquée à Londres, en 1842, par M. Ward, dans des conditions analogues d'insensibilité provoquée par le magnétisme ; relation lue par M. Topham à la Société royale de Londres, le 22 novembre de la même année.

Enfin, une opération de même nature vient d'être tout récemment pratiquée à Cherbourg. J'emprunte au journal de cette ville le récit de ce fait important.

Mademoiselle Marie D***, âgée de dix-sept ans, souffrait, depuis plusieurs années, d'une affection arthritique du pied, occasionnée par une entorse. Il y a déjà plus de trois ans qu'on avait reconnu que l'amputation de la jambe était inévitable. Mais la malade n'avait jamais voulu consentir à cette opération cruelle, que les hommes les plus courageux n'envisagent pas sans effroi. On se décida enfin à recourir au magnétisme, dans le but de la rendre tout à fait insensible à la douleur, et afin qu'elle n'eût pas connaissance de l'opération, qui devenait de jour en jour plus imminente. Les premiers effets de la magnétisation eurent l'avantage de lui rendre le sommeil dont elle était privée depuis bien longtemps. L'insensibilité ayant été explorée à plusieurs reprises, et obtenue telle qu'on la désirait, la malade consentit, pendant son état de somnambulisme, à se soumettre à l'opération, ou plutôt elle le demanda elle-même avec instances. Il fut donc décidé que l'amputation de la jambe aurait lieu le jeudi suivant, 2 octobre 1845, à midi et demi.

Au jour fixé, à onze heures du matin, mademoiselle D*** fut endormie en moins de trois minutes, puis placée sur une table. On commença ensuite, en sa présence, à s'occuper des préparatifs, et lorsqu'on eut bien la certitude que l'insensibilité était profonde et absolue, les médecins furent avertis par le magnétiseur, M. Durand, qu'ils pouvaient, avec une entière sécurité, commencer l'opération. Alors, au milieu d'un silence solennel, et pendant que tous les assistants jetaient un coup d'œil attentif sur le visage de la malade, le docteur Loysel fit une large incision circulaire, avec le couteau, qui, pénétrant profondément dans les chairs jusqu'à l'os de la jambe, laissa à découvert la plus grande partie du tibia et du péroné. Le sang coulait en abondance. Les deux lambeaux furent incisés, le périoste coupé, les os disséqués et sciés ; la ligature des artères, le nettoiement et la réunion de la plaie, l'application de la charpie et des bandelettes : tout cela fut fait sans que la malade ait donné le plus léger signe de douleur. Son visage n'a pas cessé d'être calme et impassible ; ses mains sont restées entièrement libres, et elle a causé plusieurs fois en souriant avec son magnétiseur, même dans les instants les plus douloureux de l'opération, laquelle, y compris le pansement, a duré plus d'une demi-heure. L'insensibilité a été complète ; la malade n'a même pas eu connaissance de ce qui se passait, et le pouls n'a subi aucun changement notable, tant pour la force que pour la fréquence.

Transportée aussitôt dans son lit, on la laissa tranquille pendant un quart d'heure. Alors la malade fut éveillée en trois ou quatre secondes. Elle ouvrit tout à coup les yeux, se mit à sourire à ceux qui l'entouraient, et demeura ainsi près de dix minutes sans s'apercevoir de ce qui avait eu lieu, et sans éprouver aucune souffrance; puis enfin elle dit avec le plus grand calme : « Ah ! je vois que c'est fini ; quel bonheur !... Oh ! merci ! merci! messieurs. » Priée de dire ce qu'elle avait senti ou éprouvé pendant son sommeil, elle répondit : « *Je ne sais rien ; je n'ai ressenti aucune douleur ; je ne me souviens de rien.* »

§ VIII. — *De l'isolement incomplet.*

La complète insensibilité dont nous venons de donner des exemples n'existe pas toujours chez les somnambules. Il en est au contraire un grand nombre qu'on pourrait tirer de leur état en les pinçant ou en les agitant vivement. Quelques-uns, *en rapport* dès le principe avec toutes les personnes qui les entourent, répondent indifféremment aux questions que ces personnes leur adressent.

S'il était permis de généraliser un principe d'après un nombre limité de faits, je dirais que l'isolement complet est subordonné chez les somnambules à l'existence d'une maladie plus ou moins douloureuse.

Ce qu'il y a de certain, c'est que la *plupart* des personnes en bonne santé que j'ai magnétisées, ont constamment conservé une partie de leur sensibilité; seulement leurs sensations étaient plus obtuses que dans l'état normal. Cependant, suivant Georget, le contraire aurait lieu quelquefois. « Mes somnambules, dit-il, conservaient d'abord la faculté de sentir telle qu'elle existe dans l'état de veille; mais en outre il leur était acquis, sous certains rapports, une exaltation particulière de ce sens (le toucher), au moyen de laquelle elles devenaient susceptibles de percevoir des impressions, d'avoir connaissance d'objets que, dans toute autre circonstance, elles n'auraient ni perçus ni connus, etc. (1). » Cette relation peut être exacte, mais elle manque de précision, en ce que Georget omet de nous dire si ses somnambules étaient lucides, ce qui, ainsi qu'on le verra plus loin, changerait complétement la question.

Des fonctions de la vie organique pendant le somnambulisme.

La respiration et la circulation subissent durant le sommeil de notables modifications, et il est assez présumable qu'il en est de même des autres fonctions de la vie animale. Nous ferons observer, par exemple, que certains agents médicamenteux ou autres paraissent avoir perdu leur puissance relativement aux organes sur lesquels, pendant l'état de veille, ils exercent une action marquée. Ainsi on sait que la fumée de tabac, chez les personnes qui fument sans en avoir l'habitude, détermine un malaise excessivement prononcé, une sorte d'ivresse qui trouble profondément les fonctions du cerveau et de l'estomac. Eh bien, j'ai fait fumer deux énormes pipes d'un tabac très-fort à une jeune somnambule qui, bien certainement, n'en avait pas autant fait dans toute sa vie, et qui n'en ressentit absolument aucune espèce d'incommodité.

(1) *De la Physiologie du système nerveux, spécialement du cerveau; recherches sur les maladies nerveuses.* Paris, 1821, t. I, p. 279.

CHAPITRE V.

Du somnambulisme lucide.

En évoquant les souvenirs que nous a transmis l'histoire des extatiques célèbres, tels que saint Cyprien, saint Paul l'Anachorète, le Tasse, Mahomet, Cardan, etc.; en nous rappelant surtout les curieuses observations que nous a laissées Pététin de Lyon, et celles qu'ont plus récemment publiées MM. les docteurs Barrier de Privas, Despine d'Aix-les-Bains, etc., nous ne pouvons nous refuser à admettre qu'il existe une ressemblance frappante entre le somnambulisme lucide et certaine forme de l'extase. Mais comme cette question de haute philosophie médicale ne saurait être débattue dans un livre élémentaire, nous nous contentons de la poser sans en entreprendre la discussion (1). C'est qu'en effet, du point de vue dont nous l'envisageons, le sujet que nous allons embrasser nous paraît en lui-même assez vaste pour que nous ne pensions pas devoir l'élargir encore par des digressions. Nous voici sur un terrain nouveau, où chaque objet tient du prodige, et dont il est impossible

---

(1) Voir le *Magnétisme animal expliqué*, 7e, 8e et 9e leçon.

de faire une description exacte sans passer pour un fourbe ou un halluciné; mais qu'à cela ne tienne : la réputation d'un homme quel qu'il soit ne vaut pas autant qu'une grande vérité; et si nos récits semblent aujourd'hui surannés et ridicules à certains esprits forts, avant dix ans peut-être ils seront autrement jugés.

Tous les somnambules ne sont pas lucides; mais la plupart d'entre eux le deviennent plus ou moins après un nombre suffisant d'expériences. Quelques-uns sont lucides dès la première séance, d'autres ne le sont qu'à la seconde, ceux-ci à la troisième, ceux-là enfin ne le deviennent qu'après huit ou dix séances; mais dans ce cas ils sentent et annoncent plusieurs jours à l'avance le jour et l'heure où ils *verront*. Ce qui leur advient alors les étonne ordinairement beaucoup, et la description qu'ils en donnent diffère suivant leur caractère et l'éducation qu'ils ont reçue. C'est presque toujours une *vive lumière* dont ils sont inondés, un *beau soleil*, suivant l'expression de Catherine Sanson (1); mais n'est-il pas à supposer que les mots leur manquent pour rendre exactement ce qu'ils éprouvent?

La lucidité paraît dépendre de circonstances très-complexes, et d'autant plus difficiles à déterminer, qu'à chaque instant les faits qui pourraient à ce sujet fournir quelques inductions semblent se contredire entre eux : ainsi, tandis que des malades *presque agonisants* sont

(1) *Expériences faites à l'Hôtel-Dieu* par J. Dupotet. 3ᵉ édit., 1826, in-8.

parfaitement lucides, d'autres sujets cessent de l'être à la moindre indisposition. Bien plus, presque tous les malades qu'on magnétise deviennent lucides, quoique, par opposition, presque tous les somnambules en bonne santé perdent leur lucidité en contractant une maladie.

Au surplus, la lucidité ne paraît jamais durer qu'un temps limité, lequel, suivant les tempéraments, et surtout suivant les procédés et les précautions des magnétiseurs, peut varier à l'infini. En général, il est bon sous tous les rapports de ne pas contrarier les somnambules dans ce qu'ils font ou dans ce qu'ils disent ; de ne pas les fatiguer par des expériences de pure curiosité et sans cesse renouvelées : enfin, de ne pas exiger d'eux au delà de ce qu'ils déclarent pouvoir faire aisément. On peut d'ailleurs résumer tous ces conseils en un seul : dès qu'il s'agit de l'intérêt personnel d'un somnambule, consultez-le lui-même et rapportez-vous explicitement aux avis qu'il vous donne : lorsqu'il s'agit d'eux-mêmes, les somnambules ne se trompent jamais.

Assez souvent la lucidité n'est pas permanente et ne se reproduit que d'intervalle en intervalle. C'est encore ici qu'il est indispensable d'interroger les somnambules pour connaître le retour de ces sortes d'éclipses, qu'ils prédisent, à une seconde près, plusieurs jours à l'avance.

On se tromperait grossièrement si l'on s'imaginait

que tout le merveilleux de la lucidité se réduit à un simple phénomène de vision. Indépendamment d'une admirable exaltation de toutes les facultés de l'intellect, des facultés sans analogues et inconnues au physiologiste se sont révélées alors chez le somnambule. Sa mémoire domine toute son existence ; un indéfinissable instinct l'associe à tous les événements du moment actuel, et nous verrons plus tard jusqu'à quel point il parvient même jusqu'à soulever le voile de l'avenir.

Vision sans le secours des yeux, — *intuition,* — *prévision intérieure,* — *prévision extérieure,* — *pénétration de la pensée, transposition des sens :* tels sont les titres sous lesquels nous allons successivement passer en revue les phénomènes du sommeil lucide ; réservant l'*instinct des remèdes* pour le chapitre que nous consacrons à la médecine des somnambules.

1° *Vision sans le secours des yeux.*

Voici une de ces questions capitales dont la solution définitive ne laissera pas de retraite à l'incrédulité, et fera tout au moins regarder comme raisonnables les autres *visions* des magnétiseurs. Nos lecteurs nous pardonneront donc la minutie de nos détails.

Appliquer un bandeau sur les yeux d'un somnambule ; faire *lire* ce somnambule dans cet état, et, s'il lit, être convaincu, ou qu'il voit sans ses yeux, ou qu'il voit à travers son bandeau, c'est là, ce vous semble, une expérience simple, concluante et sans réplique? Pauvres gens! Ils pensaient aussi comme vous, MM. Orfila, Pariset, Guéneau de Mussy, Adelon, Bousquet, Réveillé Parise, Ribes, Georges Sand, etc., lorsqu'ils ont loyalement apposé leur signature au bas des procès-verbaux des séances Pigeaire! Eh bien, tous ces illustres personnages étaient dans l'erreur, comme vous, comme moi, comme nous tous. Ignorez-vous, en effet, qu'il y a de par le monde une certaine académie?... Oh! si c'était ici le lieu de tout dire! mais patience! le temps des représailles approche, et justice sera faite (1).

La vision à travers les paupières closes et à travers les corps opaques est non-seulement un fait réel, mais un fait *très-fréquent*. Il n'est pas de magnétiseur qui ne l'ait observé mille fois, et je connais aujourd'hui, dans Paris seulement, un fort grand nombre de somnambules qui pourraient en fournir la preuve.

Le fait de la *lecture* dans les mêmes conditions, fait qui, au résumé, est le même, se rencontre plus rarement, ce qui se conçoit : c'est le phénomène dans toute sa perfection. Un seul exemple va nous servir à l'étu-

(1) M. le docteur Prosper Lucas nous semble avoir parfaitement démontré l'incompétence de l'Académie de médecine en fait de questions magnétiques, dans sa lettre au rédacteur des *Annales d'hygiène*. (Voir *Annales d'hygiène publique et de médecine légale*. Paris, 1837, t. XVIII, p. 243.)

dier; les livres de magnétisme sont d'ailleurs remplis d'observations plus ou moins semblables à celles que nous allons rapporter.

Observation de madame Hortense***.

Madame Hortense ***, que des raisons de position sociale nous empêchent de désigner par son véritable nom, est née à G. en Franche-Comté. Agée de vingt-deux ans environ, elle est mariée depuis six mois, et habite Paris depuis trois mois seulement (1). Les relations d'amitié que j'entretiens depuis plus de vingt ans avec sa famille me mettent plus que personne à portée de connaître son tempérament et son histoire physiologique. Née de parents très-robustes, madame Hortense n'a pourtant joui depuis qu'elle est au monde que d'une santé très-éphémère. Il y a actuellement cinq ans qu'elle fut atteinte d'une maladie grave et compliquée qui dura presque jusqu'à l'époque de son mariage, et pour laquelle j'ai été plusieurs fois appelé à lui donner mes soins. C'était une sorte de névrose dont je n'ai pas vu d'autre exemple en toute ma vie, et dont il n'existe de description nulle part. Après avoir débuté par une espèce d'embarras gastrique, avec douleur vive dans l'hypochondre droit, cette affection ne tarda pas à revêtir

(1) Dates indiquées dans la première édition. — Madame Hortense *** n'est plus.

une forme nerveuse qui se modifia successivement de cent façons différentes, présenta toutes sortes d'aspects étranges, en passant d'un organe à un autre, et finit par devenir tellement insolite, tellement extraordinaire dans ses symptômes, qu'aucun médecin n'osa plus la qualifier. Des spasmes effrayants, des convulsions pendant lesquelles la malade brisait son lit, puis une paralysie absolue des membres abdominaux, avec fièvre continue et émaciation de tout le corps, délire, idiotisme ; puis enfin léthargie simulant la mort, et qui persista *trois mois*, tels furent les traits saillants de cette effrayante maladie. Au surplus, madame Hortense se porte passablement depuis son mariage ; sans avoir à proprement parler de l'embonpoint, elle est loin d'être d'une maigreur extrême. Son caractère a rapidement recouvré son égalité et son enjouement naturels depuis que la santé lui est revenue ; enfin, cette dame n'avait jamais été magnétisée, lorsque je reçus de son mari la lettre suivante en date du 3 mars 1839.

« Mon bon ami,

« Je suis anéanti, confondu ; il m'est advenu *un sixième sens :* je crois au magnétisme. Mais ne chantez pas victoire, car à vous n'appartient pas l'honneur de ma conversion. A qui donc ? direz-vous. A ma femme, mon cher docteur, à ma femme, qui, après avoir été une prodigieuse malade, est aujourd'hui une prodigieuse somnambule. Lisez vite ; c'est toute une histoire. Dimanche dernier, la *Gazette des médecins praticiens* renfermait un charmant feuilleton qui avait pour titre : *Une consultation de somnambule*, et dans lequel, comme de raison, on se moquait fort agréablement du magnétisme. Or, voilà qu'hier, lundi, ma concierge, qui lit toujours mes journaux avant moi (c'est justice, elle les reçoit la première), après s'être récréée de la joyeuse élucubration dont je vous parle, trouva un prétexte pour venir chez moi, et, entre deux coups de plumeau qu'elle donna pour l'acquit de sa conscience à l'un de mes fauteuils, me glissa très-adroitement cette malicieuse question : « Monsieur, qu'est-ce donc que le magnétisme ? — Le magnétisme ! répondis-je... » Et en même temps je me drapai gravement dans ma robe de chambre, tandis que madame Défossey, qui ne demandait pas mieux, posa son plumeau pour mieux m'entendre. Je parlai un gros quart d'heure sans prendre haleine ; je dis tout ce que je savais et ce que je ne savais pas (notez que je m'exprimais en *croyant*) ; enfin, je fis si bien, que la bonne femme, que ma simple dissertation sur la chose avait à moitié endormie, crut tout de bon au magnétisme, et me proposa de magnétiser sa fille. Il n'y avait pas moyen de reculer ; j'accepte donc, et la séance est arrêtée pour les six heures du soir. — L'instant arrivé, Adèle et sa mère montent chez moi ; je fais asseoir la petite sur un canapé, je m'assieds vis-à-vis d'elle, et, après avoir rassemblé toute ma foi (j'avoue que je n'en avais guère), je me mets à l'œuvre en me mordant les lèvres pour ne pas pouffer de rire. Eh bien, mon ami, vous faites-vous une idée de mon étonnement ! Il n'y avait pas dix minutes que je *gesticulais*, que voilà ma petite endormie, oh ! mais endormie du plus profond somme. Je lui parle, elle me répond ; je la pince, elle ne sent rien ; je lui ouvre les yeux, et je ne vois que la sclérotique. Adèle était évidemment somnambule, et j'en devenais fou de plaisir ; enfin, après m'être assuré de cent manières de mon triomphe, je la réveille à force *de la pincer et de l'agiter*.

« Après qu'Adèle et sa mère se furent retirées, Hortense, qui avait assisté à l'expérience, me demanda de la magnétiser à son tour, idée qui allait bien certainement me venir si elle ne lui fût pas venue. Donc, ainsi que vous le devinez, j'accepte avec empressement, et me remets à faire des *passes*. Oh ! mon Dieu ! c'est l'affaire de six minutes ; ma femme, après avoir bien ri, se trémousse, se plaint un peu, soupire deux ou trois fois.... et s'endort ; mais, pour le coup, c'est bien autre chose qu'Adèle. Elle n'est pas plutôt endormie, qu'elle se lève avec vivacité, prend un cahier de musique dont elle se fait un éventail pour se donner de l'air, parcourt l'appartement sans se heurter dans aucun meuble, enfin revient s'asseoir à mon invitation, et se prend à jaser avec une assurance et une volubilité qui sont loin de lui être familières.

« Je ne parviendrai jamais, mon bon ami, à vous décrire ce qui se passait alors en moi. Il me semblait que je venais de découvrir le magnétisme, et la joie que je ressentais touchait de près au délire.

« D'avoir endormi les autres, je ne dormis pas de la nuit, et ce matin je crois que je me ferais au besoin égorger pour l'honneur de Mesmer. Hâtez-vous donc de venir me voir pour que nous recommencions ensemble mes expériences d'hier, et faisons vite des prosélytes, car je sens que si j'avais longtemps raison tout seul, je risquerais d'en devenir fou, etc. »

Il est inutile de dire que je me rendis avec empressement à l'invitation de mon confrère. Il était deux heures quand j'arrivai chez lui, et, dans son enthousiasme, mon ami avait déjà magnétisé sa femme deux fois depuis le matin, ce qui la fatiguait beaucoup, attendu le procédé monstrueux qu'il employait à l'éveiller (1). Cependant, comme on voulut à toute force que je fusse témoin d'une expérience, madame Hortense, qui du reste s'y prêtait avec la plus aimable gaieté, fut magnétisée pour la troisième fois. A partir de cette séance, nous allons rendre compte à nos lecteurs de chacune de celles où il nous fut donné d'assister.

1re *séance* (4 *mars* 1840). — Madame Hortense est magnétisée à deux heures et demie. Elle ne met pas plus de sept minutes à s'endormir : son sommeil est lu-

(1) Il lui pinçait les genoux.

cide, car elle distingue parfaitement tout ce qui se passe autour d'elle. Sur la prière de son mari, c'est moi-même qui la questionne.

« Dormez-vous, madame ?

— Si je dors ? Quelle plaisanterie ! Je vous assure, monsieur, que je n'ai jamais eu moins envie de dormir.

Les yeux sont fermés; la paupière, soulevée au moyen du pouce, ce qui se fait au reste assez difficilement, laisse voir le globe oculaire tourné convulsivement en haut. La sensibilité est obtuse.

— Me voyez-vous, madame ?

— Comment ! si je vous vois ? Êtes-vous donc devenu invisible ?

— Non, mais vous avez les yeux fermés.

— Moi ! j'ai les yeux fermés !

— Oui, madame.

— Est-ce qu'on vous a magnétisé, monsieur le docteur ?

— Pourquoi cela ?

— Parce que je crois, Dieu me pardonne, que vous êtes somnambule aujourd'hui.

— Comment donc ?

— Ma foi, vous prétendez que je dors, que je ne puis pas vous voir, que j'ai les yeux fermés, que sais-je ?

— Allons, madame, je plaisantais... Comment vous portez-vous ?

— Je vous l'ai déjà dit, fort bien.... Irons-nous ce soir au bois de Boulogne?

— Je ne pourrais pas vous y accompagner, madame; j'ai à répondre à une lettre très-pressée que je viens de recevoir de G.

— Une lettre de G. ! vraiment! et de qui donc?

— Vous êtes curieuse, madame?

— Comme tout le monde ; trouvez une femme qui ne le soit pas.... Voyons votre lettre, monsieur.

— Vous désirez la lire?

— Oui, si réellement il n'y a pas d'indiscrétion.

— Eh bien, madame, j'y consens, mais à une condition.

— Laquelle?

— C'est que vous la lirez tout haut.

— Quel caprice! Mais n'importe, donnez; je lirai pour tout le monde : mon mari et moi nous ne faisons qu'un.

A un signe que je fis à mon ami, il couvrit les yeux de sa femme d'un châle de laine qui lui tomba sous la main, ce dont madame Hortense *** ne parut pas s'apercevoir. Après que le châle, qui couvrait presque toute la face, eut été convenablement noué à l'occiput, je tirai au hasard de ma poche le premier papier qui s'y trouva : c'était un prospectus de librairie. Je ne l'eus pas plutôt remis entre les mains de notre jeune somnambule, qu'elle s'écria :

« Vous vous trompez, monsieur le docteur, ceci

n'est point la lettre que vous avez reçue : on n'imprime pas les lettres. — Puis elle ajouta : Ah ! Dieu ! quelle chaleur il fait ici ! c'est un four que ce salon ! on y étouffe.

— Eh bien, madame, ma lettre ?...

— Eh ! je vous dis, monsieur, que vous ne me l'avez pas encore présentée ; ce n'est pas une lettre, ça. (Elle jette le papier avec impatience.)

— C'est vrai, madame, je me trompais, mais la voici.

— Je ne veux plus la lire à présent.

— Pourquoi ?

— Parce que j'étouffe ici. Oh ! je vous en supplie, donnez-moi de l'air, ou sortons, car je n'y tiens plus.

— Nous sortirons, madame, dès que vous aurez eu la complaisance de nous lire seulement une ligne.

— Eh ! vous m'importunez, monsieur ; je me soucie bien de tout ce que peuvent écrire les méchantes gens de votre méchant pays !

Cette phrase fut la dernière qu'elle prononça. Le malencontreux châle dont nous l'avions voilée par une température déjà assez élevée avait subitement neutralisé ses bonnes dispositions. Le visage était couvert de sueur ; la tête se penchait avec défaillance sur la poitrine et les épaules ; la respiration était haletante ; il y avait, en un mot, imminence de syncope, et insister davantage eût été non-seulement un manque de savoir-vivre, mais un manque d'humanité. J'éveillai donc moi-même madame Hortense ***, qui, après quelques minutes de malaise et d'hébétude, reprit, avec son état normal, son amabilité ordinaire (1); mais l'expérience ne fut pas renvoyée plus loin qu'au lendemain à la même heure.

— Le fait dont nous laissa convaincus cette première séance, fut que madame Hortense ***, *les yeux et le visage presque entier recouverts d'un épais châle de laine*, avait pu reconnaître instantanément que les caractères tracés sur le papier que je lui avais présenté étaient imprimés et non manuscrits.

2ᵉ *séance* (5 mars). — Madame Hortense *** paraît dans de très-bonnes dispositions (2). Son mari la magnétise à deux heures un quart; elle dort à deux heures vingt minutes.

« Dormez-vous, madame?

— Pourquoi cette question?

— Est-ce qu'elle vous ennuie?

— Non, mais je ne la comprends pas. Que me répondriez-vous si je vous l'adressais?

— Je vous répondrais que je ne dors pas.

— Et vous penseriez que je suis folle.

— Ah! madame....

---

(1) Je dois faire observer pourtant qu'il y eut ce jour-là, ainsi que les jours où furent faites les premières expériences qui suivirent, des maux de cœur et une légère céphalalgie. Tous ces symptômes diminuent progressivement à mesure que les sujets s'habituent au magnétisme.

(2) Cette expérience est faite en présence du docteur Millardet et de quelques personnes étrangères à la médecine.

— Pas de galanterie, monsieur, vous ne savez pas où j'en veux venir.

La subtilité de ce syllogisme, dont on ne m'exprime que la moitié avec un excellent ton de plaisanterie, divertit les assistants, et j'en élude la conséquence en continuant :

— Voulez-vous être magnétisée, madame?

— Oh! non, monsieur, cela me fait trop de mal.

— Quel mal cela vous fait-il?

— Cela me donne des nausées, des envies de vomir, un mal de tête affreux.

— Alors, nous ne vous magnétiserons pas ; mais serez-vous assez bonne pour nous lire quelques lignes d'un livre charmant que j'ai dans ma poche?

— Quel est ce livre?

— Ce sont de fort beaux vers.

— Voyons.

Madame Hortense *** a les yeux recouverts d'un bandeau de soie rembourré de coton cardé; nous nous assurons à plusieurs reprises qu'il est impossible que ce bandeau, à la manière dont il est confectionné et adapté, n'intercepte pas complétement la lumière. Je présente à notre somnambule les *Pensées de Pascal ;* elle prend le livre, l'ouvre, l'élève à la hauteur de ses yeux, le feuillette pendant quelques minutes après l'avoir tourné dans son véritable sens, puis le jette avec dédain en disant :

— Je ne lirai pas ça.

— Pourquoi?

— Parce que *vos beaux vers* ne sont pas de mon goût.... Et puis, je ne lis pas devant le monde, moi; quand je lis, je lis pour moi, c'est très-bien; mais devant le monde!... Je m'en acquitterais trop mal.

— Madame, je vous en supplie!... Songez donc qu'il s'agit du triomphe d'une grande vérité.

— Je ne comprends pas du tout. De quoi voulez-vous parler?

— Eh! du magnétisme.

— Bon! nous y voilà. Depuis trois jours je n'entends plus parler d'autre chose. Mais savez-vous, monsieur, que c'est une double calamité que votre magnétisme; car il rend fous ceux qui s'en mêlent, et rompt la tête à ceux qui ne veulent pas s'en mêler.

— Madame, nous convenons de notre importunité; mais lisez-nous un mot, un seul mot, et nous n'en parlerons plus.

— Ah! de grâce, laissez-moi; vous m'agacez les nerfs.

Après ces derniers mots, prononcés d'un ton d'impatience, madame Hortense*** se lève en chantant à demi-voix et d'un air d'indifférence un refrain de ballade; après quoi elle entre dans la bibliothèque de son mari, où nous la suivons.

— Il y a de l'ordre, dit-elle en regardant les rayons. Mon mari n'a jamais eu d'ordre que dans ses livres.... Ah! je croyais qu'il n'y avait ici que des ouvrages de médecine, et voilà les *Œuvres complètes de Jean-Jacques Rousseau*. »

Observons que le bandeau n'est nullement dérangé, ainsi que nous nous en assurons, et que les volumes dont il s'agit occupent un rayon assez élevé, de telle façon que la somnambule, à supposer encore que la lumière pût arriver à ses yeux par-dessous son bandeau, serait obligée de renverser fortement la tête en arrière, ce qu'elle ne fait pas, pour apercevoir l'intitulé qu'elle vient de lire. Mais ce n'est pas tout : madame Hortense*** prend un des volumes en se dressant sur la pointe des pieds, l'ouvre brusquement, au hasard, si bien au hasard que le feuillet *n'est pas coupé* à l'endroit où elle l'ouvre, et que c'est moi qui le lui coupe entre les mains. Je lui dis alors :

— Eh bien, madame, une phrase du livre que vous tenez ?

— Monsieur, répond-elle avec une affectation toute plaisante, lorsque vous voulez quelque chose, vous le voulez si bien qu'il est fort difficile de ne point vous l'accorder. » Et en même temps elle se met à lire avec une incroyable rapidité toute cette fin de période du CONTRAT SOCIAL :....... *perd sa rectitude naturelle lorsqu'elle tend à quelque objet individuel et déterminé, parce qu'alors, jugeant de ce qui nous est étranger, nous n'avons aucun vrai principe d'équité qui nous guide* (1).

(1) Liv. II, ch. IV.

La séance avait été longue, et le réveil fut un peu plus pénible que la veille. Madame Hortense ***, non-seulement ne se rappelle rien de ce qu'elle a dit et fait pendant son sommeil, mais elle se refuse positivement à y croire.

3e *séance* (8 *mars*). — Madame Hortense *** est magnétisée à trois heures. Elle s'endort en quelques minutes ; mais, ainsi que précédemment, elle n'a pas encore la conscience de son sommeil, et refuse de lire. En revanche, elle accepte très-volontiers une partie d'écarté que je lui propose. On lui bande donc les yeux sans qu'elle s'en aperçoive, et nous jouons aux cartes ; mais elle gagne constamment, attendu que bien évidemment elle *voit* les deux jeux ; car lorsque je m'efforce de lui cacher le mien, elle se fait un malicieux plaisir d'en nommer toutes les cartes l'une après l'autre. — Je demande, en finissant, à mon ami la permission de convier quelques médecins en renom et quelques gens de lettres à l'une de ses premières séances ; proposition qui est acceptée.

4e *séance* (12 *mars*). — Quoique nous ne soyons pas encore très-nombreux, cette séance présente un peu plus de solennité que les précédentes. Nous sommes assistés de MM. les docteurs Bousquet (1) et Amédée Latour, de M. Charles d'Orbigny (2) et de quelques

---

(1) Secrétaire du conseil de l'Académie de médecine.
(2) Directeur du *Dictionnaire universel d'histoire naturelle*.

personnes étrangères à la science. Madame Hortense*** n'est que légèrement émue, et n'éprouve pas le trouble que j'avais redouté de la présence de témoins inconnus d'elle. Après un quart d'heure de conversation générale, elle est endormie à trois heures précises. Cette fois, son mari la magnétise par la simple influence du regard, et cela presque aussi vite qu'au moyen des passes; c'est toujours moi qui suis chargé de l'interroger.

« Votre santé, madame?

— Pas trop bonne, monsieur; mais pourtant n'y touchez pas, car les médecins ont la main malheureuse avec moi.

— Vous leur en voulez donc bien?

— Pas le moins du monde.

— Cependant vous prétendez qu'ils vous ont fait du mal.

— Eh! mon Dieu! comme à beaucoup d'autres; mais ils croient faire le bien, on ne peut leur en vouloir.

— Vous n'avez donc pas été traitée convenablement dans votre grande maladie?

— Non, monsieur; non, bien loin de là.

— Qu'aurait-il fallu vous faire?

— Ce que vous m'avez fait, vous.

— Vous auriez donc à présent confiance en moi, madame?

— Eh!.... comme en un autre.

— Pas plus? Et pourtant je vous ai guérie.

— Par hasard.

— Ah! madame, vous êtes injuste.

— Non, monsieur; non, rassurez-vous, je ne suis ni injuste ni ingrate; j'ai grande, très-grande confiance en vous, surtout aujourd'hui... que je puis me passer de votre ministère.

— Eh! tant mieux, madame; vous y avez recouru assez longtemps; mais, puisque vous vous trouvez aujourd'hui en disposition passable, aurez-vous l'obligeance de nous lire quelques lignes?

— Encore! vouloir toujours me faire lire! c'est une monomanie!

Je dois faire observer que madame *** ne lit jamais à haute voix pendant ses veilles, et que la dernière exclamation qui vient de lui échapper prouve irrévocablement qu'elle se rappelle pendant son somnambulisme ce qui s'est passé dans ses précédents sommeils. Comme elle continue à nous refuser de lire, nous sommes obligés d'employer différents détours pour obtenir d'elle ce que nous désirons; enfin, après une demi-heure de débats, elle nous promet qu'elle lira *dans dix minutes*. Chacun de nous remarque alors l'heure qu'il est à la pendule, et dix minutes après, seconde pour seconde, madame Hortense prend le livre que je lui présente, et lit couramment la phrase suivante:.... *La qualité de citoyen étant considérable dans les démocraties, où elle emportait avec elle la souveraine puissance, il s'y faisait* *souvent des lois sur l'état des bâtards, qui avaient moins de rapport...* (1).

D'une part, le livre a été choisi par nous, il est vrai, dans la bibliothèque de monsieur ***, et il est évident que madame Hortense *** pourrait fort bien *savoir par cœur* les 500 volumes qui composent cette bibliothèque ; il y a des mémoires si extraordinaires ! D'un autre côté, les bandeaux sont des bandeaux, et messieurs les membres de l'Académie ont depuis longtemps démontré *ex professo* qu'il était moralement et physiquement impossible de boucher les yeux à un homme de manière à l'empêcher d'y voir. Cela posé et parfaitement compris de tous nos lecteurs, il est clair comme le jour que l'expérience que nous venons de raconter ne prouve rien du tout. Demandez-le plutôt à nos confrères ; sur cent médecins, quatre-vingt-dix-neuf vous le diront comme moi. Il nous était donc pour le moins raisonnable d'attendre, avant de rien conclure, une expérience moins suspecte. Mais attendre ! qui en a la patience ? M. Bousquet tire de sa poche *un imprimé (petit-romain)* qu'il enveloppe d'une double feuille de papier blanc et qu'il présente à madame***. Je fais observer pourtant que c'est changer les conditions du problème, puisqu'alors les caractères destinés à être lus ne sont plus éclairés (2);

---

(1) Montesquieu, *Esprit des lois*, t. II, p. 265.
(2) Nous verrons un peu plus loin que cette circonstance, en rendant, il est vrai, le phénomène plus difficile à produire, n'est point un obstacle insurmontable à son accomplissement.

qu'il est en outre très-rare que deux expériences de cette nature réussissent coup sur coup dans la même séance, attendu la fatigue que la première fait éprouver au sujet. On insiste en dépit de tout cela. Madame ***, malgré l'agitation évidente qu'elle éprouve, a la complaisance de se prêter encore à ce qu'on exige d'elle ; mais cette fois elle échoue. Après d'extraordinaires efforts pour déchiffrer l'imprimé de M. Bousquet, elle ne lit qu'un mot insignifiant (*il*), et jette le papier en déclarant qu'elle ne peut aller plus loin.

Il est alors quatre heures et demie. Madame Hortense***, éveillée, me demande avec anxiété ce qu'elle a fait et ce qu'elle a lu. Nous lui épargnons des détails qui pourraient blesser sa susceptibilité de somnambule, et nous prenons congé d'elle.

« Qu'en pensez-vous ? me dit en sortant le docteur Amédée Latour; faut-il croire?

— Mon bon ami, lui répondis-je, pour le moment je ne m'occupe point encore des convictions d'autrui.

5ᵉ *séance* (*2 avril*). — Le monde médical est essentiellement inféodé; tout y est serf ou grand vassal. Ceux-ci, montés sur des échasses et grossissant leur voix pour mieux se faire entendre, impriment bon gré mal gré au petit peuple, qui ne demande pas mieux, leurs croyances ou leurs doutes. Niant, comme de raison, tout ce qu'ils ne savent pas, ils font en toute occasion parade de leur incrédulité, et passent pour *esprits forts;* puis, prenant eux-mêmes de bonne foi leur verbiage pour de l'éloquence et leur présomption pour du génie, ils parviennent à grouper autour d'eux une multitude de petites gens (*servum pecus* d'Horace), c'est-à-dire intelligences infimes qui ne pensent que par autrui, réfléchissent en miroitant jusqu'aux grimaces du maître, et répètent comme de fidèles échos jusqu'à ses platitudes. Or, des hommes dont je parle, je ne chercherai jamais à convaincre ni les uns ni les autres : ceux-ci n'ont et ne sauraient avoir de conviction à eux ; ceux-là n'en veulent point avoir d'autre que celle qui s'adapte à leurs intérêts, c'est-à-dire que le scepticisme est en eux un système, et partant un vice incurable. Il ne me faut, à moi, dans l'intérêt de la vérité que j'inscris sur mon drapeau, que des organisations loyales et indépendantes, capables de pénétrer et d'étudier cette vérité, pourvues d'assez de courage pour la défendre et d'assez d'abnégation pour lui tout sacrifier.

Voilà donc pourquoi, parmi tous les *illustres* incrédules de ma connaissance, je n'avais convié à notre séance du 2 avril que M. le professeur Bouillaud, auquel j'adjoignis après coup et par réflexion M. le docteur Cornac, dont le caractère aimable et bienveillant tempère l'incrédulité, et peut servir de moyen de sympathie entre un homme convaincu et un homme qui redoute de l'être. J'espérais donc beaucoup ; mais, comme par un fait exprès, tout alla de travers cette malheureuse soirée, et l'événement trompa cruellement mes espérances. D'abord, M. Bouillaud se fait attendre, et c'est un grand tort. Je ne dirai point au savant professeur que l'éclat de sa réputation ou l'austérité de son maintien font clocher les expériences magnétiques, en *intimidant* somnambules et magnétiseurs ; mais je lui ferai remarquer tout simplement qu'il indispose les uns et les autres en leur manquant d'exactitude.— Ainsi notre séance, qui devait avoir lieu à sept heures du soir, ne commence qu'à huit passées. D'abord l'instant n'est plus propice. Mais ce n'est pas tout : depuis une heure on bâille, on s'ennuie, on s'impatiente, on attend enfin ; de telle façon que je suis encore à me demander, aujourd'hui que j'ai subi des échecs beaucoup moins motivés, comment, dans de pareilles circonstances, nous avons pu obtenir les résultats qu'on va voir. Voici le résumé succinct, mais pourtant scrupuleux, de tout ce qui s'est passé dans cette séance.

Madame Hortense***, qui dort à demi de son sommeil naturel, est magnétisée à huit heures dix minutes, et ne met pas plus de trois minutes et demie pour entrer en somnambulisme. Le bandeau qui doit lui couvrir les yeux est confectionné séance tenante, et *appliqué par M. Bouillaud lui-même*. Cela fait, le phénomène, j'en conviens, fut cette fois très-lent à se manifester, et nous attendons une heure entière (1) qu'il vienne à notre somnambule le vouloir ou la possibilité de lire. Mais en-

(1) C'est très-souvent qu'il faut attendre ainsi, parce que les phénomènes magnétiques ne se produisent pas à volonté.

fin elle se décide, elle lit; elle lit tout *un vers alexandrin*, dans un livre *apporté par M. Cornac*, livre imprimé en caractère *petit-romain*, et qui, pour arriver des mains de ces messieurs aux mains de madame***, n'a point passé par les miennes. Cependant, du propre aveu des témoins, le bandeau qui descend jusqu'aux ailes du nez, ne s'est point déplacé d'une ligne, et se retrouve exactement tel que M. Bouillaud l'a appliqué.

Mais voici un autre fait, qui, peut-être, laisse encore moins d'équivoque. Toutes les lumières sont éteintes, et une obscurité profonde règne dans l'appartement. Madame Hortense est alors débarrassée de son bandeau; mais le livre de M. Cornac est encore entre ses mains.

« Pourriez-vous lire ainsi, madame?

— Oui, monsieur. (L'obscurité est telle que nous avons de la peine à nous distinguer les uns les autres.)

— Eh bien, quel est l'intitulé du livre que vous tenez?

Madame*** ne répond pas, et M. Cornac lui souffle à plusieurs reprises : *Œuvres de Rousseau.*

« Non, monsieur, réplique-t-elle enfin; ce sont les *Poésies de Malherbe;* » et c'était cela en effet.

Là-dessus, messieurs les académiciens se retirèrent en disant : *Expérience à recommencer* (1)!

(1) Une particularité très-étrange, mais que j'ai souvent remarquée sans pouvoir mieux l'expliquer que les autres faits magnétiques, c'est qu'un somnambule lucide, lorsqu'il voit assez pour

6e *séance* (8 *avril*). — Aujourd'hui, voici le magnétisme jugé par ses pairs, ou tout au moins aux prises avec des ennemis bienveillants. MM. les docteurs Frapart, Amédée Latour, et Gustave Jeanselme et M. d'Épagny; tels sont les témoins de notre sixième séance. Elle commence à trois heures. Madame Hortense *** est magnétisée à distance, au moyen du regard seulement ; elle ne met pas plus de trois minutes à s'endormir, et encore échange-t-elle pendant ces trois minutes avec son magnétiseur plusieurs plaisanteries qui les font rire tous les deux, et ont probablement pour effet de retarder l'instant du sommeil. Enfin elle dort, et tout le monde est attentif; M. le docteur Frapart surtout (rendons-lui cette justice en passant), M. Frapart, que l'on pourrait croire aveuglé par son enthousiasme, est, en fait d'expérimentation, plus circonspect et plus défiant qu'un incrédule.

Comme en définitive il y a toujours quelque chose d'équivoque dans l'emploi des bandeaux quels qu'ils puissent être, nous décidons à l'unanimité que nous renonçons désormais à en faire usage, et que nous leur

---

lire avec un bandeau sur les yeux, peut très-bien ne pas distinguer un individu assis à son côté. Ce qu'il y a de plus contrariant en pareil cas, c'est que les somnambules trompent ou se trompent (je ne sais lequel des deux), et affirment qu'ils voient des choses que réellement ils ne voient pas. Les magnétiseurs savent à quoi s'en tenir sur ces sortes de bévues, mais à coup sûr elles font du tort au magnétisme lorsqu'elles ont lieu devant témoins ; c'est ce qui nous arriva le 2 avril.

substituerons une simple feuille de papier ou de carton, tenue par l'un de nous de manière qu'elle soit interposée entre l'objet à distinguer et les yeux de la somnambule; MM. Frapart et A. Latour s'acquittent à tour de rôle de cette fonction. Pour la première fois, madame Hortense a la conscience de son état, et comprend ce qu'on exige d'elle lorsqu'on la prie de lire; mais elle ne possède pas encore la juste appréciation de ses moyens; elle promet quelquefois plus qu'elle ne peut tenir, et s'engage, par exemple, à lire lorsque son degré de lucidité ne le lui permet pas encore. D'ailleurs la vision à travers un cahier de papier est une expérience nouvelle, et à laquelle elle a besoin de s'exercer un peu. Cependant nous l'essayons. Madame ***, dont les mains ne touchent ni le cahier de papier blanc ni le journal qu'on lui présente derrière ce papier, s'applique, fait des efforts qui la fatiguent, s'impatiente, nomme quelques lettres, mais en somme ne réussit pas. Je dois ici compte à mes lecteurs d'une petite circonstance qui les mettra en garde contre la ruse des somnambules, et la tendance qu'ont à tromper ceux même qui dans l'état de veille ont le plus de bonne foi. Madame Hortense***, qui, toujours en somnambulisme, venait de passer avec son mari et moi dans une pièce voisine de celle où se faisait l'expérience, et dont la température élevée l'incommodait, nous demanda en confidence :

« Qu'est-ce qu'il y a donc sur le journal de M. Latour ?

— Eh! madame, lui répondis-je, d'abord je ne le sais pas, et puis, il est très-probable que si nous reprenons l'expérience, ce sera un autre journal qu'on vous présentera.

— Oh! mon Dieu, mon Dieu! si je ne pouvais pas lire aujourd'hui!

— Pourquoi ne liriez-vous pas? Ayez la patience d'attendre que la faculté vous en vienne, et celle d'attendre votre bon plaisir ne nous coûtera rien.

— C'est cela, me dit-elle à l'oreille en rentrant au salon, et si je ne peux pas, je dirai que je ne veux pas.

Un quart d'heure après, madame Hortense *** avait lu cette phrase à travers trois feuilles de fort papier : ... *En Chine il n'y a point de loi sur la diffamation.*

Ce fait est-il concluant? Au premier abord on serait tenté de le croire; mais qui nous assure que les yeux de la somnambule ne se sont pas ouverts? qui nous assure que juste à ce moment-là, par un faux mouvement de M. Frapart ou de M. A. Latour, le journal n'est point tombé à la portée de ses regards? qui nous assure?... — Messieurs, vous êtes incorrigibles, et je ne sais plus qu'un moyen de vous convaincre; mais comme je n'ai jamais vu faire l'expérience, il est pour le moins douteux qu'elle réussisse; enfin tentons-la si vous le voulez. Voici une boite, mes chers confrères; que l'un de vous y écrive lisiblement la phrase qu'il jugera convenable, que cette boîte soit ensuite ficelée et cachetée par vous : si demain je vous envoie le tout intact avec la reproduction littérale de votre phrase, croirez-vous ?

— Oui, sans aucun doute.

Le lendemain j'écrivis au docteur Frapart : « Il y a dans votre boîte : *Le possible est immense.* »

Frapart me répondit « : Mon cher ami, notre partie est gagnée ; car madame Hortense a réellement lu dans la boîte l'hémistiche de Lamartine que j'y avais écrit : *Le possible est immense :* seulement il s'y trouve précédé de celui-ci : *Le réel est étroit.* »

Il est évident qu'il n'y avait rien à objecter à cela ; mais, comme Amédée Latour, qui jusqu'alors ne s'était défié que du magnétisme, nous fit l'honneur de se défier de nous (il sait bien que je le lui pardonne), il fallut recommencer l'expérience pour lui. Ce fut donc lui qui cacheta la boîte après y avoir écrit, sans témoin, cette phrase qu'une dame n'imaginera jamais : *L'eau est composée d'hydrogène et d'oxygène.* Or, trois jours après, je me rendis chez le docteur Amédée Latour, je lui remis sa boîte ; il l'examina, il reconnut ses cachets (et Dieu sait s'il en avait mis) !

— Eh bien ? me dit-il après cet examen fait.

— *L'eau est composée d'hydrogène et d'oxygène.* Eh bien ?

— Vous êtes le diable, s'écria-t-il, ou le magnétisme est une vérité (1).

(1) Lorsque madame Hortense *** lisait dans une boîte, elle

L'expérience que je viens de rapporter a été faite, il est vrai, sans autre témoin que moi; mais n'est-il pas évident que, d'après sa nature, cette circonstance ne lui ôte rien de son authenticité? Cette expérience prouve donc sans réplique que non-seulement les somnambules lucides peuvent voir et distinguer à travers des corps opaques des objets aussi ténus que des caractères d'imprimerie, mais encore qu'ils peuvent voir ces objets sans l'intervention, au moins apparente, de la lumière, puisqu'un morceau de papier enfermé dans une boîte de carton ou de bois s'y trouve à coup sûr dans une obscurité complète.

2° — *De l'intuition.*

Cette faculté est une des premières que développe le somnambulisme; mais la lucidité la porte à son maximum de perfection. L'intuition est alors un nouveau sens, un instinct sublime qui initie tout à coup l'intelligence de l'individu chez qui elle se révèle aux plus obscurs mystères de sa nature intime. On n'imaginerait jamais avec quel tact, quelle justesse et quelle précision les somnambules se rendent compte de ce qui se passe

---

prenait celle-ci de sa main droite, la fixait à quelques millimètres d'un de ses yeux, à peu près comme un horloger tient sa loupe, sauf que l'œil restait fermé, puis elle demeurait ainsi près d'un quart d'heure avant de rien voir. A la fin elle nommait quelques lettres, puis un mot (rarement celui qui commençait la phrase); puis enfin lisait tout d'un trait la phrase entière et jetait la boîte.

en eux. Ils assistent littéralement à l'accomplissement de toutes leurs fonctions organiques; ils y découvrent le plus imperceptible désordre, la plus fugitive altération. Il n'est pas d'affections si légères ou si latentes, de celles-là mêmes qui, dans les premiers temps de leur existence, non-seulement ne donnent lieu à aucun symptôme extérieur, mais encore ne se trahissent par aucune espèce de souffrance interne; il n'est pas d'affections, dis-je, qui échappent à l'investigation du somnambule. Puis, de tout cela il se fait une idée nette, rigoureuse, mathématique. Il dirait, par exemple, combien il y a de cuillerées de sang dans son cœur; il sait, jusqu'à un gramme près, ce qu'il lui faudrait de pain pour satisfaire son appétit du moment; combien il lui faudrait de gouttes d'eau pour apaiser sa soif; et toutes ses évaluations sont d'une incompréhensible exactitude. Le temps, l'espace, les forces de toute nature, la résistance et la pesanteur des objets, sa pensée, ou plutôt son instinct, mesure, calcule, apprécie toutes ces choses en un clin d'œil. — Une femme en somnambulisme a la conscience de sa grossesse dès la première heure de la conception; celle-ci sent si elle est ou non en disposition de concevoir; enfin, elle ne sera pas enceinte de huit jours, qu'elle désignera, sans se tromper, le sexe de son enfant, etc., etc.

Tout cela, je ne l'ignore pas, étonnera plus d'un de nos lecteurs, et fera sourire de pitié certains graves docteurs, lesquels parlent pourtant de l'*irritation,* de l'*inflammation*, du *principe vital*, etc., etc., avec autant de certitude et d'aplomb que s'ils avaient vu toutes ces choses ; car voilà le monde : c'est une grande maison de fous, où chacun, prenant en pitié ses voisins, croit seul avoir la sagesse en partage. — Mais nos honorés confrères seraient-ils donc les plus incurables de l'établissement ? Qu'ils y prennent garde : ce n'est pas une théorie que je leur soumets, ce sont simplement des faits que je les convie à vérifier, et qu'ils vérifieront s'ils ont pour cela assez de patience et de bonne foi.

Quoique les phénomènes de vision contribuent beaucoup, chez les somnambules lucides, à perfectionner et peut-être à rectifier l'intuition, il est néanmoins hors de doute pour moi que cette dernière n'est pas indispensablement subordonnée à une clairvoyance parfaite. J'avoue toutefois que l'intégrité de l'une des deux facultés me semble une garantie pour l'excellence de l'autre ; et comme nous ne possédons aucun moyen de vérifier la plupart des phénomènes d'intuition, je ne crois sincèrement à ces phénomènes que chez les somnambules clairvoyants.

L'intuition est à la clairvoyance ce que la physiologie est à l'anatomie ; à cette différence près, cependant, que les somnambules, même les moins lucides, *sentent à priori* les actions vitales qui se passent en eux, et n'ont nullement besoin de notions organographiques pour être doués encore d'une appréciation physiologique très-passable.

Observons, en terminant ce paragraphe, que tout ce qu'on vient de lire sur l'intuition n'a rapport qu'à celle dont les somnambules jouissent et font usage pour leur propre compte, nous réservant de parler, en traitant de leur *diagnostic*, de l'intuition qu'ils peuvent mettre au service des autres. (Voy. *Médecine des somnambules*.)

3° — *De la prévision intérieure.*

Non-seulement les somnambules lucides ont la conscience de leur état physiologique ou pathologique actuel, mais encore ils annoncent par une sorte de prescience qui n'appartient qu'à eux toutes les modifications destinées à survenir dans leur organisme. Est-ce de leur part un calcul, un travail de déduction au moyen duquel ils déterminent d'après ce qui existe ce qui n'existe pas encore ? C'est ce que personne ne pourrait dire ; mais ce qu'il y a de très-sûr, c'est que les exemples de prévision intérieure, c'est-à-dire portant sur des éventualités relatives à soi-même, sont excessivement multipliés. Il n'est pas d'auteur qui n'en cite un grand nombre.

Pierre Cazot, somnambule dont il est question dans le rapport de 1832, annonce plusieurs semaines à l'avance le jour et l'heure où il sera atteint d'un accès d'épilepsie. Non-seulement il précise l'instant où cet accès se manifestera, mais il en prédit la violence et la durée. La commission qui vérifie le fait dépose en faveur de son authenticité.

Paul Villagrand, dont il est aussi fait mention dans le travail de M. Husson, prédit longtemps à l'avance toutes les phases de sa maladie, et tout se passe exactement comme il l'a annoncé.

Les extatiques de Petetin, de MM. Barrier et Despines présentent des faits analogues. — Dès l'antiquité la plus reculée, nous trouvons dans l'histoire de certains malades des exemples de prévision. — Arétée, Aristote, Platon, Plutarque, Porphyre et tous les philosophes de l'école d'Alexandrie nous ont laissé leur contingent d'observations sur cette singulière faculté ; enfin il suffit d'avoir une fois magnétisé avec succès dans sa vie, pour être bien convaincu de son existence. Reste maintenant l'explication qu'on en a donnée (car il n'est rien d'inexplicable pour les médecins). Un simple passage de l'ouvrage de Bertrand sur l'extase va nous résumer à peu près tout ce qu'on a dit de plus raisonnable sur ce sujet ; mais nous déclarons par anticipation que nous sommes infiniment éloigné de partager en cela les convictions de Bertrand.

« Nous avons déjà eu occasion de faire remarquer que les idées qui surviennent aux extatiques n'agissent pas seulement sur eux pendant l'extase, mais que leur influence peut encore s'étendre jusque sur l'état ordinaire. Il est cependant certain qu'à l'instant où l'extatique s'éveille il ne conserve aucun souvenir de tout ce qui s'est passé pendant l'accès ; mais cette perte de souvenir ne suffit pas pour empêcher que les idées dont il a été agité ne produisent, à un moment déterminé, les effets qui doivent naturellement en être le résultat. Je m'explique : nous avons déjà vu que quand les convulsionnaires de Saint-Médard annonçaient qu'en expiation de telle ou telle faute, ou pour tout autre motif, ils devaient faire un jeûne plus ou moins long, ils se trouvaient pendant tout ce temps dans l'impossibilité d'avaler aucune espèce de nourriture.

« Eh bien, ce qui ce passait à cet égard pour les convulsionnaires s'observe en général chez les extatiques, relativement à une multitude de modifications organiques ; et *il suffit* que le somnambule ait annoncé qu'à tel moment déterminé il sera affecté de telle ou telle manière, pour qu'il le soit en effet.

. . . .

« Rien de plus commun que de voir des femmes somnambules prédire à heure fixe l'apparition des règles, des paralysies partielles, etc. J'ai même vu annoncer un gonflement de la face, avec infiltration des paupières, et la prédiction s'accomplit. Je cite ce dernier exemple, parce qu'il ne semble guère de nature à pouvoir être l'effet d'une prédétermination. Les partisans du magnétisme animal, qui croient à une véritable prévision chez les somnambules, vont donc m'objecter l'observation même que je viens de rapporter.

« Je leur répondrai : 1° Que nous ne pouvons positivement déterminer les limites dans lesquelles peut s'étendre cette influence singulière des somnambules sur leur organisation; 2° *Qu'on ne peut nier* que dans la plupart des cas les prédictions *ne soient réellement la cause* de l'effet produit. » Absurdité révoltante, docteur Bertrand, à laquelle il n'y a rien à objecter... que des faits. Je n'en citerai qu'un ; mais il est écrasant et en vaut mille.

Observation de mademoiselle Clary D*** (1).

Mademoiselle Clary est âgée de douze ans au plus. La nature l'a douée d'une intelligence précoce, mais en même temps d'une constitution débile qu'a facilement épuisée la cruelle maladie dont elle est atteinte.

Ce fut le 6 mai 1840 que je la vis pour la première fois. Elle était dans son lit, la face amaigrie et décolorée, le pouls fébrile, la peau brûlante. Un examen rapide me fit reconnaître qu'il existait : 1° une fonte tuberculeuse dans les lobes supérieurs du poumon droit ; 2° des tubercules assez volumineux dans le mésentère ; 3° enfin, une affection gastro-intestinale qui pouvait bien n'être que la conséquence des altérations organiques précédentes.

Comme on le voit, le cas était plus que grave ; il était

(1) M. D***, un de nos principaux libraires de la capitale, demeure rue Pavée-Saint-André, n. 2.

désespéré. Mademoiselle Clary était phthisique au moins au deuxième degré. Cependant je m'informai de la médication qui jusqu'alors avait été suivie : on me le dit; mais c'était à n'y rien comprendre. Quand toutes les commères de la province se fussent donné rendez-vous chez madame D***, pour faire des ordonnances à sa fille, il n'en serait pas résulté une thérapeutique plus étrange, plus compliquée, plus barbare. C'étaient des *pigeons égorgés vivants* dont on avait chaussé les pieds de la malade ; des emplâtres dont on avait couvert le ventre et la poitrine ; des fumigations de toutes les espèces, des drogues, des tisanes, des potions, comme jamais pharmacien n'en a préparé. — Enfin, que vous dirai-je? une somnambule *lucide* avait passé par là ; une de ces somnambules qui vivent clandestinement de la crédulité des sots ou des malades désespérés, et qui, parfois, nous font rougir d'être magnétiseur. Mais ce n'est pas de cela qu'il s'agit.

Elle aussi, mademoiselle Clary, avait été magnétisée. La pauvre enfant s'était endormie dès la première fois, et, dès la première fois, elle avait étonné sa famille par sa lucidité. Malheureusement, elle n'eut jamais celle qui lui aurait été si nécessaire. Mademoiselle Clary voyait son mal, le décrivait exactement, autant qu'on en pouvait juger, mais l'*instinct des remèdes* lui manquait, et elle ne put jamais parvenir à se prescrire un traitement. Quoi qu'il en soit, voici le résumé de la dernière séance où elle fut endormie.

— Comment vous trouvez-vous, mademoiselle?

— Très-mal.

— Où souffrez-vous ?

— Partout.

— Mais où souffrez-vous le plus ?

— Dans le ventre.

— Dans quelle partie du ventre ?

— Plus bas que l'estomac.

— Vous voyez vos intestins ?

— Oui, monsieur.

— Et qu'y voyez-vous ?

— Des taches rouges de sang et d'autres noirâtres ; puis dans une place large comme la main, une multitude de petits boutons rouges.

— Est-ce tout ?

— Oui, monsieur.

— Comment voyez-vous vos poumons ?

— Comme desséchés (1).

— Ne vous semblent-ils pas, dans leur partie supérieure, parsemés de *grains blancs?*

— Je ne *vois* pas assez bien pour le dire.

---

(1) Les signes fournis par l'auscultation et la percussion ne me donnèrent jamais sur ce point qu'un diagnostic obscur, que n'éclairaient ni la toux, ni la matière de l'expectoration ; et souvent je me suis demandé si l'accumulation de crachats naturels, mais épaissis, dans les ramifications bronchiques, ne pourrait pas donner lieu à l'imperméabilité et à la matité circonscrites que j'avais constatées.

— Et vous ne savez pas ce qu'il faudrait vous faire prendre pour vous guérir?

— Non, monsieur.

— Comment irez-vous demain?

— Un peu mieux qu'aujourd'hui.

— Après-demain?

— J'aurai beaucoup de fièvre.

— Comment irez-vous le 25 de ce mois?

— Très-mal.

— Le 1er juin?

— Plus mal encore; j'aurai tout le corps enflé.

— Et ensuite?

— Les 2 et 3!.... oh! que je serai malade! Mon Dieu! mon Dieu!

— Et ensuite?

— Attendez...

Mademoiselle Clary hésite, réfléchit longtemps; enfin elle nous dit : — Le 4... je ne vois plus rien.

On l'éveilla; elle ne garda aucun souvenir de tout ce qu'elle avait dit, et je recommandai expressément qu'on ne lui en parlât pas. Cependant tout se passa à peu près comme elle l'avait prédit, jusqu'au 4 juin, jour où mademoiselle Clary D*** mourut!

Cette observation est curieuse sous plus d'un rapport. D'abord elle est une preuve irrécusable de la prévision des somnambules; puis, en outre, elle nous met dans la nécessité d'admettre que cette prévision entraîne après elle une sorte de fatalité désespérante, puisque rien au monde ne saurait ni conjurer ni même retarder l'événement qu'elle implique.

Or, maintenant je demanderai à Bertrand si c'est parce que mademoiselle Clary a fixé l'époque de son agonie (que d'ailleurs elle n'a pas caractérisée), que cette agonie survient juste à l'époque indiquée? Est-ce enfin parce qu'elle a dit qu'au 4 juin elle cessait d'y voir, que mademoiselle Clary meurt justement le 4 juin? Il n'y a pas de milieu : ou il faut nier le fait que je viens de rapporter, et dix personnes l'attesteront avec moi; ou il faut croire, comme nous l'entendons, à la prévision des somnambules (1).

4° — *De la prévision extérieure.*

Sans parler ici de la prévision qui constitue le pronostic des somnambules lucides relativement aux crises ou aux divers phénomènes devant survenir chez les malades que l'on met en rapport avec eux, quelques sujets, fort rares à la vérité, possèdent l'incompréhensible faculté de prédire pendant leur somnambulisme des événements auxquels leur existence se trouvera mêlée, mais dont la cause, évidemment étrangère à leur économie, ne saurait avoir avec elle aucune espèce de re-

(1) Voir les faits analogues dans l'ouvrage de M. le docteur Foissac : *Rapports et discussions de l'Académie royale de médecine sur le Magnétisme animal.* Paris, 1833, in-8.

lation explicable. Nous allons en donner quelques exemples :

Le 8 mai dernier (c'était un vendredi), je magnétisai madame Hortense ***, dont nous avons déjà rapporté plusieurs observations relatives à la vision sans le secours des yeux. Le jour dont je parle, cette jeune dame était d'une admirable lucidité; mais, pour des raisons que l'on conçoit sans que nous ayons besoin de les dire, nous avions renoncé depuis longtemps avec elle aux expériences de pure curiosité, et il ne s'agissait plus dans nos séances que de sa santé ou de la nôtre.

Cette fois, je me trouvais donc seul avec elle et son mari, et, après l'avoir interrogée quelques minutes sur des objets plus ou moins indifférents, nous voulûmes savoir jusqu'où pouvait aller sa pénétration de l'avenir; mais, nonobstant la forme de nos questions, la destinée de madame *** revenait toujours se mêler à ses réponses. Elle découvrait l'avenir, mais dans une seule direction, celle qu'elle devait parcourir. Cependant, entre autres choses frappantes, elle nous dit ceci : « Je suis enceinte de quinze jours, mais je n'accoucherai pas à terme, et j'en ressens déjà un chagrin cuisant. Mardi prochain (12 courant), *j'aurai peur de quelque chose*, je ferai une chute, et il en résultera une fausse couche. »
Je confesse que malgré tout ce que j'avais vu déjà, un des points de cette prophétie révoltait ma raison. En effet, je concevais très-bien la chute et tout ce qui pouvait s'ensuivre; j'allais même jusqu'à concevoir la

peur; mais le motif de cette peur, voilà ce qui me confondait.

— De quoi donc aurez-vous peur, madame? lui demandai-je avec une expression d'intérêt qui était loin d'être simulée.

— Je n'en sais rien, monsieur.

— Mais où cela vous arrivera-t-il? où ferez-vous votre chute?

— Je ne puis le dire ; je n'en sais rien.

— Et il n'y a aucun moyen d'éviter tout cela?

— Aucun.

— Si pourtant nous ne vous quittions pas?

— Cela n'y ferait rien.

— Dieu seul pourrait donc prévenir l'accident que vous redoutez ?

— Dieu seul; mais il ne le fera pas, et j'en suis profondément affligée.

— Et vous serez bien malade?

— Oui, pendant trois jours.

— Savez-vous au juste ce que vous éprouverez?

— Sans doute, et je vais vous le dire : Mardi, à trois heures et demie, aussitôt après avoir été effrayée, j'aurai une faiblesse qui durera huit minutes; après cette faiblesse, je serai prise de maux de reins très-violents qui dureront le reste du jour et se prolongeront toute la nuit. Le mercredi matin, je commencerai à perdre du sang; cette perte augmentera avec rapidité et deviendra très-abondante. Cependant il n'y aura pas à s'en inquiéter, car elle ne me fera pas mourir. Le jeudi matin, je serai beaucoup mieux, je pourrai même quitter mon lit presque toute la journée ; mais le soir, à cinq heures et demie, j'aurai une nouvelle perte qui sera suivie de délire. La nuit du jeudi au vendredi sera bonne ; mais, le vendredi soir, j'aurai perdu la raison.

Madame Hortense ne parlait plus, et, sans croire explicitement à ce qu'elle nous disait, nous en étions tellement frappés, que nous ne songions plus à l'interroger. Cependant M. ***, vivement ému du récit de sa femme, et surtout de ses dernières paroles, lui demanda, avec une indescriptible anxiété, si elle serait longtemps en démence.

— Trois jours, répondit-elle avec un calme parfait. Puis elle ajouta, avec une douceur pleine de grâce : « Va, ne t'inquiète pas, Alfred, je ne resterai pas folle, et je ne mourrai pas ; je souffrirai, voilà tout. »

Madame Hortense*** fut éveillée, et, comme d'usage, ne garda aucun souvenir de ce qui s'était passé dans son sommeil. Lorsque je fus seul avec M. ***, je lui recommandai expressément de garder le secret, surtout avec sa femme, sur des événements qui, bien que chimériques peut-être, seraient pourtant capables de l'affecter péniblement si elle en était instruite, et que, d'un autre côté, il nous était (dans l'intérêt de la science) infiniment important de le lui laisser ignorer. M. *** me promit tout, et je connais assez son caractère pour affirmer qu'il a tenu sa promesse. Quant à moi, j'avais scrupuleusement mis en note toutes les circonstances que s'était prédites madame Hortense, et, le lendemain, j'eus l'occasion d'en faire part au docteur Amédée Latour qui se divertit beaucoup de ma confidence. Au surplus, je dois avouer qu'une sorte de honte m'eût empêché de communiquer ma pensée sur ce point à tout homme sérieux ; j'aurais eu peur qu'il ne me prît pour un fou. Voilà pourquoi je ne puis dire, aujourd'hui, si c'est avant ou après la réalisation de l'événement que j'en parlai au docteur Frappart ; mais ce qu'il y a de certain, c'est que je rougis aujourd'hui de ma honte d'alors, et que je regrette vivement de n'avoir pas appelé un plus grand nombre de témoins à l'appui d'un fait aussi prodigieux que celui qu'on va lire.

Le mardi fatal arrivé, *la peur* de madame Hortense *** était l'unique chose qui m'occupait. Lorsque j'arrivai chez cette dame, elle déjeunait en société de son mari, et me parut dans les meilleures dispositions du monde. « Mes bons amis, leur dis-je en entrant, je suis des vôtres aujourd'hui jusqu'à ce soir, si cela ne vous contrarie pas. — Mes affaires sont ici, ajoutai-je à l'oreille de M. ***, qui me comprit.

— Soyez le bienvenu, me répliqua madame Hortense, mais à une condition, c'est que vous ne parlerez pas trop magnétisme.

— Madame, je n'en parlerai pas du tout, si vous consentez à dormir pour moi dix minutes seulement.

— Oh ! monsieur, ce que vous me promettez vous

coûtera beaucoup trop pour que vous ne me trouviez pas accommodante : aussi, comme j'apprécie la grandeur du sacrifice, je vous accorde un quart d'heure sans marchander.

Après une petite demi-heure de conversation sur le même ton, le déjeuner étant fini, madame Hortense*** fut magnétisée et s'endormit en moins d'une minute.

— Comment allez-vous, madame ?

— Très-bien, monsieur ; mais ce n'est pas pour longtemps.

— Comment cela ?

Madame *** répéta alors sa phrase sacramentelle du vendredi, à savoir : *Entre trois et quatre heures, j'aurai peur de quelque chose, je ferai une chute ; il en résultera une perte abondante*, etc.

— Mais enfin quel est donc l'objet qui vous fera peur ?

— Je n'en sais rien.

— Mais où est-il ?

— Je n'en sais rien.

— Alors, madame, si ce que vous dites se réalise, il faut admettre une fatalité dans les événements qui vous arrivent ?

— Oui, monsieur, comme dans la plupart de ceux qui arrivent à tous les hommes.

— N'est-il aucun moyen de se soustraire à cette fatalité ?

— Aucun.

— Ce soir, madame, je serai en mesure de vous contredire.

— Ce soir, monsieur, vous serez fort inquiet sur ma santé, car je serai bien malade.

A cela je n'avais, pour le moment, rien à répondre; il fallait attendre, et j'attendis. Éveillée en quelques minutes, madame Hortense ne se rappelle rien, et son visage assombri par les visions de son sommeil reprend toute sa sérénité habituelle. Comme avant de s'endormir, elle cause et plaisante avec nous sans arrière-pensée, et reprend le cours de ses spirituelles saillies, qui lui sont si naturelles, et qu'elle sait dire si bien. Pour moi, j'étais dans une situation d'esprit que je ne parviendrais pas à décrire; je me perdais en conjectures, en rêveries qui faisaient par instant chanceler ma foi; je doutais de tout, je doutais de moi-même. Cependant, comme il n'était encore que midi, je sortis un instant avec M. ***; mais nous rentrâmes bien avant trois heures. La santé de madame Hortense était toujours la même, et il eût été impossible à l'observateur le plus habile d'y découvrir les indices de la moindre altération prochaine. Cette dame, à notre arrivée, chantait gaiement une ariette, en brodant un petit bonnet pour l'enfant dont elle s'était dite enceinte. Nous nous asseyons auprès d'elle, son mari et moi, et, bien décidés à ne plus la quitter d'une seconde, nous observons jusqu'à ses moindres mouvements. Nous fermons hermétiquement les croisées, dans la crainte que quelque accident, survenu dans la rue ou les maisons voisines, ne vienne à réaliser la prophétie ; enfin, si l'on sonne, c'est un de nous qui va recevoir à l'antichambre, de peur, sans doute, que le visiteur ne soit quelque fantôme effrayant. « Nous avons l'air de jouer avec le diable, me disait M. *** ; mais, s'il gagne cette fois, il sera bien rusé. » En effet, cela me paraissait difficile ; eh bien, pourtant, je conseille à nos lecteurs de ne jouer jamais gros jeu à pareille partie, car le diable gagna.

Il était un peu plus de trois heures et demie, madame Hortense, qui s'émerveillait des petits soins dont elle se voyait entourée, et qui ne pénétrait point le mystère de nos précautions, nous dit, en se levant du fauteuil où nous l'avions fait asseoir :

— Me permettrez-vous, messieurs, de me dérober une minute à votre inconcevable sollicitude ?

— Où prétendez-vous aller, madame ? m'écriai-je avec un air d'inquiétude que je n'aurais pu dissimuler.

— Eh ! mon Dieu ! monsieur, qu'avez-vous donc ? Pensez-vous que j'aie des projets de suicide ?

— Non, madame, mais....

— Mais quoi ?

— Je sens que je suis indiscret, mais c'est que votre santé m'intéresse.

— Alors, monsieur, reprend-elle en riant, raison de plus pour me laisser sortir.

Le motif, comme l'on voit, était plausible, et il n'y

avait guère moyen d'insister. Cependant M. ***, qui voulut pousser la chose jusqu'à son comble, dit à sa femme :

— Eh bien, ma bonne amie, me permettras-tu de t'accompagner jusque-là ?

— Comment! mais c'est donc une gageure ?

— Précisément, madame, une gageure entre vous et moi, et que bien certainement je gagnerai, quoique vous ayez juré de me la faire perdre.

Madame Hortense nous regarde tour à tour et reste bien loin de deviner.

— Une gageure entre nous deux ! répète-t-elle..... Allons, je n'y suis pas du tout, mais, n'importe... nous verrons.

Elle accepte le bras que lui présente son mari, et sort en éclatant de rire.

Moi aussi je riais, et pourtant j'éprouvais je ne sais quel pressentiment que le moment décisif était venu. Il est tellement vrai que cette idée me préoccupait, que je ne songeai pas à rentrer dans l'appartement de M. et de madame *** pendant leur absence, et que je restai comme un suisse à la porte de leur antichambre, où je n'avais que faire. — Tout à coup un cri perçant se fait entendre, et le bruit d'un corps qui tombe retentit sur le perron. Je monte en courant; à la porte des lieux d'aisances, M. *** a sa femme éperdue, mourante, entre ses bras. C'est bien elle qui a crié; le bruit qui a frappé mon oreille est bien celui de sa chute.

A l'instant où elle venait de quitter le bras de son mari pour entrer au cabinet, un rat (madame *** a de ces animaux une horreur incroyable), un rat, là où depuis vingt ans on assure n'en avoir pas vu un seul, s'était présenté à sa vue et lui avait causé une terreur si vive et si soudaine qu'elle en était tombée à la renverse, sans qu'il y eût eu possibilité de la retenir. — Voilà le fait tel qu'il s'est passé, je le jure sur mon honneur.

Le premier point de la prédiction s'était réalisé; le reste s'accomplit avec la même exactitude. Madame *** eut sa faiblesse, ses douleurs, sa perte, son délire, sa journée de calme et ses trois jours d'aliénation. Rien n'y manqua, ni la nature des phénomènes annoncés, ni l'ordre dans lequel ils se succédèrent. Le docteur Amédée Latour et plusieurs amis de M. *** suivirent avec intérêt les différentes phases de cette miraculeuse maladie, dont, grâce à Dieu, il ne reste plus de traces aujourd'hui.

Qui oserait, après de semblables faits, poser encore les limites du possible et définir la vie humaine?

Observation de madame B.

Le récit que nous allons faire est loin d'offrir l'intérêt de celui que nous venons d'achever. Cependant l'observation de madame B., sans être précisément une observation de prévision externe, présente une singularité qui m'a frappé, c'est-à-dire une erreur de temps commise par une somnambule; sorte de bévue qu'on a rarement à constater.

Madame B., quoique d'un tempérament nerveux et irritable, jouit pourtant d'une santé assez passable, sauf des accès d'hystérie épileptiforme qui la prennent de loin en loin, et dont le magnétisme a déjà de beaucoup diminué la fréquence. Elle se dit âgée de trente-trois ans et quelques mois; mais comme des gens dignes de foi m'assurent que depuis au moins sept ans elle a cet âge, j'en conclus, pour ma gouverne, que madame B. touche à la quarantaine, si même elle ne la dépasse un peu. Quoi qu'il en soit, ce fut dans le courant du mois d'avril 1840 que je commençai à la magnétiser. Au bout d'une dizaine de jours environ, elle devint lucide, mais sa lucidité n'a jamais rien présenté de très-remarquable. Ce n'est d'ailleurs pas ici l'occasion de rapporter avec détails tous les phénomènes auxquels elle donna lieu, et je n'en veux mentionner qu'une seule circonstance.

Le 3 mai, j'étais allé faire ma visite accoutumée à madame B. Je trouvai cette dame occupée à essuyer et à mettre en ordre de fort belles assiettes de porcelaine ouvragée, sur lesquelles je ne pus m'empêcher de la complimenter. Cette attention de ma part la flatta beaucoup, et la mit dans d'excellentes dispositions magnétiques dont je m'empressai de profiter : aussi, dix minutes après, madame B. était-elle en somnambulisme.

Lorsqu'on magnétisait cette dame, elle ne manquait jamais de s'exhaler en doléances et en jérémiades dont il n'était point aisé de ne pas rire. Il ne m'est jamais arrivé d'obtenir d'elle qu'elle s'endormit sans parler, et surtout sans se plaindre ; puis, le sommeil la prenait si subitement, que souvent elle n'avait pas le temps de finir la phrase qu'elle avait commencée, et quelquefois même le mot qui était sur ses lèvres. Venaient alors quelques minutes de silence. La tête, d'abord penchée sur la poitrine, se jetait ensuite sur l'une et l'autre épaule alternativement, puis, tout d'un coup, tous ces mouvements s'arrêtaient ; madame B. se redressait, se renversait même un peu en arrière, en poussant coup sur coup deux ou trois grands soupirs, puis enfin se mettait à parler avec volubilité, et sur un ton aigre, nasillard, qui n'était pas, à beaucoup près, son timbre de voix naturel. Sa conversation alors était aussi toute singulière. C'étaient des phrases décousues, sans suite, et qui souvent n'avaient aucun rapport avec les questions qu'on lui avait adressées, questions néanmoins auxquelles elle commençait toujours par répondre. Le dialogue suivant pourra servir d'exemple :

— Dormez-vous, madame ?

Pas de réponse. Je réitère ma question au bout de quelques secondes.

— Dormez-vous, madame ?

— Oui, mais je n'ai pas sommeil.

— Enfin, vous dormez ?

— Je suis bien malheureuse! toujours malade!

— Madame, vous ne me répondez pas.

— Que voulez-vous que je vous dise?

— Dites-moi si vous souffrez?

— Oui, je dors, je vous l'ai déjà dit, et je voudrais bien dormir toujours.

— Pourquoi?

— C'est affreux d'être comme je suis.

— Comment êtes-vous donc?

— Malheur sur malheur, voilà tout ce qui m'arrive.

— Eh! madame, c'est votre faute aussi.

— Vraiment!

— Employez toute votre énergie à vous persuader que vous êtes heureuse, et vous finirez par l'être en effet.

— Vous croyez?

— Sans doute.

— Il faut peut-être me persuader aussi que je suis *aux anges* lorsque j'ai mes accès! Ah! mon Dieu! mon Dieu! que les gens d'esprit sont bêtes!

— Vous me flattez, madame.

— Mais aussi j'avais bien besoin d'y toucher!

— A quoi donc?

— A ces *chiennes* d'assiettes.

— Qu'est-ce qu'elles vous ont fait?

— Elles m'ont fait que j'en ai cassé une.

— C'est dommage; mais encore cette perte ne vaut-elle pas la peine que vous vous en chagriniez.

— Pardi! c'est cela ; avec vous la maison brûlerait qu'il faudrait en rire.

— Je ne dis pas cela, madame, mais...

— Que devient donc mon mari?

— Je vous avoue que je l'ignore.

— Ah! le pauvre homme!

— Vous lui en voulez aussi?

— Ah! l'ivrogne! monsieur ; cet homme-là nous mangera en buvant.

— Dites alors qu'il vous boira.

— Je dis ce que je dis.

Madame B. continua quelques minutes encore sur le même ton, me parla un peu de sa maladie, et s'éveilla par la simple influence de ma volonté, ce qui lui arrivait depuis quelques jours déjà.

— Eh bien, madame, lui dis-je alors, lorsque tout à l'heure je vous félicitais sur votre bon goût en porcelaines, j'ai dû bien involontairement vous navrer le cœur, car j'ignorais que vous eussiez brisé une de vos assiettes.

— Brisé une de mes assiettes! répliqua-t-elle avec une inimitable expression de terreur, que le bon Dieu m'en préserve! J'y tiens plus qu'à mes yeux à mes pauvres assiettes.

— En effet, madame, j'ai pu m'en apercevoir, mais la chose n'en est pas moins faite.

— Qu'est-ce que vous dites donc là ?

— Je parle d'après vous.

— J'ai dit moi... Allons donc !

— Un autre que vous peut-être a commis la maladresse, mais...

— Personne n'y a touché que moi, monsieur, et vous en allez avoir la preuve... Une, deux, trois, quatre, etc. Madame B. compte et recompte ses assiettes jusqu'à la douzième ; il n'en manque pas une.

Cela me parut étrange ; enfin, je présumai qu'une préoccupation toute particulière avait pu donner lieu à cette anomalie magnétique ; je laissai madame B. à sa besogne et je pris congé d'elle.

Or, je n'avais pas descendu la moitié des marches qui conduisent de son appartement à la rue, que le bruit d'une pièce de vaisselle qui se brise en tombant sur le parquet retentit au-dessus de ma tête. Je remonte en toute hâte, et je trouve madame B. pleurant à chaudes larmes.

Une de ses précieuses assiettes venait à l'instant même de lui échapper des mains.

Madame B. avait pris dans son sommeil l'avenir pour le passé.

5° — *De la pénétration de la pensée.*

La singulière faculté dont sont doués certains extatiques et un petit nombre de somnambules de pénétrer la pensée des personnes qui les entourent, avant que cette pensée ait revêtu une forme sensible, est une de celles qui ont le plus excité l'incrédulité. Cependant, avant même qu'une observation directe ne m'eût convaincu de l'existence de cette faculté, les témoignages qui l'établissent sont si nombreux et me semblaient tellement irrécusables, que je ne me sentais point éloigné d'y croire. En effet, dès le moyen âge, lors de ces grandes épidémies d'extase que M. le professeur Andral (1) a le premier considérées d'un point de vue vraiment philosophique, en les rangeant au nombre des faits pathologiques; du temps enfin des convulsionnaires et des possédés, *la communication de la pensée* était un fait patent, à tel point qu'elle constituait le caractère pathognomonique de la *possession*, et qu'il n'était pas permis de procéder aux exorcismes avant de l'avoir constatée. Chargé de récapituler les preuves de la possession des religieuses ursulines de Loudun, le père Surin présente comme l'une des plus incontestables, *qu'elles disaient les pensées les plus secrètes*. « Le lendemain de mon arrivée, écrivait ce candide ecclésiastique, il se trouva à l'exorcisme un homme qui me témoigna désirer voir si le démon connaissait nos pensées. Je lui dis de faire un commandement dans son cœur; et après qu'il l'eut fait, je pressai le démon de faire ce que cet homme lui avait commandé; après en avoir fait quelque refus, il alla prendre sur l'autel le carton où est l'évangile de Saint Jean; et cet homme assura qu'il avait commandé en son

---

(1) *Cours de pathologie interne.* Paris, 1830.

cœur au démon de montrer le dernier évangile qui avait été dit à la messe.

« Un de nos pères, voulant éprouver s'il était vrai que le démon connût nos pensées, fit un autre commandement intérieur au démon qui était en faction, et puis il lui en fit un autre; enfin, dans l'espace d'un instant, il fit cinq ou six commandements; et, les révoquant les uns après les autres, il tourmentait ce démon en disant : *Obediat ad mentem*. Le démon *répéta tout haut les commandements que ce père lui avait faits*. Il commença par le premier, puis dit : Mais monsieur ne veut pas. Étant au septième, il dit : Nous verrons si nous ferons celui-ci où il s'est enfin fixé. »

Dans une observation communiquée à M. Foissac, par M. le docteur Barrier, médecin de Privas, il est question d'une jeune extatique, nommée Euphrosine, qui possédait si bien le don de deviner la pensée de la personne en rapport avec elle, qu'elle liait avec facilité une conversation très-suivie, dans laquelle un des interlocuteurs ne parlait que *mentalement*. « Lors de ma seconde visite, dit M. Barrier, je trouvai Euphrosine pliée en arc de cercle dans son appartement; elle reposait sur le sol par les talons et le sommet de la tête; plus de vingt personnes l'entouraient : toutes gardaient le plus religieux silence. Je m'approchai, je me mis en rapport, et je souhaitai le bonjour à la malade, en m'étudiant à retenir ma *langue et mes lèvres*.

— *Bonjour, monsieur Barrier*, me répondit-elle.

— Quand voulez-vous venir à la Voutte?
— *Le plus tôt possible.*

Je me tournai vers la mère et lui dis :

— Votre fille devine la pensée; mettez-vous en rapport, et essayez. Bientôt nous entendîmes Euphrosine prononcer ces mots : « A Alissas. » Un instant après, elle répéta avec une grande vivacité : *Non, vous dis-je, à Alissas!*... Madame Bonneau avait proposé à sa fille d'aller le lendemain se promener à Cous avec elle, la seconde fois, elle avait encore insisté sur le même lieu de promenade. Une cousine se mit en rapport, et presque aussitôt nous recueillîmes ces paroles : *Eh! nigaude, crois-tu que je ne sais pas que tu dois aller à Vernoux?* La cousine pâlit, mais elle recommença ses questions. *Non, il est bien loin de là*, continua Euphrosine. Cette dame nous rapporta avoir dit mentalement à la malade qu'elle devait faire le lendemain le voyage de Vasence, et qu'elle s'acquitterait de ses commissions, si elle avait à lui en donner; à sa seconde question, elle lui avait demandé si elle trouverait son mari à Vernoux. Trois ou quatre jours après, je rencontrai cette personne à Vernoux; elle vient à moi, et d'un air encore tout effrayé, m'annoncer l'absence de son mari. Un voiturier vint ensuite, et immédiatement nous entendîmes ces mots : *Non, à la Voutte.* Cet homme lui avait proposé de la conduire à Aubenas. La majeure partie des assistants lui adressèrent des questions mentales; elle répondit constamment et de suite avec la plus grande précision. Des enfants voulurent à leur tour faire des épreuves, mais elle les renvoya avec humeur en les nommant chacun par son nom. »

Les observations analogues à celle qu'on vient de lire sont, sans contredit, fort nombreuses dans les annales des sciences médicales, et nous pourrions aisément en fournir la preuve, si nous ne craignions de multiplier par trop nos citations; mais une chose qu'il nous est important de faire remarquer, c'est qu'à l'existence seule de cette faculté de pénétration mentale doit être rapportée la supposition émise autrefois par les exorcistes et depuis par les magnétiseurs, à savoir : que les possédés des uns et les somnambules des autres entendaient toutes les langues (1). Nous aurons d'ailleurs l'occasion de revenir sur ce sujet.

(1) On lit dans la *Démonomanie de Loudun* : « M. Launay de Barillé, qui avait demeuré en Amérique, attesta que, dans un voyage qu'il fit à Loudun, il avait parlé aux religieuses le langage de certains sauvages de ce pays, et qu'elles lui répondirent fort pertinemment.

« L'évêque de Nimes, ayant interrogé en grec et en allemand, eut satisfaction à l'une et l'autre langue.

« M. l'évêque de Nimes commanda en grec à la sœur Claire de lever son voile et de baisser la grille en un endroit qu'il désigna : elle lui obéit, et fit beaucoup d'autres choses qu'il désira d'elle; ce qui fit dire publiquement au prélat qu'il fallait être athée ou fou pour ne pas croire à la possession...

« Des médecins les interrogèrent aussi en grec sur des termes de leur science qui étaient très-difficiles et connus seulement des savants entre eux ; elles les expliquèrent nettement...

« Des gentilshommes de Normandie certifièrent par écrit avoir

La communication des pensées s'observe moins fréquemment chez les somnambules magnétiques que chez les extatiques ; et pourtant, chose remarquable, c'est une des premières facultés que signalent les magnétiseurs du temps de Mesmer, qui l'indiquent même comme trait caractéristique du sommeil magnétique. Ainsi, lisons-nous dans la lettre du marquis de Puységur, transcrite en partie dans notre introduction, qu'il faisait danser le paysan Victor sur sa chaise, en lui chantant un air *mentalement*.

Je n'ai vu, pour mon compte, qu'un très-petit nombre de somnambules qui fussent doués de cette faculté ; mais enfin j'en ai vu, et parmi les magnétiseurs modernes, plusieurs écrivains dignes de foi en citent aussi des exemples.

Alexandre Bertrand, entre autres, raconte (1) qu'en démagnétisant du geste la première somnambule qu'il lui fut donné d'observer, il eut un jour, en même temps, la ferme volonté qu'elle ne s'éveillât pas. Des mouvements convulsifs en résultèrent aussitôt chez la somnambule.

— Qu'avez-vous ? lui dit le magnétiseur.

— *Comment*, répondit-elle, *vous me dites de m'éveiller, et vous ne voulez pas que je m'éveille !*

---

interrogé la sœur Claire de Sarelly en turc, en espagnol et en italien, et qu'elle leur répondit fort à propos. »

(1) *Traité du Somnambulisme.* Paris, 1823, p. 247.

Bertrand cite encore, dans le même ouvrage (1), l'exemple d'une pauvre femme, sans éducation, ne sachant pas même lire, et qui, néanmoins, était capable, en somnambulisme, de comprendre le sens des mots dont la signification lui était inconnue dans l'état de veille. Cette femme, en effet, lui expliqua, de la manière la plus juste et la plus ingénieuse, ce qu'on devait entendre par le mot *encéphale*, qu'il lui proposa ; « phénomène, ajoute Bertrand, qui, si on ne veut pas y voir un hasard aussi difficile peut-être à admettre que la faculté même qu'il suppose, ne peut s'expliquer qu'en reconnaissant que cette femme lisait dans ma pensée même la signification du mot sur lequel je l'avais interrogée. »

Nous allons terminer ce qui se rapporte à la pénétration de la pensée par l'observation du nommé Calixte, que M. Ricard magnétisait autrefois dans ses cours publics.

Observation de Calixte.

Le 7 juin 1840, je me rendis, à deux heures de l'après-midi, chez mon confrère et ami le docteur Frapart, pour assister à une séance de magnétisme que M. Ricard devait y donner. Le nombre des invités était considérable, car je trouvai, en arrivant, le salon de M. Frapart encombré de plus de soixante personnes,

(1) Page 729.

la plupart étrangères à la médecine, mais parmi lesquelles je remarquai pourtant quelques médecins connus et *incrédules*, que, toutefois, je m'abstiendrai de nommer, attendu qu'ils ne m'ont point autorisé à le faire.

La séance commença, à deux heures un quart, par diverses expériences tentées sur un jeune somnambule que M. Ricard magnétisait depuis quelques jours seulement. Ces expériences ne réussirent pas ; ce qui ne m'étonna nullement, car je n'aurais jamais présumé que la lucidité d'aucun somnambule pût résister à l'atmosphère tiède et viciée d'une salle de moyenne grandeur, dans laquelle respirent et *pensent* soixante individus.

Vint donc le tour de Calixte, qui fut magnétisé à deux heures trois quarts. C'est un jeune homme d'une vingtaine d'années, passablement constitué, et pourvu d'un système musculaire qui fait honneur au magnétisme. Cependant sa figure est mobile, inquiète, comme effarée, et ses allures habituelles révèlent dans toute sa personne une irritabilité peu commune. Magnétisé pour la première fois il y a cinq ans, il s'endormit, fut lucide dès la première séance, et devint en très-peu de temps un des sujets les plus remarquables qu'on ait vus. Enfin, jusqu'à présent, au rapport de M. Ricard, il n'est pas encore survenu un seul jour d'interruption dans sa lucidité. — Calixte est donc un de ces rares et précieux sujets que la science peut exploiter avec assurance au profit de sa propagation. — Endormi en quelques minutes par M. Ricard, et les yeux recouverts d'un bandeau appliqué par un incrédule et par moi, c'est-à-dire d'un de ces bandeaux qui ne laisseraient point d'espoir à la supercherie, Calixte commence par faire plusieurs parties de cartes avec tous ceux des assistants qui jugent à propos de se présenter. — Faisons observer que les cartes sont neuves, qu'elles viennent d'être achetées, et que, pour plus de régularité, on nous avait priés de les fournir nous-mêmes.

Tout cela n'empêche pas Calixte de gagner constamment son adversaire. La rapidité avec laquelle il joue est incroyable; à tel point qu'elle étonnerait encore de la part d'un homme éveillé et dont les yeux seraient largement ouverts.

— *Monsieur, je propose... Vous y consentez. — Trois cartes pour moi; et vous n'en prendrez que deux, vous, car voilà ce que vous allez jeter...* Et il nomme les cartes.

D'autres fois, avant que l'adversaire ait eu le temps de regarder son jeu, et pendant qu'il le tient encore serré dans sa main, Calixte jette le sien sur la table, en disant :

— *Monsieur, je joue sans proposer, et vous avez perdu, car vous avez telles cartes en main.*

Et il ne lui arrive pas une seule fois de se tromper.

Il joue quatre parties de suite avec la même adresse ou le même bonheur, à la grande admiration de l'assemblée, qui se lève, s'agite et applaudit, croyant sans doute assister à une représentation de Conus ou de M. Comte. — Mais rappelons à nos lecteurs que notre *prestidigitateur* a les paupières recouvertes de tampons de coton cardé, maintenus et comprimés par un fort mouchoir de toile. Il s'agit ici, comme on le voit, d'un phénomène de vision à travers les corps opaques, et qui, bien que remarquablement développé, ne va pourtant pas jusqu'au point de permettre la lecture (1); mais arrivons aux expériences qui nous ont déterminé à placer ici cette observation :

Sur un grand nombre de petites cartes ont été écrits, à l'avance, les divers mouvements que les personnes présentes pourront faire exécuter au somnambule, en remettant au magnétiseur celles des cartes qui exprimeront leur désir. M. Ricard, après cette simple admonestation répétée à chaque fois : « *Calixte, mon ami, fais attention, je vais te parler,* » lit *mentalement* la phrase ou les phrases qu'on vient de lui remettre, n'ajoute pas un mot, ne fait pas un geste, et Calixte, qui d'ailleurs a toujours son bandeau, obéit à *sa pensée*.

a. La première carte présentée à M. Ricard porte ceci : *Que le somnambule lève à la fois les deux jambes.* Le magnétiseur entre en action après son avertissement

---

(1) M. Ricard nous assure que Calixte a lu une fois, mais que cette expérience l'avait tellement fatigué, qu'il ne crut pas devoir la lui faire recommencer. Je l'ai vu depuis lire très-couramment.

habituel, mais Calixte ne comprend pas; ses membres abdominaux sont bien agités de divers mouvements, mais ses pieds ne quittent pas le sol.

b. La deuxième carte portait : *Que le somnambule lève le bras gauche.* L'ordre mental est donné; Calixte l'exécute, et lève machinalement le bras gauche, tout en disant avec un ton d'impatience qu'il ne comprend pas.

c. La troisième carte : *Que le somnambule se lève, fasse quatre pas et touche de la main droite la poitrine de son magnétiseur.* Même jeu de M. Ricard; Calixte réfléchit un instant, se lève, marche en comptant ses pas, hésite quelques secondes, puis finit par compléter l'exécution de l'ordre mystérieux qu'il a reçu.

d. Calixte est assis à l'extrémité du salon de manière à nous tourner le dos; un orgue de Barbarie va jouer un air à l'antichambre; et M. Ricard me dit : « Lorsque vous m'en ferez le signal, le somnambule battra la mesure de l'air qui va être exécuté, et il cessera de la battre lorsque vous m'en exprimerez le désir par un autre signe. » Cela convenu, l'orgue commence; je fais signe à M. Ricard, et Calixte bat la mesure; quelques minutes après, je fais mon second signe, et Calixte cesse de battre la mesure. Je recommence, il recommence; je veux qu'il cesse de nouveau, et il cesse; plus prompte que l'éclair, ma pensée vole de moi au magnétiseur et du magnétiseur au somnambule.

e. Je tire moi-même au hasard trois des cartes d'un

chapeau où on les a mêlées; leur sens réuni forme cette phrase : *Que le somnambule se lève, monte sur une chaise, et se laisse tomber* EN ARRIÈRE *dans les bras de son magnétiseur.* Les cartes remises au magnétiseur, Calixte se lève, monte sur la chaise, hésite, puis se laisse tomber tout d'une pièce dans les bras de M. Ricard, qui a besoin de tous ses efforts pour ne pas être renversé par la violence du choc.

Voilà les faits tels qu'ils se sont passés, sans que j'y aie rien changé, rien ajouté; cinquante-neuf personnes seraient là pour me démentir s'il en était autrement. Je sais d'avance quelles conséquences en tireront des lecteurs désintéressés. Quant aux médecins, la plupart d'entre eux n'y croiront pas, parce que, dès qu'ils ne comprennent plus, on se trompe ou on les trompe. Expliquer (comme ils expliquent tout) les faits vulgaires et nier les faits extraordinaires, voilà leur éternel système, le cercle vicieux que parcourt depuis soixante ans leur incrédulité.

6° — *Transposition des sens.*

Lorsqu'on trouva dans les ouvrages de Petetin (1) les

---

(1) Jacques-Henri-Désiré Petetin, né à Lons-le-Saulnier en 1744, et mort à Dijon le 27 février 1808. — Les ouvrages dont il s'agit sont : *Mémoire sur la catalepsie*, in-12, 1787. — *L'électricité animale prouvée par la découverte des phénomènes physiques et moraux de la catalepsie hystérique et de ses variétés, et*

observations de ses fameuses cataleptiques, qui *voyaient, sentaient, goûtaient* ou *entendaient* par l'estomac ou par le bout des doigts, ce médecin qui durant toute sa vie avait joui d'une réputation méritée, ne fut plus considéré que comme un visionnaire. Cependant des témoignages ultérieurs ne tardèrent pas à réhabiliter dans l'esprit des savants le souvenir injustement flétri de ce praticien intègre et distingué ; car les sujets atteints d'extase ou de catalepsie, et présentant, comme ceux dont il nous a laissé l'histoire, la transposition de certaines fonctions organiques externes, devinrent bientôt si nombreux, qu'il fallut accepter au moins la possibilité de ces prodigieuses anomalies, ou taxer d'imposture des hommes d'une irrécusable bonne foi. — Aujourd'hui, il ne se passe guère d'année sans que l'Académie royale de médecine ait à s'occuper, soit directement, soit d'après des rapports, de questions analogues à celles dont il s'agit. Nous allons mettre sous les yeux de nos lecteurs une des dernières communications de ce genre : elle est de M. Despine père, inspecteur des eaux minérales d'Aix, en Savoie (1).

« J'ai en ce moment chez moi une jeune fille de la campagne, âgée de seize ans : c'est Sophie Laroche, de

par les bons effets de l'électricité artificielle dans le traitement de ces maladies. Lyon, 1808, in-8. — *Nouveau mécanisme de l'électricité, fondé sur les lois de l'équilibre et du mouvement.* Lyon, 1802, in-8.

(1) *Bulletin de l'Académie royale de médecine*, séance du 10 avril 1838, t. II, p. 631.

Virieu (Isère), la fameuse thaumaturge des environs de Grenoble, dont les journaux ont retenti en 1834. — Cette fille est devenue somnambule à l'âge de huit ans, à la suite d'une frayeur; elle est paralysée depuis le haut du rachis jusqu'aux orteils, et cela dès quatre ans; elle n'a pas quitté le lit dès le 1er janvier 1834. Les crises pendant ce laps de temps ont beaucoup varié, et c'est pour en étudier le génie et comparer les phénomènes qu'elles présentent avec ceux que j'ai observés chez d'autres malades, que j'ai pris Sophie pour la soigner. Cela, je l'ai fait gratis, parce qu'elle appartient à une famille très-pauvre, qu'elle ne pouvait faire les frais d'un déplacement; et encore ai-je été obligé d'amener à Aix, avec elle, sa mère et une petite sœur, sans quoi elle ne serait pas venue.

« Celle-ci, quand elle est en crise, *entend*, *voit* et *lit*, *sent*, *goûte* et *touche* par les pieds et les mains. Je l'ai vue faire cela à Virieu, et je le vois ici tous les jours encore. — Mon fils a vu lui-même à Virieu une partie de ces phénomènes; ce qu'il a vu peut lui faire juger du reste, en ayant déjà une certaine habitude. M. le docteur Mercier, de Coppet, médecin de l'École de Paris et médecin des familles Girod de l'Ain, de Staël, de Broglie (qui peuvent rendre témoignage de la capacité, de la moralité et de la saine critique dont il use dans les études physiques et médicales), M. le docteur Mercier, dis-je, les a vus, ces phénomènes, comme moi et avec moi; il les a constatés lui-même sans moi. Il en est de même encore des docteurs Rome, Eymard (Sylvain), Raymond (Asphée), de M. Pagès, ancien sous-préfet de la Tour-du-Pin, et de mille autres. » En raison de la position qu'il occupe et des expériences délicates auxquelles il a la patience de se livrer, M. Despine possède un grand nombre d'observations semblables à celle qu'on vient de lire (1) ; mais il en est peu qui présentent l'intérêt de celles que nous a laissées Petetin. Rien de plus bizarre et de plus plaisant que la manière dont celui-ci découvrit l'existence de la faculté dont nous entretenons nos lecteurs. Madame ***, pendant un de ses accès de catalepsie, s'étant mise à chanter d'abord d'une voix faible et ensuite plus forte une ariette d'une exécution difficile, avec tout le goût imaginable, ses parents faisaient alors d'inutiles efforts pour s'en faire entendre ; elle était insensible au bruit et même aux piqûres. Le chant dura une heure et demie ; sur la fin, la malade était très-oppressée, et vomit une grande quantité d'un sang rouge et écumeux. Des convulsions et le délire étant survenus, Petetin la fit plonger dans un bain de glace ; quelques minutes après, le calme se rétablit, la raison revint, et

---

(1) Toutes les personnes qui s'occupent de magnétisme ont lu l'intéressante observation de mademoiselle Estelle l'Hardy, publiée par M. Despine père, dans son ouvrage *De l'emploi du Magnétisme animal et des Eaux minérales dans le traitement des maladies nerveuses*. Paris, 1840. Cette jeune personne, entre autres phénomènes extraordinaires, a présenté celui d'*entendre par le poignet*. M. Despine va publier incessamment la 2e partie de cette observation.

madame *** dit qu'elle se trouvait soulagée, et que la douleur atroce qu'elle avait ressentie à l'estomac était dissipée. Après vingt-deux minutes, elle éprouva un frisson ; on la retira du bain et on la coucha ; mais, contre l'ordre de Petetin, on avait chauffé le lit. Dès qu'elle y fut entrée, son visage se colora ; elle éprouva deux secousses convulsives dans les bras, et retomba dans un accès de catalepsie. Elle se mit à chanter comme le matin, quoique, pour l'en empêcher, on la plaçât dans les positions les plus pénibles, les bras élevés et tendus, le corps fléchi en avant, la tête sur les genoux. Tout cela étant inutile et la malade paraissant souffrir beaucoup, Petetin prit le parti de la renverser sur son oreiller ; mais en faisant ce mouvement, le bras du fauteuil sur lequel il était assis se déroba sous lui, et il tomba à moitié penché sur le lit en s'écriant : « Il est bien malheureux que je ne puisse empêcher cette femme de chanter. — *Eh! monsieur le docteur, ne vous fâchez pas ; je ne chanterai plus,* » répondit-elle. Cependant, quelques instants après, elle reprit son ariette au point où elle l'avait laissée, sans que les cris poussés à son oreille pussent l'interrompre. Il paraissait certain que la malade avait entendu ; mais comme elle n'entendait plus, Petetin s'avisa de se replacer dans la position où il s'était trouvé précédemment ; il souleva les couvertures, s'approcha de son estomac, en s'écriant d'une voix assez forte :

— Madame, chanterez-vous toujours ?

— *Ah! quel mal vous m'avez fait!* dit-elle ; *je vous en conjure, parlez plus bas.*

En même temps elle porta lentement ses mains sur son estomac, il abaissa la voix et lui demanda comment elle avait entendu :

— *Comme tout le monde.*

— Cependant je vous parle sur l'estomac.

— *Est-il possible!*

Elle le pria de lui faire des questions aux oreilles ; mais elle ne lui répondit pas, alors même qu'il se servait d'un entonnoir pour donner plus d'éclat à sa voix. Il revint à l'estomac, et lui demanda à voix très-basse si elle avait entendu : *Non*, dit-elle ; *je suis bien malheureuse!* Quelques jours après, Petetin se convainquit que le sens de l'audition n'était pas le seul qui se fût transporté à l'estomac, puisqu'il fit *déguster* du pain au lait à sa malade en le lui plaçant à l'épigastre, et lui fit nommer plusieurs cartes en les posant sur la même région.

Il n'y avait donc plus à douter que la transposition des sens ne fût une chose réelle chez bon nombre d'extatiques, et les rapports évidents qui existent entre le somnambulisme et l'extase devaient faire présumer qu'on ne tarderait pas à voir quelques somnambules jouir aussi de cette faculté. C'est en effet ce qui arriva, et, bien que les faits de cette nature soient encore rares dans les archives de la science, les expériences que M. Filassier a consignées dans sa thèse inaugurale, et surtout celles de

13.

M. le professeur Rostan, ne nous laissent à ce sujet aucune incertitude. « Voici une expérience, dit M. Rostan (1), que j'ai fréquemment répétée, mais qu'enfin j'ai dû interrompre, parce qu'elle fatiguait prodigieusement ma somnambule, qui me dit que, si je continuais, elle deviendrait folle. Cette expérience a été faite en présence de mon collègue et ami M. Ferrus, que je crois devoir nommer ici, parce que son témoignage ne peut qu'être du plus grand poids. Il prit ma montre, que je plaçai à trois ou quatre pouces derrière l'occiput; je demandai à la somnambule si elle voyait quelque chose.

— Certainement; je vois quelque chose qui brille; ça me fait mal.

« Sa physionomie exprimait la douleur : la nôtre devait exprimer l'étonnement. Nous nous regardâmes, et M. Ferrus, rompant le silence, me dit que puisqu'elle voyait quelque chose briller, elle dirait sans doute ce que c'était.

— Qu'est-ce que vous voyez briller?

— Ah! je ne sais pas, je ne puis pas vous le dire.

— Regardez bien.

— Attendez... ça me fatigue... Attendez... (et après un moment de grande attention) : C'est une montre.

« Nouveau sujet de surprise.

(1) Article MAGNÉTISME du *Dictionnaire de médecine* en 21 volumes. Paris, 1825.

— Mais si elle voit que c'est une montre, me dit encore M. Ferrus, elle verra sans doute l'heure qu'il est.

— Pourriez-vous me dire quelle heure il est ?

— Oh ! non ; c'est trop difficile.

— Faites attention, cherchez bien.

— Attendez... je vais tâcher... Je dirai peut-être bien l'heure, mais je ne pourrai jamais voir les minutes. Et après avoir cherché avec une grande attention :

— Il est huit heures moins dix minutes; ce qui était exact.

« M. Ferrus voulut répéter l'expérience lui-même, et la répéta avec le même succès. Il me fit tourner plusieurs fois l'aiguille de sa montre, nous la lui présentâmes sans l'avoir regardée : elle ne se trompa point. Une autre fois, je plaçai la montre sur le front ; elle accusa bien l'heure, mais nous dit les minutes au rebours; en plus ce qui était en moins, et réciproquement ; ce qu'on ne peut attribuer qu'à une moindre lucidité dans cette partie, ou à l'habitude où nous étions de placer le cadran derrière l'occiput. Quoi qu'il en soit, cette somnambule se défiait tellement de sa clairvoyance, qui était telle cependant que je n'en ai jamais vu de semblable, qu'il ne lui paraissait jamais possible de voir ce qu'on lui demandait. Il serait beaucoup trop long de rapporter tout ce qu'elle me dit de singulier; le fait que je viens de raconter suffit. Ainsi, voilà bien la faculté de voir transportée dans d'autres organes que ceux qui en sont chargés dans l'état normal. Ce fait, je l'ai vu et je l'ai fait voir. »

Ces expériences de M. Rostan sont en vérité de nature si simple, qu'il est impossible de supposer que cet habile observateur ait été lui-même dupe d'illusion ou de jonglerie. Lors donc qu'il en fit imprimer la relation en invoquant à l'appui de leur authenticité le témoignage de M. le docteur Ferrus, on n'avait absolument que ceci à lui dire : « Monsieur le docteur Rostan, vous nous en imposez. » Mais les gens sensés n'auraient pas manqué de se demander : « Pourquoi donc nous trompet-il? Quel intérêt peut-il avoir à nous débiter des absurdités qui ne lui vaudront que du ridicule? Si ce qu'il dit n'est pas vrai, il faut que cet homme soit fou. » Or, chacun sait ce qu'il en est là-dessus. Mais de la logique!.... les enfants d'Esculape ont bien le loisir d'en faire usage! Où ça les mènerait-il?....

De quelques autres particularités qu'on a remarquées ou cru remarquer pendant le somnambulisme.

On se rappelle comment, par l'intervention bien démontrée d'une autre faculté, celle de pénétrer la pensée d'autrui, nous avons prouvé que les malheureuses extatiques de Loudun pouvaient, sans connaître ni le grec, ni le latin, ni l'arabe, etc., répondre aux exorcistes qui les interrogeaient dans ces langues. Cependant la supérieure de la communauté répondit en latin, mais en estropiant les mots qu'elle prononçait, et en faisant, dit-on, de nombreux solécismes qui mirent *le diable* en butte à une nuée de quolibets. C'est qu'en effet *le diable*, sans compter les psaumes et les antiennes qu'il avait appris dans sa jeunesse, avait eu de fréquentes relations avec le directeur du couvent, lequel, dans ses loisirs, enseignait un peu de latin à ses chères ursulines; en un mot, la pauvre supérieure se rappelait et n'inventait pas. Mais on conçoit sans peine comment de telles particularités pouvaient donner le change à des observateurs crédules et superstitieux, que l'esprit d'imitation, joint à la peur de Satan auquel ils étaient convaincus d'avoir affaire, rendit plus d'une fois *possédés* à leur tour.

Au surplus, certains somnambules croient réellement exprimer leurs pensées en articulant une suite de sons étranges et plus ou moins euphoniques, mais sans aucun rapport avec leur langage naturel. D'abord ces cas sont infiniment rares; et, en second lieu, qu'on ne s'y trompe pas, les syllabes articulées par ces somnambules ne forment nullement les mots d'un idiome parlé. Il ne s'agit que d'une fantaisie bizarre ou d'une désassociation incomplète entre la pensée et les organes destinés à la rendre. — Que de choses dans le magnétisme cesseraient de nous paraître merveilleuses si nous parvenions à les comprendre!

Quant aux méprises auxquelles peut donner lieu l'exaltation de la mémoire, le hasard m'en a fourni un exemple frappant. J'avais magnétisé une jeune dame de la rue d'Enfer, qui, avant de s'endormir, s'occupait à chiffonner et à disposer de la dentelle pour l'usage qu'elle en voulait faire. Parmi les questions que je lui adressai dans son sommeil, je m'avisai de lui demander d'où elle tenait cette dentelle. — C'est un cadeau de ma belle-sœur, me répondit-elle : cadeau qui m'a fait double plaisir ; car (ajouta-t-elle en italien), *dolce in ogni tempo è il benefizio ; ma viè piu dolce quando è accompagnato dalla sorpresa.*

— Ah ! vous entendez l'italien, madame ?

— Oui, monsieur, repondit-elle en riant.

— Pas un mot, monsieur ! elle n'en entend pas un mot, s'écria tout hors de lui M.***, qui me parut presque *effrayé* de voir sa femme si savante.

— Mais, cependant, madame a étudié cette langue?

— Jamais ! au grand jamais !

Or, pendant que M.*** commençait à s'émerveiller du nouveau savoir de sa femme, qui lui souriait d'un air malin, je trouvais dans mes réminiscences l'explication de l'énigme. En effet, la phrase exotique dont notre spirituelle somnambule avait jugé à propos d'assaisonner sa réponse n'était une inspiration ni du ciel ni de l'enfer, mais simplement une citation empruntée à un petit ouvrage qui se trouve entre les mains de toutes les personnes qui commencent à étudier la langue du Tasse (1).

(1) *Novelle morali di Francesco Soave.* Lione, 1826, 2 volumes in-18.

Ce qu'il y eut de remarquable, c'est que madame ***, lorsqu'elle fut éveillée, ne se sentit plus capable de traduire cette phrase, qu'elle comprenait assurément dans son sommeil, puisqu'elle l'avait citée à propos. — Cependant, lorsque, le lendemain, cette dame fut de nouveau mise en somnambulisme, j'essayai de lui parler italien; mais elle ne me comprit nullement, bien qu'elle nous eût avoué la veille avoir étudié cette langue pendant plusieurs mois.

Il n'est pas rare de voir le somnambulisme revêtir les formes d'états morbides connus, mais étrangers aux habitudes ordinaires des sujets qui les présentent. Rien de plus commun, par exemple, que le sommeil magnétique se transformant en accès de catalepsie. Le nom seul de cette affection, prononcé devant l'infortunée demoiselle Clary D***, dont nous avons rapporté l'observation, suffisait pour lui en donner tous les symptômes. Ses membres cédaient alors à toutes les impulsions qu'on leur donnait, et restaient jusqu'à la fin de l'accès dans les positions les plus fatigantes qu'on eût pu leur faire prendre.

Ici se terminent les aperçus que nous avions l'intention de présenter à nos lecteurs sur le somnambulisme lucide. Cependant on nous saura gré de terminer ce chapitre, et je dirai presque d'en épuiser la matière, 1° par le récit d'un fait merveilleux qui réunit en quelque sorte toutes les facultés du somnambulisme; 2° par la reproduction d'une pièce authentique, l'une des plus importantes que possède actuellement l'histoire du magnétisme, et qui en résume avec une admirable concision les phénomènes les plus extraordinaires. Il s'agit d'une lettre écrite en 1842 à la sacrée pénitencerie sous la dictée de Monseigneur l'évêque de Lausanne. On verra d'ailleurs que les conditions dans lesquelles cette lettre a été conçue éloignent encore plus toute espèce de soupçon, que ne le font le nom, la position et même le caractère sacré de l'auteur.

1° *Extrait de* LA PANDORE, *n° du 1er juin* 1845.

Le 23 novembre 1844, ayant pris à Bordeaux la malle de Paris, je me trouvai avoir pour compagnon de voyage un homme de cinquante-cinq ans environ, de haute stature, aux allures froides, mais pleines de distinction. — Quelques mots prononcés d'un accent légèrement britannique me fixèrent suffisamment sur la patrie de mon voisin. — Entre Français on fait vite connaissance : il n'en est pas de même avec les fils d'Albion. A Angoulême, nous avions à peine échangé quelques paroles banales. — Heureusement qu'un pâté de foie gras consommé à Ruffec, en collaboration, établit entre nous un solide lien, et nous pûmes mutuellement nous appeler par notre nom. L'Anglais était le colonel Gurwood, gouverneur de la Tour de Londres. — Mon nom à moi ne fait rien à l'affaire.

Enfin, arrivés à Tours, l'intimité était complète et je risquai la plaisanterie.

— Vous autres, Français, vous riez de tout!

— Pardieu! colonel, comment tenir son sérieux quand vous posez des axiomes tels que celui-ci : « Le magnétisme est une doctrine positive, reposant sur des faits certains, avérés, dont la reproduction est constante dans toutes les conditions semblables. »

— Vous ne croyez donc pas au magnétisme, jeune homme ?...

— Entendons-nous, colonel ; je crois à la possibilité d'endormir un être quelconque à force de le fatiguer par des *passes* et des *contre-passes*, de même que je crois à la faculté de faire bâiller en bâillant ; mais je doute du magnétisme appliqué à la lecture par l'épigastre, aux jeux de cartes, à la divination des événements présents ou passés, et à tous les autres exercices du même genre pratiqués, dit-on, dans les séances des magnétiseurs. Mais vous, colonel, j'espère que vous ne donnez pas dans toutes ces billevesées ?

Comme je disais ces mots, le colonel Gurwood ouvrit son portefeuille, mit à part quelques lettres nécessaires à sa narration, et s'exprima en ces termes :

— Il y a deux ans, mon jeune ami, j'étais, à l'endroit du magnétisme, aussi sceptique que vous, lorsqu'un jour du mois d'octobre 1842, j'entrai au Palais-Royal, chez Sabatier, le fameux faiseur de portraits au daguerréotype. Il s'y trouvait un homme d'une quarantaine d'années, à la physionomie vive, à l'œil étincelant, vers lequel je me sentis porté par une de ces sympathies qui ne s'expliquent pas. — Il faut croire que le même phénomène se manifesta chez cet homme ; car il se montra pour moi plein de déférence, et, en ma qualité d'étranger, il me laissa prendre les devants, bien que sa venue chez Sabatier précédât la mienne.

La bonne éducation est un lien entre les hommes de tous les pays : aussi entrâmes-nous en conversation, et, une chose en amenant une autre, nous parlâmes magnétisme, et je me posai en sceptique absolu.

— Monsieur, me dit cet homme, il ne m'appartient pas de forcer vos convictions ; mais si vous voulez me faire l'honneur de me suivre chez moi, je m'engage à modifier singulièrement vos croyances ; car, moi, monsieur, je suis un adepte fervent du magnétisme, et, dans l'intérêt d'une cause que je crois belle et honorable, j'occupe mes loisirs à étudier les phénomènes magnétiques sur un jeune homme en qui le sommeil est d'une lucidité merveilleuse.

Mû par un sentiment de railleuse curiosité, j'acceptai la proposition de mon interlocuteur. Une voiture nous transporta rue Grange-Batelière.

Quelques instants après, mon hôte, par la seule fixité de son regard, endormait dans un fauteuil un jeune homme pâle, dont les mouvements nerveux causaient aux spectateurs une pénible sensation. Après une lutte de courte durée le *patient* s'endormit, et bientôt au sommeil naturel succéda cette disposition somnambulique qui permet de parler et d'agir.

Le magnétiseur était M. Marcillet, le magnétisé Alexis Didier.

Je passerai sous silence une partie d'écarté jouée contre moi et gagnée à cartes nommées par Alexis, à qui j'avais moi-même attaché sur les yeux un triple bandeau. Je ne m'étendrai pas non plus sur l'état tétanique des jambes du magnétisé devenues roides et insensibles sous l'influence du fluide. — J'ai hâte d'arriver à l'exposition des faits qui me sont personnels.

Après divers exercices, je m'assieds à côté d'Alexis, ma main dans sa main, et nous voilà causant :

— Mon ami, lui dis-je, je suis incrédule, mais je le suis de bonne foi, ainsi ne craignez pas de ma part une opposition systématique.

— Oh! je le sais bien! vous avez trop de bon sens pour nier l'évidence et trop de cœur pour ne pas aimer qui vous aime..... et je vous aime bien, moi, tout Anglais que vous êtes ; je vous aime parce que vous avez généreusement sauvé la vie à un Français!

Singulièrement ému à cette parole, je le prie de continuer.....

— Oui, reprend Alexis, il y a longtemps de cela! — Il y a, ajouta-t-il après une pause, il y a trente ans! L'affaire se passe là-bas, dans le midi, pendant l'hiver... le pays est sauvage... Voici la nuit, et vos troupes, munies d'échelles, se rendent sous les murs d'une place forte... Dieu! quel bruit! quelle mêlée!... — Pauvre homme, vous êtes blessé, dit Alexis en posant sa main sur ma tête, c'est là que porta le coup..... — Mais votre blessure ne vous arrête pas..... Je vous vois plus loin montant à l'assaut..... sur la brèche... des cris étouffés parviennent à vos oreilles : des soldats anglais entourent un Français qu'ils veulent tuer. — Vous accourez bravement, vous relevez avec votre bras les armes qui menacent sa tête, et vous commandez qu'on respecte ses jours... — Oh! allez! je vous aime bien! — L'officier vous suit à une tour carrée où plusieurs de ses camarades sont faits prisonniers. — Vous traversez la ville pour aller trouver votre général, à qui, sur votre ordre, le général français rend son épée...

— Et cette épée, qu'est-elle devenue ?

— Votre général vous en fit don... et vous l'avez encore à Londres, suspendue au mur de votre chambre.
— La lame seule date d'alors ; le fourreau a été changé en 1827.

— Et l'officier à qui je sauvai la vie existe-t-il encore ?

— Oui, il existe, et depuis longtemps vous faites d'inutiles recherches pour le retrouver. — Mais ayez bon espoir, revenez demain et nous le découvrirons !

Ému, troublé par ce que je venais d'entendre, je sortis de chez M. Marcillet la tête en feu, ne sachant plus que penser et que croire, car enfin Alexis avait dit vrai.

Oui, le 19 janvier 1812, au siége de *Ciudad-Rodrigo* en Espagne, je fus blessé à la tête et à l'endroit même indiqué par Alexis.

Oui, dans la même nuit, j'eus le bonheur de sauver la vie à un officier français.

Oui, je reçus de lord Wellington l'épée du général BARRIÉ, après l'assaut de la place.

Oui, le fourreau de cette épée a été changé vers l'époque fixée par Alexis.

Oui, je faisais des recherches pour retrouver l'officier français sauvé par mes soins, attendu que le général Napier (dans son *Histoire de la guerre de la Péninsule*) me refuse l'honneur d'avoir conduit l'assaut de *Ciudad-Rodrigo*, et désigne le major Machis comme ayant droit à l'épée qui m'a été donnée par lord Wellington. — Jugez donc de quelle importance il était pour moi de retrouver un témoin qui pût certifier la vérité de faits déjà vieux de trente ans! — Malheureusement, je n'avais plus sur cet officier la moindre notion qui m'aidât dans mes recherches.

Le lendemain, je revins près d'Alexis, que je pressai de questions touchant l'officier français.

— J'avoue, me répond le somnambule, que j'éprouve quelque embarras à le suivre dans toutes les phases de sa carrière militaire : il se trouve mêlé dans mon esprit à d'autres officiers qui assistaient comme lui au siége dont j'ai parlé... — Cherchons bien, cependant... Oui, je vois notre homme, environ huit ans plus tard, à Paris, rue... Saint-Antoine, pendant la nuit... — Voilà qu'on lui remet un avis très-pressé, et, avec la compagnie qu'il commande comme capitaine, il se rend rue Richelieu, près la Bibliothèque royale, où je vois la foule ameutée... Ah ! c'est qu'il vient de se passer un événement sinistre...

— Que s'est-il donc passé ?

— Un crime, un assassinat commis sur un illustre personnage...

— Voyons, Alexis, suivez le capitaine jusqu'à nos jours, et dites-moi où je le dois chercher...

— C'est en vain que je le poursuis... ma vue ne peut l'atteindre.... mais écoutez : adressez-vous au colonel du 42ᵉ de ligne, en garnison à Valenciennes.... Pourtant, vous pouvez ne pas vous presser ; car, si vous lui écriviez aujourd'hui, il ne recevrait pas immédiatement votre lettre : il est à Maubeuge.

Curieux de vérifier ces faits, je consulte l'*Annuaire*, et j'adresse ma lettre à M. Husson, colonel du 42ᵉ de ligne, en garnison à Valenciennes.

Cinq jours après, je reçois du colonel Husson une réponse dans laquelle il s'excuse de son *retard, occasionné par une tournée d'inspection.* — Ce n'est pas lui qui se trouvait au siége de *Ciudad-Rodrigo*, mais son frère, dont il indique l'adresse à Paris.

J'écrivis donc immédiatement à ce frère, et voici le résumé de sa réponse.

Après avoir constaté sa présence à *Ciudad-Rodrigo*, M. Husson continue ainsi : « Il me fut rapporté et j'ai ouï dire par plusieurs officiers anglais, pendant mon séjour au quartier général, qu'un officier de la compagnie des voltigeurs chargé de la défense de la petite brèche fut assailli et près d'être accablé par des soldats ; alors il fit le cri de *détresse maçonnique*, un officier le sauva et eut pour lui des attentions suivies ; il le recommanda à ses camarades sur la route que la garnison suivit, je crois même, jusqu'à Lisbonne. — C'est sans doute vous, colonel, qui, au milieu d'une action vive, avez sauvé la vie à cet officier, dont je n'ai jamais su le nom.

« Paris, 17 janvier 1843.

« Signé Husson, colonel d'artillerie en retraite. »

Le même jour, je communiquai cette lettre à Alexis.

— Courage ! me dit-il, nous sommes sur la bonne voie. A votre retour à Londres, consultez les documents relatifs aux mois de janvier et février 1812, et je réponds du succès.

Un mois plus tard, j'étais dans la Tour, à Londres, furetant dans les papiers de lord Wellington tous les dossiers relatifs aux affaires d'Espagne de ladite époque...; tout à coup mes yeux se portent sur un endossement ainsi conçu :

Bonfilh, 34ᵉ léger.

Ce nom me frappe comme un trait de lumière, et, me sentant saisi d'une conviction inexplicable, j'ouvre la lettre en m'écriant : Plus de doute, c'est lui !

Par cette lettre, signée Bonfilh, un officier français faisait à lord Wellington la demande d'envoyer ses lettres aux avant-postes...

Il n'y avait là rien qui servît à me fixer; néanmoins, poussé par une voix intérieure, j'écris au colonel d'Artois, secrétaire au comité des fortifications à Paris, en le priant de faire des recherches dans les bureaux de la guerre.

Le colonel d'Artois me répond qu'il n'existe personne du nom de Bonfilh dans les cadres de l'armée; mais il m'envoie un certificat constatant que le commandant Bonfilh, qui a servi dans le 34e léger, reçoit sa retraite à Villeneuve-d'Agen, et demeure à Villaréal (Lot-et-Garonne).

Le 23 avril 1844, j'adresse au commandant Bonfilh une lettre dans laquelle je lui fais part de mes recherches et de mes espérances, et, le 7 mai 1844, je reçois la réponse suivante :

« Villaréal (Lot-et-Garonne), 1er mai 1844.

« Monsieur le colonel Gurwood,

« J'ai reçu de vous une lettre datée du 23 avril, dans laquelle j'ai lu avec le plus vif intérêt les détails sur la prise de *Ciudad-Rodrigo*.

« D'après les citations que vous me faites, monsieur le colonel, il n'y a plus de doute, je suis l'officier français à qui vous avez si noblement sauvé la vie, et que depuis si longtemps vous cherchez...

« Je me rappelle que lorsque vous arrivâtes à mon secours, j'étais couché par terre, entouré de six ou huit soldats anglais dont les uns me tenaient la baïonnette sur le corps, tandis que les autres m'arrachaient les habits ou me prenaient l'argent que j'avais sur moi. Vous accourûtes, monsieur le colonel, et faisant retirer ces soldats, vous me prîtes sous votre protection. Nous nous rendîmes à la Tour carrée, près de la porte d'Almeida, où M. le général Barrié se rendit à vous en vous disant : Respectez mes soldats ! — Ce général vous offrit même sa montre, mais vous lui répondîtes : Conservez votre montre, général : l'honneur m'a conduit ici, et non le pillage. — Il voulut aussi vous remettre son épée, et vous la refusâtes en disant : Il faut me suivre : vous la remettrez à M. le général duc de Wellington.

« J'ajouterai, monsieur le colonel, que, lorsqu'on nous conduisait prisonniers, en nous dirigeant vers le Portugal, vous me fîtes entrer dans une maison d'un petit village, *El Codon*, où l'on me donna une tasse de rhum et un pain de munition pour la route. Enfin, vous eûtes la bonté de m'accompagner jusqu'à la colonne des prisonniers, qui était en avant, et sans vous, monsieur le colonel, les Espagnols m'auraient infailliblement égorgé avant que j'eusse pu rejoindre mes camarades d'infortune.

« Je me suis souvent reproché, monsieur le colonel,

de n'avoir pas eu soin de demander le nom de mon bienfaiteur ; sans cela, croyez-le bien, j'aurais pris l'avance pour vous écrire et vous témoigner ma vive et éternelle reconnaissance. Enfin, je fais des vœux pour votre bonheur, et vous prie de me sacrifier un moment de vos loisirs pour m'écrire.

« Celui qui vous doit la vie,

« Signé Ronfilh, chef de bataillon en retraite, officier de la Légion d'honneur. »

— Enfin! je recevais le prix de mes démarches! La lettre de ce brave commandant me rendit si heureux que je me promis bien de l'aller voir à mon premier voyage en France, et vous me voyez, mon jeune ami, revenant de Villaréal, où j'ai passé quelques jours que je compte au nombre de mes plus fortunés. — Que n'étiez-vous présent à notre mutuelle reconnaissance! vous auriez pris une vive part à la joie de toute cette famille, dont j'emporte les bénédictions! — Avec quels charmes de souvenir M. Bonfilh m'a entretenu des événements de sa vie, entièrement conformes, du reste, à la narration d'Alexis... — C'est ainsi, par exemple, que, le 13 février 1820, M. Bonfilh, capitaine au 47ᵉ de ligne, en garnison à Paris, faisait, le soir, un service de ronde dans la rue Saint-Antoine, lorsqu'on vint lui apprendre l'assassinat du duc de Berri. Aussitôt il se rendit avec

sa troupe dans la rue Richelieu, et alla passer la nuit au poste de la Bibliothèque royale. . . . .
. . . .

— Colonel, je reste confondu... — Le magnétisme joue un si grand rôle dans le récit que je viens d'entendre, que vous m'avez presque converti : aussi à mon arrivée à Paris, ma première visite sera-t-elle réservée à M. Marcillet.

. . . .

Mon aimable compagnon s'arrêta à Orléans, où il devait séjourner, et j'arrivai seul à Paris, vers sept heures du matin.

A deux heures de l'après-midi, le même jour, je frappai chez M. Marcillet, où, par un hasard heureux, Alexis endormi donnait une séance...

Le maître du logis me fit un accueil plein de bienveillance et consentit à me mettre en rapport avec le somnambule.

Alors, m'adressant à Alexis :

— Mon cher monsieur, lui dis-je, pourriez-vous deviner qui je suis?...

Voici ses premières paroles :

— Vous êtes un ami du colonel Gurwood !

. . . .

I. S. DE GOSSE.

2° *Lettre de monseigneur l'évêque de Lausanne à la sacrée pénitencerie.*

« Éminentissime seigneur.

« Vu l'insuffisance des réponses données jusqu'à ce jour sur le *magnétisme animal*, et comme il est grandement à désirer que l'on puisse décider plus sûrement et plus uniformément les cas qui se présentent assez souvent, le soussigné expose ce qui suit à Votre Éminence :

« Une personne magnétisée, laquelle est ordinairement du sexe féminin, entre dans un tel état de sommeil ou d'assoupissement, appelé *somnambulisme magnétique*, que ni le plus grand bruit fait à ses oreilles, ni la violence du fer ou du feu ne sauraient l'en tirer. Le magnétiseur, seul après avoir obtenu son consentement (car son consentement est nécessaire), la fait tomber dans cette espèce d'extase, soit par des attouchements et des gesticulations en divers sens s'il est auprès d'elle, soit par un simple commandement intérieur, s'il en est éloigné, même de plusieurs lieues.

« Alors, interrogée de vive voix ou mentalement sur sa maladie et sur celles des personnes absentes qui lui sont absolument inconnues, cette magnétisée, notoirement ignorante, se trouve à l'instant douée d'une science bien supérieure à celle des médecins : elle donne des descriptions anatomiques d'une parfaite exactitude; elle indique la cause, le siége, la nature des maladies internes du corps humain, les plus difficiles à connaître et à caractériser; elle en détaille les progrès, les variations et les complications, le tout dans les termes propres; souvent elle en prédit la durée précise, et en prescrit les remèdes les plus simples et les plus efficaces.

« Si la personne pour laquelle on consulte la magnétisée est présente, le magnétiseur la met en rapport avec celle-ci par le contact. Est-elle absente, une boucle de ses cheveux est seulement approchée contre la main de la magnétisée : celle-ci dit ce que c'est sans y regarder, de qui sont ces cheveux, où est actuellement la personne de qui ils viennent, ce qu'elle fait; et sur sa maladie, elle donne tous les renseignements énoncés ci-dessus, et cela avec autant d'exactitude que si elle faisait l'autopsie du corps.

« Enfin la magnétisée ne voit pas par les yeux (1). On peut les lui bander, et elle lira quoi que ce soit, même sans savoir lire (2), un livre ou un manuscrit qu'on aura placé ouvert ou fermé, soit sur sa tête, soit sur son ventre. C'est aussi de cette région que semblent sortir ses paroles. Tirée de cet état par un commandement, même intérieur, du magnétiseur, soit comme

---

(1) Assertion vraie en général, mais dans certains cas démentie par les faits, ainsi que nous l'avons démontré.

(2) Je n'ai pas vu ce fait, ce qui est loin de prouver son inexactitude.

spontanément à l'instant annoncé par elle, elle paraît ignorer complétement tout ce qui lui est arrivé pendant l'accès, quelque long qu'il ait été : ce qu'on lui a demandé, ce qu'elle a répondu, ce qu'elle a souffert, rien de tout cela n'a laissé aucune idée dans son intelligence, ni dans sa mémoire la moindre trace.

« C'est pourquoi l'exposant, voyant de si fortes raisons de douter que de tels effets, produits par une cause occasionnelle manifestement si peu proportionnée, soient purement naturels, supplie très-instamment Votre Éminence de vouloir bien, dans sa sagesse, décider, pour la plus grande gloire de Dieu et pour le plus grand avantage des âmes si chèrement rachetées par notre Seigneur Jésus-Christ, si, supposé la vérité des faits énoncés, un confesseur ou un curé peut, sans danger, permettre à ses pénitents ou à ses paroissiens :

« 1° D'exercer le magnétisme animal ainsi caractérisé, comme étant un art auxiliaire et supplémentaire de la médecine ;

« 2° De consentir à être plongés dans cet état de somnambulisme magnétique ;

« 3° De consulter, soit pour eux-mêmes, soit pour d'autres, les personnes ainsi magnétisées ;

« 4° De faire l'une de ces trois choses, avec la précaution préalable de renoncer formellement dans leur cœur à tout pacte diabolique, explicite ou implicite, et même à toute intervention satanique, vu que, nonobstant cela, quelques personnes ont obtenu du magnétisme, ou les mêmes effets, ou du moins quelques-uns.

« Éminentissime seigneur,

« De votre Éminence,

« Par ordre du révérendissime évêque de Lausanne et Genève

« Le très-humble et très-obéissant serviteur,

« Jac.-Xavier FONTANA,

« *Chancelier de la chancellerie épiscopale.*

« Fribourg, en Suisse, palais épicopal, le 19 mai 1841. »

Du réveil.

Si les somnambules s'endormaient instantanément (1), si de plus leur réveil ne s'accompagnait d'aucune sensation spéciale et caractéristique, le temps du somnambulisme ne serait point pour eux une interruption dans leur vie réelle, mais bien une véritable soustraction de quelques heures dont ils n'auraient pas la conscience; c'est ainsi que les choses se passent dans la catalepsie. — J'étais bien jeune encore lorsque je fis cette réflexion pour la première fois; voici quelle circonstance me l'avait suggérée :

A l'époque où je commençais mes études au collége de Poligny, un de nos condisciples, nommé Achille***, était sujet à des accès de catalepsie assez fréquents,

(1) Cela a lieu quelquefois.

mais dont la durée ne dépassait jamais quelques minutes. Cependant c'en était assez pour mettre souvent ce pauvre jeune homme en butte aux risées de ses camarades (cet âge est sans pitié, dit La Fontaine), et personne d'entre nous ne pouvait s'habituer à le voir sans rire, soit à la récréation, soit au réfectoire, soit ailleurs, s'arrêter subitement dans le geste qu'il avait commencé, et demeurer comme une statue dans l'attitude où le hasard l'avait mis. Or, un beau jour (et c'est peut-être cette circonstance qui me fit si bien méditer sur la catalepsie), mal nous prit de notre hilarité ; car notre camarade nous affligea de toute une matinée d'*étude* par le scandale qu'il fit innocemment à la messe. Je m'en souviens encore : c'était un jeudi ; Achille remplissait à son tour les fonctions de sacristain à la chapelle, tandis que notre aumônier, qui devait ce jour-là, disait-on, déjeuner en ville, nous dépêchait l'office divin de toute la vitesse possible. Je croirais même volontiers aujourd'hui que notre bon abbé, qui était gourmand, mêlait involontairement à la lecture des saints canons la gracieuse image d'un banquet, car il nous avait littéralement escamoté le *Gloria*, l'*Évangile* et le *Credo*, quand pour notre malheur à tous arriva l'*offertoire*. Oh ! sur ma parole, je vois encore avec quelle prestesse notre honnête aumônier tend son calice aux burettes du sacristain ; je vois encore celui-ci, pour approcher plus vite, se heurter dans les marches de l'autel. Enfin il va verser le saint mélange... Mais non, rien ne coule, car son accès l'a pris, le vin dans la main droite et l'eau dans la main gauche, le voilà qui ne bouge non plus que le saint Nicolas et le saint Christophe qui remplissent les niches du chœur. L'abbé s'impatiente : « Versez donc, » dit-il à haute voix.—Rien, pas un mouvement. — « Versez donc ! versez donc ! » répète-t-il en trépignant. Bah ! le pauvre homme parle au mur, car notre camarade est pétrifié. Qu'on juge s'il y avait de quoi rire ; aussi... — Une minute après, le malencontreux sacristain avait repris ses fonctions, et tout s'apaisa ; mais comme le mal était fait, nous n'en fûmes pas moins punis. — Cependant un seul d'entre nous ignora ce qui s'était passé et ne voulut jamais y croire ; on le devine, ce fut justement l'auteur du délit.

Une des observations de Petetin, relativement à l'*oubli* des cataleptiques, est plus frappante encore ; nous n'en donnerons qu'un fragment :

Madame *** demanda « *si on ne lui mettait pas une boule d'étain remplie d'eau chaude sous les pieds ; qu'elle éprouvait...* » Le mouvement convulsif du bras, précurseur de l'accès de catalepsie, se manifesta comme l'éclair ; elle ne put achever sa phrase et devint immobile comme une statue. Petetin lui demanda comment elle se trouvait :

— *Assez bien*, répondit-elle.

— Et la tête ?

— *Toujours embarrassée.*

— Voyez-vous encore votre intérieur ?

— *Si parfaitement, que je vous avertis qu'il ne*

faudra pas me baigner ni demain ni de quelques jours.

— Je vous entends ; mais qu'est-ce qui vous assure que l'obstacle arrivera demain ?

— *Mes yeux et une prévoyance qui ne saurait me tromper*, etc., etc.

Ce dialogue dure plus d'une heure, pendant laquelle Petetin fait plusieurs des expériences que nous avons racontées ; après quoi l'accès de catalepsie étant fini, madame *** ouvre les yeux sans le moindre étonnement et dit à haute voix : « ..... *un grand froid par tout le corps ; cette boule ne saurait avoir les inconvénients du charbon allumé*, » terminaison de la phrase qu'elle avait commencée à l'invasion de l'accès.

Mais, ainsi que l'invasion du sommeil magnétique n'a pas toujours l'instantanéité de l'accès de catalepsie, le réveil des somnambules ne survient presque jamais d'une manière brusque et inopinée. A l'instant où il s'approche, les belles facultés du somnambulisme s'évanouissent, se troublent et se dissipent, en même temps qu'il se développe progressivement un certain état d'angoisse qui rappelle traits pour traits, mais dans un ordre inverse, les signes précurseurs du sommeil. Ainsi c'est de l'oppression, ce sont des bâillements, des soupirs, des soubresauts dans les membres, etc. Puis tout d'un coup, les paupières s'entr'ouvrent, et le sujet est éveillé. Rien de plus remarquable que son étonnement, surtout lors des premières expériences. — Où suis-je ? D'où viens-je ? Que s'est-il passé ? Que me faites-vous ? voilà ses questions. S'il aperçoit quelque étranger survenu pendant la séance et avec lequel il vient à l'instant même de s'entretenir : — Ah ! dit-il, comment se fait-il donc ? Voilà monsieur un tel ! Comment se trouve-t-il ici ? etc., etc.

Cependant la réflexion lui revient avec son état normal. Il se rappelle qu'on l'a magnétisé ; il se rappelle même ce qu'il a éprouvé pendant les passes ; mais a-t-il dormi ? c'est ce qu'il ignore. — Or, on lui assure que non-seulement il a dormi, mais encore qu'il a parlé, qu'il a dit telle chose, etc.; le doute, sinon l'incrédulité se peint sur sa figure. — J'ai connu un somnambule qui refusait de croire au magnétisme. Scepticisme au surplus dont il eût été facile de triompher, puisqu'il aurait suffi pour cela de *vouloir* que ce somnambule gardât à son réveil le souvenir des événements de *son autre vie*. Ceci mérite explication :

L'oubli au réveil est le trait caractéristique du sommeil magnétique ; mais il dépend quelquefois du magnétiseur que cette circonstance capitale n'existe pas, et que le somnambule se rappelle exactement en s'éveillant tout ce qu'il a fait, tout ce qu'il a dit, tout ce qu'il a vu pendant son sommeil. Que le magnétiseur *veuille* énergiquement qu'il soit ainsi, et qu'il exprime tout haut cette volonté, afin qu'elle passe dans l'esprit du magnétisé, voilà tout le secret. J'avoue que j'ignorais cette particularité, qui se trouve pourtant mentionnée dans la plupart des ouvrages de magnétisme, lorsqu'une circonstance assez singulière me la découvrit : ce fut un somnambule qui m'en donna l'idée. Une dame, pendant son sommeil, m'avait demandé certaine explication délicate sur des affaires qui concernaient sa famille. La confidence qu'elle exigeait de moi était si embarrassante de sa nature, que j'aurais bien encore osé la lui faire tandis qu'elle dormait, mais que pour rien au monde je n'aurais voulu la risquer pendant son état de veille. Le jour dont je parle, je cédai d'autant plus à ses instances qu'il n'y avait pas moyen de m'y soustraire ; je dis donc avec réserve du mieux que je pus tout ce qu'on désirait savoir, et quand j'eus fini, j'étais si content de moi que je m'écriai :

— Ma foi, madame, je voudrais bien que vous pussiez vous rappeler tout cela.

— Qu'à cela ne tienne, monsieur, répliqua-t-elle ; vous le désirez trop vivement pour que le souvenir ne m'en reste pas.

Je n'eus pas plutôt éveillé ma somnambule, que je lui dis : — Eh bien ! madame, vous rappelez-vous quelque chose aujourd'ui ?

— Je me rappelle tout, monsieur, me répondit-elle ; — et c'était vrai, car elle rougit.

Depuis cette circonstance, qui fit époque dans mes études magnétiques, j'ai bien des fois répété la même expérience, et toujours avec le même succès. Seulement je dois faire ici une remarque importante ; c'est que si par hasard un somnambule a commis quelque indiscrétion, ou bien a prédit quelque événement fâcheux pour lui ou les siens, la charité, dans l'un et l'autre cas, défend au magnétiseur de lui *ordonner* de s'en souvenir. Il m'a semblé aussi que ces sortes de réminiscences, qui nécessairement confondent les événements de la veille avec ceux du sommeil, portaient préjudice à la lucidité. Il faut donc de la réserve sur ce point, et ne prescrire aux somnambules de se rappeler ce qu'ils ont dit que dans le cas où ils se sont ordonné à eux-mêmes l'usage de quelques agents thérapeutiques qu'on risquerait d'oublier, ou auxquels ils refuseraient de se soumettre sans la conviction qu'ils trouvent en leur propre conscience du bien qui doit en résulter pour eux.

Ce que d'ailleurs il nous importe d'ajouter, c'est qu'on a plusieurs fois réussi à utiliser ce phénomène comme moyen d'enseignement. M. Mialle en cite quelques exemples dans son *Exposé des cures*, etc., et j'ai moi-même publié, dans mes *Transactions*, l'observation d'un jeune peintre de Hambourg, nommé Pradhier, dont je corrigeai ainsi la prononciation *tudesque*. « Ce jeune homme, qui s'abandonna à mes soins pour une névralgie chronique de la face, s'endormit dès la seconde séance, et devint, les jours suivants, d'une lucidité assez rare. Mais ce que je trouvai surtout de remarquable en lui fut l'horreur et les sensations douloureuses que lui causait le contact des métaux quels qu'ils fussent; car leur simple approche suffisait pour lui donner des convulsions. Au reste, comme M. Pradhier est, aussi bien endormi qu'éveillé, un garçon de beaucoup d'esprit, j'avais plaisir à converser avec lui pendant l'heure de nos séances : seulement son malheureux accent germanique me fatiguait par moment jusqu'à m'impatienter, et diminuait singulièrement le charme que je prenais à ses récits. Aussi, un jour qu'il venait de me défiler une série de mots dans lesquels se trouvaient assemblées, comme par un fait exprès, les consonnes qu'il estropiait le plus désagréablement, m'écriai-je, n'y tenant plus : De grâce, M. Pradhier, parlez donc le français comme on le parle à Paris !... — Mon somnambule s'arrêta tout court, parut absorbé une minute ou deux, puis, sur mon invitation, reprit le fil de son histoire, mais avec une pureté d'accent qui me laissa confondu. — Je lui demandai alors s'il ne serait pas possible de lui conserver à son réveil les heureux fruits de l'étrange leçon de grammaire que, sans y avoir songé, je venais de lui donner. — Rien de plus simple, me répondit-il, vous n'avez qu'à le vouloir. — Eh bien ! alors, je le veux. — Soit... Et M. Pradhier éveillé articule le français comme un enfant de Paris. — Cependant, le lendemain matin, quelques hambourgeoises velléités défigurent de nouveau son langage, mais il retrouve l'accent français en s'endormant. Le surlendemain, le progrès est très-marqué, et la semaine d'après on peut entendre parler M. Pradhier pendant des heures entières sans soupçonner son origine. Ce qu'il y a d'étrange, c'est que ce jeune homme est le seul à ne point apercevoir le changement survenu dans sa façon de parler. » J'ai récemment publié (1) plusieurs faits du même genre. On comprendra aisément tout le parti qu'on peut tirer des inductions qu'ils fournissent. Le magnétisme devient ainsi un puissant moyen d'éducation intellectuelle et surtout morale.

La nature et l'intensité du malaise qui accompagne le réveil sont naturellement subordonnées aux conditions dans lesquelles l'expérience est faite : la manière d'agir du magnétiseur est presque tout en pareille circonstance, et nous verrons plus loin ce qu'elle doit être ; mais, en général, dès qu'il y a conflit entre la volonté du magnétiseur et celle du magnétisé, il en résulte un trouble pénible pour le dernier. Aussi faut-il bien se garder de contrarier les somnambules. S'ils parlent, qu'on les écoute et qu'on les laisse parler; si, au contraire, ils ne veulent pas répondre aux questions qu'on leur adresse, qu'on ne les importune point par une trop longue insistance. Si enfin il s'agit de quelque expérience délicate, c'est alors surtout qu'il faut apporter un soin extrême à ménager leur susceptibilité, et une patience sans bornes à attendre leur fantaisie. Nous avons déjà dit, en effet, que ces prétendus caprices auxquels tous les somnambules sont sujets ne sont le plus souvent que de petites défaites au moyen desquelles ils dissimulent leur impuissance du moment relativement aux choses qu'on exige d'eux ; une sorte de refuge, en un

(1) *Magnétisme animal expliqué*, 10ᵉ leçon.

mot, qu'ils ménagent à leur vanité. On voit donc que, si l'on ne veut pas froisser inutilement leur amour-propre, il faut ne pas avoir l'air de s'apercevoir de ces innocentes supercheries, et se contenter de désirer mentalement les choses qu'ils peuvent désirer eux-mêmes. Savoir attendre avec calme, voilà le secret des belles expériences.

Les accidents apparents auxquels le réveil peut donner lieu, et dont s'inquiètent assez volontiers les personnes qui commencent à magnétiser, n'ont jamais de gravité réelle. Dans aucun cas je ne les ai vus persister plus d'un jour, et encore cela n'arrive-t-il pas chez des sujets habitués au magnétisme. Une céphalalgie légère, un certain picotement des paupières, voilà surtout ce qu'éprouvent les somnambules éveillés avec les précautions nécessaires; mais il n'en est plus de même lorsqu'on met en œuvre des moyens violents pour les tirer de leur sommeil; l'agitation nerveuse peut alors aller jusqu'aux spasmes, et l'hébétude jusqu'à l'idiotisme. Nous indiquerons en temps et lieu toutes les précautions à prendre en pareils cas (1).

(1) Voyez *Procédés à suivre pour éveiller les somnambules.*

CHAPITRE VI.

Des différentes manières de magnétiser.

« 1° L'homme a la faculté d'exercer sur ses semblables une influence salutaire en dirigeant sur eux, par sa volonté, le principe qui nous anime et nous fait vivre.

« 2° On donne à cette faculté le nom de magnétisme : elle est une extension du pouvoir qu'ont tous les êtres vivants d'agir sur ceux de leurs propres organes qui sont soumis à la volonté.

« 3° Nous ne nous apercevons de cette faculté que par les résultats, et nous n'en faisons usage qu'autant que nous le voulons.

« 4° Donc la première condition pour magnétiser, c'est de vouloir. »

Tout l'art du magnétiseur est dans cette dernière proposition. Mais la volonté n'est pour ainsi dire que la résultante de nos autres facultés morales. L'homme veut le bien ou le mal, suivant qu'il est bon ou méchant. Or, le magnétisme est à ce prix une école de charité car magnétiser est avant tout vouloir le bien de son semblable ; et c'est surtout ici qu'il est vrai de dire que vouloir c'est pouvoir : l'expérience l'a prouvé souvent.

Aussi, bien des siècles avant que Mesmer n'eût fait un art de cet adage, la bienveillance et l'affection l'avaient-elles mis en pratique. Une mère magnétise son enfant lorsqu'elle le presse tendrement sur son sein. Le serrement de mains ou le baiser d'un ami sont également des actes magnétiques. Les coutumes auxquelles ils se rattachent remontent chez tous les peuples à des époques immémoriales, et il est très-remarquable que, même chez les peuplades sauvages, certains contacts de visage ou de mains soient constamment restés les expressions des sentiments affectueux. N'en faut-il pas conclure que dès le principe une sorte d'instinct fit comprendre ou sentir aux hommes ce qu'il y avait de bon, d'agréable et qui plus est de salutaire dans ces témoignages physiques de l'amitié ou de la charité? Mais comment se fait-il que tant d'années se soient écoulées sans que personne ne se soit avisé de rechercher scientifiquement la cause de ces pratiques universelles dont le magnétisme seul nous donne la raison?...

Ainsi qu'on le verra plus loin, une multitude de faits s'accordent pour prouver qu'il existe dans l'homme, et vraisemblablement dans tous les êtres organisés, un agent subtil, cause ou produit de la vie (1) (je ne sais lequel des deux), mais transmissible d'un individu à un autre, et établissant par cette transmission une sorte

---

(1) Voyez *Magnétisme animal expliqué*, 11e leçon, p. 251.

d'association intime entre les agrégations vivantes qui en subissent les effets. Voilà en résumé toute la théorie du *fluide* auquel les magnétiseurs font jouer un si grand rôle. Au surplus, cette théorie, comme toutes celles du même genre, n'est qu'une hypothèse assez rationnelle, dont on se sert pour expliquer des phénomènes dont il ne serait peut-être pas impossible de se rendre compte autrement. Il n'entre donc nullement dans notre pensée d'en exagérer la valeur; mais enfin, faute de données plus certaines, nous demandons à nos lecteurs la permission de nous en servir comme base des préceptes que nous allons établir; préceptes que l'expérience des faits suffit d'ailleurs pour rendre légitimes.

Ainsi le fluide magnétique est mû par la volonté; mais, puisque ce sont nos organes qui lui servent de conducteurs, on conçoit que certains procédés favorisent plus que d'autres son émission et doivent leur être préférés. Les procédés dont nous parlons varient d'ailleurs à l'infini, puisque chaque magnétiseur a pour ainsi dire le sien. Nous allons néanmoins passer en revue la plupart de ceux qui sont en usage, nous réservant, à l'examen de chacun d'eux, d'en signaler les avantages ou les inconvénients.

Méthode ordinaire d'après Deleuze (1).

« Une fois que vous serez d'accord et bien convenus

(1) *Instruction pratique*, p. 22.

de traiter gravement la chose, éloignez du malade toutes les personnes qui pourraient vous gêner ; ne gardez auprès de vous que les témoins nécessaires (un seul, s'il se peut), et demandez-leur de ne s'occuper nullement des procédés que vous employez et des effets qui en sont la suite, mais de s'unir d'intention avec vous pour faire du bien au malade. Arrangez-vous de manière à n'avoir ni trop chaud ni trop froid, à ce que rien ne gêne la liberté de vos mouvements, et prenez des précautions pour ne pas être interrompu pendant la séance.

« Faites ensuite asseoir votre malade (1) le plus commodément possible, et placez-vous vis-à-vis de lui, sur un siége un peu plus élevé, et de manière que ses genoux soient entre les vôtres et que vos pieds soient à côté des siens. Demandez-lui d'abord de s'abandonner, de ne penser à rien, de ne pas se distraire pour examiner les effets qu'il éprouvera, d'écarter toute crainte, de se livrer à l'espérance, et de ne pas s'inquiéter ou se décourager si l'action du magnétisme produit chez lui des douleurs momentanées.

« Après vous être recueilli, prenez ses pouces entre vos deux doigts, de manière que l'intérieur de vos pouces touche l'intérieur des siens, et fixez vos yeux sur lui. Vous resterez de deux à cinq minutes dans cette situation, ou jusqu'à ce que vous sentiez qu'il s'est établi une chaleur égale entre ses pouces et les vôtres ; cela

---

(1) Deleuze ne magnétisait que les malades, et il avait raison.

fait, vous retirez vos mains en les écartant à droite et à gauche, et les tournant de manière que la surface intérieure soit en dehors, et vous les élèverez jusqu'à la hauteur de la tête ; alors vous les poserez sur les deux épaules, vous les y laisserez environ une minute, et vous les ramènerez le long des bras jusqu'à l'extrémité des doigts, en touchant légèrement. Vous recommencerez cette passe cinq ou six fois, en détournant vos mains et les éloignant un peu du corps pour remonter. Vous placerez ensuite vos mains au-dessus de la tête, vous les y tiendrez un moment, et vous les descendrez en passant devant le visage à la distance d'un ou deux pouces jusqu'au creux de l'estomac ; là, vous vous arrêterez environ deux minutes en posant les pouces sur le creux de l'estomac, et les autres doigts au-dessous des côtes. Puis vous descendrez lentement le long du corps jusqu'aux genoux, ou mieux, et si vous le pouvez sans vous déranger, jusqu'au bout des pieds. Vous répéterez les mêmes procédés pendant la plus grande partie de la séance. Vous vous rapprocherez aussi quelquefois du malade de manière à poser vos mains derrière ses épaules pour descendre lentement le long de l'épine du dos, et de là sur les hanches, et le long des cuisses jusqu'aux genoux ou jusqu'aux pieds. Après les premières passes, vous pouvez vous dispenser de poser les mains sur la tête, et faire les passes suivantes sur les bras en commençant aux épaules, et sur le corps en commençant à l'estomac. »

La méthode dont on vient de lire la description est, en général, celle qu'il faut suivre lorsqu'on commence à magnétiser. Cependant je crois pouvoir faire observer que le contact absolu des mains sur la tête et l'épigastre n'est point indispensable; ce contact, au contraire, est un sujet de distraction et n'ajoute rien à l'efficacité du procédé. J'ai cru remarquer également que les passes que l'on pratiquait le long du rachis n'avaient pas une action bien marquée, et pour mon compte, j'ai depuis longtemps cessé d'en faire usage. — Enfin, règle générale, toute espèce de contact direct me paraît superflu; et dans l'intérêt même de leur pratique, comme dans l'intérêt des convenances, j'engage les magnétiseurs à s'en abstenir.

Le plus ordinairement je me tiens debout devant la personne que je veux magnétiser, et même à une certaine distance d'elle; après les quelques minutes de recueillement qui doivent précéder toute expérience, j'élève mes mains à la hauteur de son front, et je dirige lentement mes passes de haut en bas, au-devant du visage, de la poitrine et du ventre : seulement, à chaque fois que je relève ma main, j'ai le soin de laisser tomber mes doigts, de telle façon que leur face dorsale regarde le malade pendant le mouvement d'ascension, et leur face palmaire pendant les passes. — Ce procédé est simple, trop simple peut-être : aussi ne conseillerai-je de l'employer que sur des sujets accoutumés déjà au magnétisme. La méthode de Deleuze, avec les légères modifications que j'ai indiquées, est de beaucoup à préférer pour les premiers essais. Mais, en définitive, tous les procédés réussissent lorsqu'ils inspirent de la confiance à ceux qui les emploient.

Magnétisation par la tête.

C'est un des procédés les plus prompts et les plus énergiques, mais qu'il ne faut employer que dans le cas où il importe de provoquer rapidement le sommeil; voici en quoi il consiste : Vous vous asseyez en face de la personne que vous voulez magnétiser ; vous faites d'abord quelques longues passes, de haut en bas, dans la direction des bras, au-devant du visage et suivant l'axe du corps ; après quoi vous étendez vos deux mains à quelques pouces du front et des régions pariétales, et demeurez ainsi pendant quelques minutes. Tout le temps que dure l'opération vous variez peu la position de vos mains, vous contentant de les porter lentement à droite et à gauche, puis à l'occiput, pour revenir ensuite au front, où vous les laissez indéfiniment, c'est-à-dire jusqu'à ce que le sujet soit endormi. Alors vous faites des passes sur les genoux et les jambes, pour *attirer le fluide* en bas, suivant l'expression des magnétiseurs. Malgré cette précaution néanmoins, la magnétisation par la tête est loin d'être sans inconvénients ; elle expose pour le moins à la céphalalgie, quelquefois à la migraine, et d'autres fois même (ce qui est à la vérité fort rare) à des accidents plus sérieux. En voici un exemple : Henriette *** est âgée de quinze ans et quelques mois. D'un physique agréable, elle jouit habituellement d'une assez bonne santé ; mais les innombrables romans qu'elle a lus ont développé chez elle des idées fâcheuses, et, sinon des mœurs mauvaises, du moins certaines habitudes érotiques qui finiront sans doute par compromettre l'intégrité de ses facultés mentales ; du reste, je la crois incorrigible sur ce point, parce que, pour son malheur, la nature n'a mis dans sa tête qu'une raison infime, dominée par un incroyable entêtement. Quoi qu'il en soit, Henriette éprouvait depuis quelques semaines dans le genou droit une douleur obscure dont l'origine et la nature m'embarrassaient également, et sur laquelle j'aurais été enchanté de connaître le diagnostic qu'elle-même en porterait en somnambulisme. Voilà donc pourquoi je la magnétisai. Quant au procédé que je suivis, l'impatience et la mobilité du caractère de la malade me le prescrivaient ; j'avais hâte de profiter de ses bonnes dispositions, et je voulais être expéditif. Je le fus en effet ; car, en moins de trois minutes, Henriette, qui avait eu l'invincible fantaisie de rester debout, se trouva endormie et tomba sur sa chaise. Je la débarrassai alors (momentanément) de sa douleur de genou en faisant des passes sur cette partie ; mais les réponses qu'elle me fit ne m'apprirent absolument rien sur l'étiologie de sa douleur. Je songeai alors à l'éveiller, et ce fut ici que l'inquiétude me prit ; car, après une demi-heure entière de gestes et d'efforts, Henriette dormait encore. De plus elle était très-agitée, et par moments tous ses membres se roidissaient spasmodiquement, tandis qu'elle jetait des cris à effrayer les personnes accourues au vacarme qu'elle faisait. A la fin, elle ouvrit les yeux, se les frotta longtemps avec le revers de ses mains, puis se leva brusquement en poussant de grands éclats de rire : la pauvre fille était en démence, et ce délire dura trois jours (1). Voici au reste la contre-partie de l'accident que, dans cette circonstance, on fut en droit de reprocher au magnétisme. Deux jours plus tard, Henriette, magnétisée de nouveau, mais par le procédé de Deleuze, recouvre toute sa raison dans son somnambulisme, et nous indique si bien ce qu'il faut faire pour la guérir, qu'elle guérit en effet par son ordonnance, non-seulement de son aliénation, mais encore de son mal de genou. — Néanmoins cet événement me dégoûta du procédé magnétique qui y avait donné lieu (2).

(1) J'ai appris depuis que Henriette avait déjà éprouvé à plusieurs reprises des accidents du même genre ; d'où il suit que le magnétisme n'était que la cause occasionnelle, et peut-être la cause apparente d'une maladie qu'à ma première impression je n'hésitai pas à lui attribuer.

(2) Il est souvent fort dangereux de concentrer sur un organe, principalement sur le cerveau et sur le cœur, lorsque ces organes sont devenus un centre de fluxion. J'ai vu des accidents très-graves provoqués par cette imprudente concentration, même chez des somnambules qui ensuite n'ont pas manqué de réveiller mon attention sur ce point. Je conviens que cela n'acquiert une grande

Magnétisation au moyen du regard.

Ce procédé ne peut pas être employé par tout le monde. Il exige dans celui qui s'en sert un regard vif, pénétrant et susceptible d'une longue fixité : encore ne

importance que lorsqu'il n'y a pas de somnambulisme, ou lorsque le somnambulisme est encore incomplet. Dans les affections locales de poitrine, je n'ai jamais cessé d'intéresser toute l'organisation en magnétisant à grands courants, ce qui reste toujours le mode le plus sûr, jusqu'à ce que le somnambulisme vienne nous éclairer sur les modifications des procédés pour lesquelles notre propre sagacité ne saurait nous diriger. J'ai observé une seule fois une exception remarquable à la méthode ordinaire. Une personne dont l'esprit était dérangé devenait furieuse lorsqu'on la magnétisait en commençant par la tête pour aller jusqu'aux pieds; on eut l'heureuse idée de la magnétiser d'une manière inverse, en remontant des pieds vers la tête, et son exaspération fut calmée à l'instant. A la vue de ces faits, on ne peut se défendre d'admettre dans le système nerveux des courants semblables peut-être à ceux qui se manifestent dans le système sanguin, et qu'on croit apercevoir dans les phénomènes qui précèdent la congestion sanguine et nerveuse.

Je ne conseillerais pourtant pas d'employer légèrement cette méthode inverse; j'en ai vu naître des paralysies permanentes et des catalepsies passagères. J'ai vu une affection spasmodique, très-grave et permanente, être la suite d'un essai de ce genre que le magnétiseur avait fait pour faciliter les mouvements de l'estomac dans une attaque de vomissements. Il m'a fallu employer tous mes soins et toute ma force pour vaincre cette affection spasmodique, qui, pendant plusieurs années, se renouvelait chaque fois que la malade faisait des efforts pour vomir (*Lettre d'un médecin étranger* (M. *Koreff*) *à* M. *Deleuze*, p. 17, brochure in-8. Paris, 1825).

réussirait-il que très-rarement sur des sujets qu'on magnétiserait pour la première fois, quoiqu'il me soit dernièrement arrivé d'endormir par la simple puissance du regard, et dès la première séance, un homme de trente ans, sans contredit plus robuste que moi. Au surplus, je ne magnétise presque jamais autrement mes somnambules habitués, lorsqu'il s'agit de quelque expérience de vision; car j'ai cru remarquer que ce genre de magnétisation augmentait la clairvoyance. Voici la manière de procéder. Vous vous asseyez vis-à-vis de votre sujet; vous l'engagez à vous regarder le plus fixement qu'il le pourra, tandis que de votre côté vous fixez sans interruption vos yeux sur les siens. Quelques profonds soupirs soulèveront d'abord sa poitrine; puis ses paupières clignoteront, s'humecteront de larmes, se contracteront fortement à plusieurs reprises, puis enfin se fermeront. De même que dans le procédé précédemment décrit, c'est encore ici le cas de terminer par quelques passes dérivatives sur les membres inférieurs; mais encore, si votre sujet vous a offert de la résistance, aurez-vous de la peine à lui éviter les atteintes de migraine que la magnétisation par les yeux occasionne volontiers et dont vous-même ne serez pas toujours exempt (1). L'expérience m'a d'ailleurs démontré

(1) On a prétendu que certains animaux en magnétisent ainsi d'autres plus faibles qu'eux, et dont ils font leur proie. Or, il est excessivement probable que cette hypothèse est fondée, et pour mon compte, je la considère comme une vérité de fait.

que plus le magnétiseur était rapproché du sujet, plus l'action du regard était puissante ; mais cela n'empêche pas qu'on ne puisse magnétiser ainsi à des distances considérables.

Magnétisation par la simple volonté.

Il peut se présenter deux cas : ou votre sujet sait que vous allez le magnétiser, ou il ignore complétement ce que vous allez faire, et même jusqu'à votre présence. — Prouver que cette dernière expérience est possible, c'est à coup sûr éliminer toute espèce de discussion relativement à la première. Or, indépendamment de nos observations personnelles, des faits authentiques et très-connus vont nous servir de démonstration. Il n'est personne qui n'ait lu la relation des expériences faites à l'Hôtel-Dieu de Paris par M. Dupotet (1), sous les yeux et dans le service de M. Husson. Le caractère et la position scientifique des médecins qui assistèrent à ces expériences ne permettant pas de suspecter la véracité du narrateur, nous allons mettre sous les yeux de nos lecteurs le procès-verbal de quelques-unes d'entre elles.

Séance du 7 novembre. — « Lors de mon arrivée à neuf heures et un quart, M. Husson vint me prévenir que M. Récamier désirait être présent et me voir endor-

(1) Paris, 1826, in-8.

mir la malade (Catherine Samson) à travers la cloison ; je m'empressai de consentir à ce qu'un témoin aussi recommandable fût admis sur-le-champ. M. Récamier entra et m'entretint en particulier de ma conviction touchant les phénomènes magnétiques. Nous convînmes d'un signal ; je passai dans le cabinet, où l'on m'enferma. On fait venir la demoiselle Samson ; M. Récamier la place à plus de six pieds de distance du cabinet, ce que je ne savais pas, et y tournant le dos. Il cause avec elle, la trouve mieux ; on dit que je ne viendrai pas : elle veut absolument se retirer.

« Au moment où M. Récamier lui demande *si elle digère la viande* (c'était le mot du signal convenu entre M. Récamier et moi), je me mets en action : il est neuf heures trente-deux minutes ; elle s'endort à trente-cinq minutes. Trois minutes après, M. Récamier la touche, lui lève les paupières, la secoue par les mains, la questionne, la pince, frappe sur les meubles pour faire le plus de bruit possible ; il la pince de nouveau et de toute sa force cinq fois ; il recommence à la tourmenter ; il la soulève à trois différentes reprises, et la laisse retomber sur son siége : la malade demeure absolument insensible à tant d'atteintes que je ne voyais qu'avec la plus grande peine, sachant que les sensations douloureuses qui n'étaient pas manifestées en ce moment se reproduiraient au réveil et causeraient des convulsions toujours très-difficiles à calmer.

« Enfin, M. Husson et les assistants invitèrent M. Récamier à cesser des expériences devenues inutiles, la conviction commune sur l'état d'insensibilité de la malade au contact de tout ce qui m'était étranger étant complète.

« J'avais fait à celle-ci, pendant ses épreuves, diverses questions auxquelles elle avait répondu. M. Récamier y avait intercalé les siennes, sur lesquelles il l'avait vue constamment rester muette. Elle me dit n'avoir aucun mal à la tête, mais elle se plaignit de frémissements dans le côté, qui cependant ne lui faisait pas autant de mal aujourd'hui qu'hier.

« Je rentre dans le cabinet, et le signal pour la réveiller ayant été donné à dix heures vingt-huit minutes, le réveil a lieu à trente minutes, etc. »

Séance du 9 novembre. — « M. A. Bertrand, docteur de la Faculté de Paris, avait assisté à la séance précédente. Il y avait dit qu'il ne trouvait pas extraordinaire que la magnétisée s'endormît, le magnétiseur étant placé dans le cabinet ; qu'il croyait que le concours particulier des mêmes circonstances environnantes opérait, hors de ma présence, un semblable effet ; que, du reste, la malade pouvait y être prédisposée naturellement. Il proposa donc de faire l'expérience que je vais décrire.

« Il s'agissait de faire venir la malade, à l'heure ordinaire, dans le même lieu, de la faire asseoir sur le même siége et à l'endroit habituel ; de tenir les mêmes discours à son égard, avec elle ; il lui semblait presque certain que le sommeil devait s'ensuivre. Je convins en conséquence de n'arriver qu'une demi-heure plus tard qu'à l'ordinaire.

« A neuf heures trois quarts, on commença à exécuter, vis-à-vis de la demoiselle Samson, ce que l'on s'était promis ; on l'avait fait asseoir sur le fauteuil où elle était placée ordinairement, et dans la même position ; on lui fit diverses questions, puis on la laissa tranquille ; on simula les signaux employés précédemment, comme de jeter des ciseaux sur la table, et on fit enfin une répétition exacte de ce qui se passait ordinairement ; mais on attendit vainement l'état magnétique qu'on espérait produire chez la malade. Celle-ci se plaignit de son côté gauche, s'agita, se frotta le côté, changea de place, se trouvant incommodée par la chaleur du poêle, et ne donna aucun signe du besoin de sommeil, ni naturel, ni magnétique. »

Séance du 10 novembre au soir. — « J'arrivai à près de sept heures au lieu de réunion : nous montâmes tous ensemble à la salle Sainte-Agnès. Notre malade occupait le lit n° 34 ; on me fit placer dans le plus grand silence, accompagné de deux de ces messieurs, entre les lits 35 et 36.

« M. Husson, passant devant le lit de la demoiselle Samson, va visiter un autre malade plus loin, à qui il dit tout haut : « C'est pour vous que je viens ce soir ; vous m'avez inquiété à ma première visite, mais je vous trouve mieux : tranquillisez-vous, ça ira bien. »

« Il revient près du lit n° 34 et demande à mademoiselle Samson si elle dormait ; celle-ci répond qu'elle n'a point envie de dormir et qu'elle ne dort jamais de si bonne heure. Elle tousse. Il se retire et vient se placer à quelques lits de distance, de manière à être hors de vue de la malade, mais à portée d'observer ce qui allait se passer.

« A sept heures précises je magnétise la malade ; à sept heures huit minutes, elle dit, en se parlant haut à elle-même : « C'est étonnant comme j'ai mal aux yeux, je tombe de sommeil. »

« Deux minutes après, M. Husson passe auprès d'elle, lui adresse la parole : elle ne répond pas ; il la touche et n'en obtient rien.

« A sept heures onze minutes, nous nous approchons tous, et je lui fais les questions suivantes :

— Mademoiselle Samson, dormez-vous ?

— Oh ! mon Dieu, que vous êtes impatientant !

— Comment vous trouvez-vous ?

— J'ai mal dans l'estomac depuis tantôt.

— Comment se fait-il que vous dormiez du sommeil magnétique ?

— Je ne sais pas.

— Saviez-vous que j'étais là ?

— Non, monsieur.

— Si on vous laissait dormir toute la nuit ?

— Oh ! non, ça me ferait mal.

— A quelle heure vous réveilleriez-vous ?

— Demain matin.

« Je lui souhaite le bonsoir, et nous nous retirons tous ensemble.

« M. Bertrand n'avait pas manqué d'assister à cette expérience qu'il avait lui-même proposée. Le succès avait été complet, tout le monde était convaincu, et lui-même ne fit aucune difficulté de signer le procès-verbal qui en fut dressé. »

Voilà donc incontestablement la volonté d'un individu se transmettant silencieusement et sans gestes à un autre individu qui ne se doute pas même du rôle qu'on lui fait jouer. Mais quel est le véhicule de cette volonté? Sans doute *le fluide magnétique*, dont nous avons l'espérance de donner une idée, sinon précise, du moins rationnelle, dans le chapitre que nous lui consacrerons.

Quelques magnétiseurs assurent que la volonté ne se borne pas à produire des phénomènes semblables à ceux dont la description précède, et ils prétendent qu'une fois que les rapports magnétiques se sont bien établis entre deux personnes, l'un de ces deux individus (le magnétiseur) peut agir sur l'autre à des distances très-considérables, d'une maison à une autre, par exemple, ou même d'une ville à une autre ville. Loin de nier cette possibilité, je la confirmerai dans un de mes prochains chapitres par une relation dont nos lecteurs apprécieront le caractère; mais voici quant à moi la seule observation qui me soit personnelle à cet égard.

En montant un jour chez M*** (le mari de madame Hortense), je rencontrai dans la loge du concierge Adèle Défossey dont il a été parlé précédemment, et que j'avais déjà magnétisée à plusieurs reprises avec une promptitude extrême. Je m'informai de sa santé, elle me répondit qu'elle se portait bien, et je passai outre. Arrivé chez mon ami, l'idée me vint de la magnétiser sans la prévenir, depuis là (le premier étage) à sa loge. Je me mis donc en action, et dix minutes après, comme j'envoyai quelqu'un pour s'informer d'elle, on me répondit qu'*Adèle ne faisait que bâiller ; qu'elle avait mal au cœur, enfin qu'elle ressentait une démangeaison insupportable aux yeux.* — Cinq minutes plus tard je renvoyai de nouveau demander de ses nouvelles. Son état était à peu près le même ; elle mourait d'envie de dormir, mais elle ne dormait pas. — Me sentant fatigué, je n'allai pas plus loin ce jour-là ; mais il me paraît très-probable qu'en insistant, j'aurais fini par la magnétiser complétement. Je n'ai d'ailleurs point eu depuis l'occasion de reprendre cette expérience.

Méthode de Faria.

L'abbé Faria, magnétiseur qui montrait ses somnambules en spectacle, et mourut avec la plus belle réputation de charlatan qu'homme du monde ait jamais eue, et surtout mieux méritée, l'abbé Faria, dis-je, pour augmenter le merveilleux de ses expériences et partant donner plus d'éclat à ses représentations, avait imaginé une méthode qui n'eut point d'imitateur et ne réussit guère qu'entre ses mains. Il faisait asseoir dans un fauteuil la personne qui voulait se soumettre à son action, lui recommandait de fermer les yeux, et après quelques minutes de recueillement, lui disait d'une voix forte et impérative : *Dormez!* Cette simple parole, jetée au milieu d'un silence prestigieux et solennel par un homme dont on racontait des prodiges, faisait quelquefois sur le patient une impression assez vive pour produire en lui une légère secousse de tout le corps, de la chaleur, de la transpiration et quelquefois le somnambulisme. Si cette première tentative ne réussissait pas, il soumettait le patient à une seconde, puis à une troisième, et même à une quatrième épreuve ; après quoi il le déclarait incapable d'entrer dans le sommeil lucide.

Cette méthode ne diffère pas essentiellement des précédentes : seulement l'appareil dont l'abbé Faria intimidait les esprits faibles qui s'abandonnaient à lui, en neutralisant chez ces derniers toute espèce de résistance morale, les préparait à recevoir plus promptement les influences d'une volonté d'ailleurs puissante.

De l'insufflation.

C'est un moyen très-efficace qui, suivant le désir du magnétiseur et la direction de sa pensée, peut également servir à endormir et à éveiller. La plupart des magnétiseurs y ont recours pour soutenir l'état de leurs somnambules pendant des expériences longues et délicates. L'insufflation ne se pratique guère que sur la tête ou sur une partie malade ; l'haleine est alors le véhicule de l'agent magnétique.

Magnétisation d'un somnambule par un autre somnambule.

Voici une expérience que je n'ai jamais faite, mais que je me suis proposé pendant longtemps d'essayer. Il ne serait pas impossible, en effet, qu'elle fût d'une heureuse application à la thérapeutique. J'en ai puisé l'idée dans un petit ouvrage de beaucoup de mérite et dont j'ai déjà eu l'occasion de citer un fragment un peu plus haut (1). On lit à la page 16 de cette brochure : « Le spectacle le plus singulier qui puisse s'offrir aux regards d'un observateur, c'est de voir, lorsque deux somnambules de clairvoyance différente se magnétisent, comme le somnambule supérieur soumet à sa volonté et à son impulsion le somnambule inférieur ; quelle puissance physique il exerce sur lui pour provoquer des crises inattendues ; quel empire il a sur ses sensations ; comment il imprime à ses membres des mouvements extraordinaires, semblables à ceux des bateleurs les plus souples ; quelles contorsions effrayantes il lui fait faire ;

---

(1) *Lettre d'un médecin étranger à M. Deleuze.*

avec quelle promptitude il le délivre des douleurs qu'il avait en entrant dans ces crises violentes. Je n'ai pu me refuser à tracer ici une esquisse de ce traitement que j'ai vu trois fois, et dont il n'est fait mention dans aucun des ouvrages que j'ai lus. C'est au magnétisme exercé en somnambulisme, et longtemps prolongé, que nous avons dû le rétablissement de plusieurs enfants hydrocéphaliques, et d'un autre presque imbécile ; enfants auxquels le somnambule s'intéressait avec une tendresse surnaturelle, ou plutôt naturelle, et dont nous n'osions entreprendre le traitement, parce que nous n'espérions pas le moindre succès. » Cette puissance d'action qu'un somnambule peut exercer sur un autre somnambule est une singularité que je crois m'expliquer assez bien. En effet, indépendamment de ce que le magnétiseur se trouve ici sursaturé pour ainsi dire de l'agent magnétique, il transmet d'autant mieux cet agent qu'il est doué, comme il en a fait preuve, de plus d'aptitude à le recevoir. Ajoutons que tous ses mouvements, toutes ses intentions, en un mot tous les actes de sa volonté sont dirigés par un admirable instinct qui lui permet d'apprécier avec justesse l'intensité et la nature de l'effort qu'il doit faire pour obtenir tel ou tel résultat.

En résumé, de tout ce qui précède, nous croyons pouvoir conclure que la méthode décrite par Deleuze est, dans la majeure partie des cas, celle qui doit obtenir la préférence. Mais, quelque procédé qu'on suive, il est important de ne point suspendre les passes aussitôt que le sommeil a lieu ; car, en continuant à magnétiser, on détermine une série de phénomènes dont les derniers seulement sont la manifestation du somnambulisme complet. La jeune malade, par exemple, dont M. Despine a consigné l'observation dans le *Bulletin des eaux d'Aix* (Estelle), voyait d'abord des *grains de feu* scintiller devant son visage. Au bout de huit minutes, elle éprouvait un *mâchillement* dans la bouche ; à dix minutes, de légers soubresauts dans les bras et dans les jambes ; à quinze minutes, elle distinguait, les yeux fermés, les mains de son magnétiseur ; à trente-cinq minutes elle devinait la pensée des personnes présentes à la séance et la disait à haute voix. Un peu plus tard, c'était une vision fantastique qui la remplissait d'effroi. Quelques minutes encore, et des aigrettes lumineuses brillaient pour elle au bout de tous les doigts de son magnétiseur. Enfin, il survenait une autre vision qui la comblait de joie et d'espérance... C'était une figure céleste qui devint par la suite sa divinité tutélaire, son génie conservateur, et qui, semblable au démon de Socrate, devait lui servir de guide, l'éclairer sur la nature de son mal, diriger son régime de chaque jour et mener sa cure à bien. — Cet exemple est de nature à faire comprendre notre pensée ; mais on aurait tort de croire qu'il renferme les éléments précis d'une règle pratique ; car, à chaque nouveau sujet qu'on magnétise, on reconnaît que les diverses phases du sommeil sont marquées par des signes différents. En général, il faut cesser de magnétiser lorsque le patient, bien évidemment endormi depuis plusieurs minutes, paraît éprouver derechef les pandiculations dont il s'est plaint en commençant l'expérience. Tel est du moins pour moi le caractère symptomatique d'une saturation suffisante.

Lorsque vous avez lieu de penser que votre malade est endormi, attendez quelques minutes avant de lui adresser la parole. Enfin vous lui parlez, mais en modérant votre voix, avec douceur et bienveillance ; et s'il ne répond pas à la question que vous lui faites, laissez passer quelques instants avant de la réitérer. Vous vous informez alors de sa santé, de ce qui pourrait le gêner, ou de ce qu'il désirerait pour être mieux. S'il souffre quelque part, portez la main à cette partie, faites-y des passes, de légères frictions, avec le sincère désir de dissiper la douleur, et presque toujours vous y parvenez. Dans le cas où il se plaint de la chaleur, vous lui donnez de l'air. Demandez-lui combien de temps il veut qu'on le laisse dormir, et, dans le cas de quelque expérience de démonstration, s'il consent à se soumettre à cette expérience, si elle ne le fatiguera pas, et, lorsqu'il vous aura donné son assentiment, quel sera l'instant précis où il faudra l'essayer. Enfin, une obligation que la charité vous impose encore envers lui, est de l'interroger sur sa santé du lendemain ou des jours suivants, et de prendre note, s'il doit être malade, des prescriptions qu'il se fera d'après vos questions.

Quelle que soit la nature des expériences magnétiques, le somnambule, pour ne pas être inutilement fatigué, ne doit jamais avoir qu'un seul interlocuteur, et ce rôle revient de droit au magnétiseur. Celui-ci ne saurait être trop bienveillant dans ses actes, trop prudent et trop discret dans ses paroles. Sa mission est grave, et il doit la remplir gravement. Qu'il se garde bien, par exemple, de céder aux caprices quelquefois si ridicules des assistants, qui veulent à tout prix des *miracles* ; c'est dans mes souvenirs que je puise les motifs de cette réflexion, car j'ai vu de ces faiblesses, et cela m'a fait pitié. Un magnétiseur qui, pour satisfaire à la fantaisie d'un sot ou d'une petite maîtresse, fait un *escamoteur* de son somnambule, dégrade et prostitue une magnifique faculté. Quant à moi, lorsque je magnétise, j'entends n'avoir d'autre volonté que la mienne ; mais je m'efforce en même temps que cette volonté ne se traduise jamais autrement que sous la forme d'un désir. Ainsi, au lieu de parler au présent, qui souvent semble heurter les exigences de notre politesse, je dis : *je voudrais*, locution qu'il est impossible de compléter autrement que par ces mots : *si vous le vouliez*.

On ne saurait imaginer jusqu'à quel point va quelquefois la susceptibilité des somnambules. Lorsqu'après avoir adressé une question à madame Hortense *** j'ajoute par mégarde : *Réfléchissez, madame*, cela manque rarement de me valoir une réprimande de la part de cette dame, attendu, suivant elle, que lui recommander la réflexion est supposer que son habitude n'est point d'en faire usage. Qu'on se figure d'après cela la position d'un ou d'une somnambule en butte aux plaisanteries d'une commission académique (car messieurs les académiciens, qui souvent prennent fort au sérieux les choses les plus plaisantes du monde, plaisantent en revanche quelquefois sur les choses sérieuses).

Sauf le cas assez rare de contre-indications thérapeutiques, les somnambules ne doivent dormir qu'un temps limité ; votre devoir est donc, comme nous l'avons dit déjà, de les consulter à cet égard et de vous en rapporter à leur réponse. Il faut aussi, avant de terminer chaque séance, leur demander le jour et l'heure où ils devront être de nouveau magnétisés. Enfin, n'oubliez jamais que l'intérêt de votre somnambule est le seul qu'il vous soit permis d'avoir en vue, et que, d'un autre côté, vous trouverez pour votre gouverne, dans les avis qu'il vous donnera, de plus sûrs préceptes que n'en renferme aucun livre.

De la foi.

Comme ce manuel est beaucoup moins écrit pour les magnétiseurs que pour les personnes qui voudront le devenir, je me fais un devoir de m'expliquer sur les questions les plus simples et les plus faciles à résoudre.

Est-il indispensable de croire au magnétisme pour produire des effets magnétiques ? — Oui et non ; nous allons de suite nous faire entendre. Si vous magnétisez, c'est-à-dire si vous faites les passes avec l'intime conviction que vous n'en obtiendrez rien, parce qu'il n'y a, bien positivement pour vous, rien à en obtenir, pour peu que votre sujet se trouve dans les mêmes dispositions, il est assez présumable que vos conjectures se réaliseront ; mais dans ce cas-là, je ne vois pas pourquoi vous essayeriez d'une chose qui vous semble impossible et absurde. Si, au contraire, doutant seulement du magnétisme, et cherchant à vous éclairer sur la nature de ces phénomènes, vous inspirez à votre sujet une confiance qu'à la vérité vous n'avez pas encore vous-même, mais que pourtant vous vous efforcez d'avoir pour vous conformer à nos principes, courage ! continuez, ayez de la patience, car il ne vous manque plus rien pour arriver au but. Je l'ai dit à mon second chapitre, c'est là l'histoire de tous les magnétiseurs : *tous commencent par être incrédules*, parce qu'il n'est aucun homme raisonnable qui trouve tout d'abord en soi-même la foi à des choses prodigieuses, et, selon toutes les apparences, physiquement impossibles. Mais à mesure qu'il les voit, il se rend à l'évidence ; et quand il les a vues suffisamment, il y croit sans retour, et ressent même un mouvement d'orgueil d'une croyance dont naguère encore il eût sans doute rougi. Au reste, il est certaines têtes si malheureusement organisées, que la vérité n'y saurait tenir. Tel homme qui passe pour un bel esprit n'a que de la mémoire, et n'a pas même de sens pour apprécier des faits palpables : *oculos habent...*

Du nombre et de l'heure des séances.

Il est assez rare que dès la première séance on parvienne à produire le sommeil magnétique. Souvent même il arrive que les premiers effets qu'on détermine sont si peu marqués, qu'ils passent inaperçus ; mais ce n'est point une raison pour décider que le sujet est incapable d'entrer en somnambulisme, et bien moins encore que le magnétisme sera sans influence sur sa santé. Recommencez le lendemain, puis le surlendemain, puis huit jours de suite, et c'est alors seulement que vous serez en mesure de porter un jugement définitif. Encore ce jugement ne devra-t il impliquer qu'un seul fait : le degré de votre puissance magnétique ou de votre complète impuissance relativement à telle personne.

Gardez-vous en toute occasion de vous laisser décourager par un ou deux insuccès, et surtout de donner des marques de ce découragement, car ce serait vous ravir pour la suite la confiance qu'on pouvait avoir en vous.

Je ne saurais trop engager les personnes qui veulent se livrer à la pratique du magnétisme, à ne tenter leurs premières expériences que sur des sujets qui leur offrent de bonnes conditions de réussite ; sinon elles céderont au découragement et s'arrêteront en chemin (1).

Chacune des séances doit être de vingt minutes au moins. Lorsqu'on n'a pas l'habitude de magnétiser, ces vingt minutes paraissent très-longues, par la fatigue qui en résulte. Il ne faut pas attendre, pour se reposer, que cette fatigue soit extrême ; car elle deviendrait alors un irrésistible sujet de distraction, et partant un obstacle insurmontable. Il est bon, au contraire, de se reposer souvent, et si la volonté, qui d'ailleurs se fatigue beaucoup moins vite que les bras, conserve sa direction pendant ces moments d'arrêt, l'action magnétique se continue, et rien ne s'oppose à la prolongation de la séance.

L'important est que les expériences soient tous les jours faites à la même heure. Les personnes étrangères à l'observation médicale et aux études physiologiques ont, en effet, de la peine à s'imaginer avec quelle promptitude et quelle facilité notre corps contracte certaines habitudes. La reproduction régulièrement périodique de leur appétit, de leur sommeil, en un mot de tous leurs besoins physiques, peut leur en donner une idée. Un physiologiste de Lyon, après s'être, trois nuits de suite, plongé à minuit dans un bain froid, éprouva un frisson la quatrième nuit à la même heure, bien qu'il

(1) Voyez notre troisième chapitre.

fût alors chaudement couché dans son lit. Il n'est donc pas étonnant que les effets magnétiques acquièrent promptement de la tendance à se reproduire à heures fixes, et voilà comment l'expérience de la veille peut préparer celle du lendemain, si les deux sont faites à la même heure.

Pendant l'instant de recueillement qui doit précéder chaque séance, vous rassemblez, vous concentrez vos forces, vous éloignez de votre esprit toute pensée étrangère; vous vous pénétrez des souvenirs qui peuvent corroborer la confiance que vous avez en vous-même ; enfin vous vous retracez nettement l'image des résultats auxquels vous vous proposez d'atteindre.

Le rôle de la personne qui se soumet à votre action est tout différent du vôtre. C'est un rôle passif: s'abandonner et ne *penser à rien*, voilà en quoi il consiste.

Si votre sujet est d'une constitution délicate, d'un tempérament nerveux et impressionnable, si enfin dès vos premières passes il confesse un malaise qu'il déclare ne pouvoir supporter longtemps, modérez un peu votre action, et dirigez-la sur les parties éloignées de celles où s'est manifestée la douleur.

Si cet état de malaise augmente malgré vos précautions, éloignez-vous un peu, en mettant plus de lenteur dans vos mouvements et moins d'action dans votre volonté, et adressez surtout à votre sujet de ces paroles qui rassurent et qui encouragent.

Enfin, s'il se déclare de véritables accidents, tels que

des spasmes, des convulsions, une syncope, etc., faites appel à votre sang-froid; ne demandez aide à personne; gardez-vous de recourir à aucun agent pharmaceutique, qui ne ferait qu'augmenter le mal; défendez expressément surtout que personne ne touche votre sujet, ou seulement en approche; mais recueillez à la fois toute votre volonté, tout votre calme et toute votre bienveillance; pénétrez-vous de cette pensée que ce calme qui est en vous, vous êtes doué du pouvoir de le transmettre; ayez la certitude enfin qu'il doit se manifester à votre désir, à votre parole, à votre geste, et vous ne tarderez pas à reconnaître, au grand étonnement des assistants, les salutaires effets de la magique puissance dont vous a doué la nature. Il suffit, au reste, assez souvent, de diminuer simplement l'intensité de l'action magnétique pour remédier instantanément à l'agitation qu'elle produit. D'autres fois, au contraire, les convulsions et les accidents analogues ne sont que les prodromes naturels du somnambulisme; dans ce cas, qu'une longue pratique peut seule faire apprécier, ce n'est qu'en insistant que l'on parvient à rendre le calme. En résumé, ne perdez jamais de vue ce grand principe : l'état de votre sujet dépend de vous, de vous seul; de vous émane pour lui la jouissance ou la douleur. Mais explicable ou non, pour que votre pouvoir soit réel, il faut que vous commenciez par en être persuadé.

CHAPITRE VII.

Des procédés à suivre pour éveiller les somnambules.

Les éléments de ce petit chapitre, qui devrait à la rigueur faire partie du précédent, se réduisent à peu de chose. Cependant j'éprouvai un tel embarras à réveiller mes premiers somnambules, que dès ce temps-là je me promis bien, si je venais jamais à écrire un livre didactique sur le magnétisme, de rassembler dans un article à part ce que j'aurais appris sur ce sujet. Dès le principe, il est vrai, la moindre réflexion aurait pu me tracer les indications que j'avais à remplir; mais qui pourrait se flatter de réfléchir toujours à temps? Et puis est-on bien porté à méditer sur une chose à laquelle on ne croit pas, ou à laquelle on ne croit qu'à demi? L'espérance d'endormir le premier somnambule que je fis était si éloignée de mon esprit pendant que je le magnétisais, que je ne songeais guère aux moyens que j'emploierais pour le tirer de son somnambulisme : mais il n'y a rien de mieux que les fautes pour donner de l'expérience.

Rien de plus simple au monde que d'éveiller un somnambule; mais encore est-il pour cela certaines précautions à prendre, et dont il faut se pénétrer. La première chose à faire est de le prévenir de vos intentions, et de l'inviter à les partager; la moitié de la besogne sera faite dès qu'il aura le désir de s'éveiller. Une circonstance peu commune, mais fort embarrassante, peut se présenter ici, c'est que votre somnambule n'ait pas la conscience de son état. Comment alors lui donner le désir de s'éveiller s'il a la persuasion qu'il ne dort pas? On est alors réduit à agir sans son concours, et à l'éveiller malgré lui, ce qui manque rarement de l'agiter un peu. Dans les premiers temps que je magnétisais madame Hortense, je m'effrayais dès qu'il s'agissait de la tirer de son somnambulisme; c'était toujours une querelle, et quelquefois un *combat*. On sait qu'il en est de même à l'égard des somnambules naturels; mais, heureusement, je le répète, ce n'est que rarement qu'on a éprouvé le désagrément de cette singularité.

Lors donc que votre sujet est prévenu, vous vous recueillez une minute comme en commençant l'opération; puis vous vous mettez à procéder en ordre inverse, c'est-à-dire que la volonté d'éveiller remplace dans votre esprit la volonté d'endormir, et que vous faites des passes horizontales au lieu de passes verticales. — Et si vous désirez ne pas voir se prolonger l'état de somnolence et d'alourdissement qui suivra le réveil, il ne faut pas tenir votre sujet pour éveillé dès l'instant où il aura ouvert les yeux, mais bien continuer à le *démagnétiser* jusqu'à ce qu'il se sente parfaitement rétabli dans son état normal.

Quant aux passes horizontales, voici comment vous les pratiquez. Vous rapprochez vos deux mains par leur face dorsale, puis vous les écartez brusquement l'une de l'autre. Vous réitérez le même mouvement un certain nombre de fois au-devant du visage, après quoi vous le répétez en descendant sur toute la ligne médiane jusqu'aux membres inférieurs inclusivement. En général, le réveil est d'autant plus long que le sommeil a duré plus longtemps. Il m'est arrivé plusieurs fois d'employer une demi-heure entière à l'obtenir; mais ce cas pourtant est très-rare. Ce qui est heureusement plus rare encore, c'est l'impossibilité absolue de le déterminer, ce qui arrive, soit lorsqu'on veut éveiller certains somnambules contre leur volonté, soit lorsque, par suite de quelque circonstance physiologique inconnue, votre somnambule devait dormir un temps déterminé qui n'est point encore écoulé. Que faut-il faire alors? attendre, et se remettre à l'œuvre lorsque l'instant propice sera venu.

Pour ce qui est des accidents nerveux, on les évite en procédant avec réserve, avec lenteur s'il le faut, et toujours avec patience. Enfin il arrive parfois que, quoi qu'on fasse, ces accidents surviennent; mais c'est l'affaire de quelques instants pour les dissiper.

S'il reste de la tendance à dormir, je conseille quelques heures de repos au lit; mais le plus souvent il n'est absolument besoin d'aucune espèce de secours ni hygiénique ni thérapeutique, et les somnambules ont trouvé dans quelques heures de sommeil magnétique le repos réparateur que nous donne une nuit entière de sommeil ordinaire.

CHAPITRE VIII.

Du fluide magnétique.

Oublieux de la saine maxime que s'était imposée le grand Newton, et à laquelle il ne cessa jamais d'être fidèle, *hypotheses non fingo,* la plupart de nos confrères en magnétisme admettent, pour se rendre compte des phénomènes dont ils sont témoins, la subtile intervention d'un agent inconnu, auquel ils ont donné le nom de *fluide magnétique.* Certes, je suis bien éloigné de condamner cette hypothèse, puisque, après tout, c'est le propre des hommes raisonnables d'essayer l'analyse de leur sensation au creuset de leur intelligence; mais ce que je ne puis m'empêcher de blâmer, c'est le tort qu'on eut évidemment d'accepter une simple conjecture à l'égal d'une vérité de fait, et de matérialiser tout d'abord un agent peut-être purement fictif, puisque personne, en définitive, ne l'a jamais vu, ni palpé, ni senti d'aucune façon. Qu'on y réfléchisse, en effet, l'étrange propension à ne se repaître que de matière a beau tourmenter l'esprit humain, les grandes forces de la nature n'en demeurent pas moins dépourvues et d'étendue et de corps, car nos sens n'ont point encore saisi l'attraction planétaire, cette sublime et magique puissance d'où émane éternellement l'harmonie de l'univers. Mais défions-nous d'analogies dont rien, au résumé, ne prouve l'exactitude et tâchons de combler la lacune laissée par nos devanciers en jugeant le fait dans le fait lui-même.

Personne n'ignore combien sont restreintes encore les notions que nous possédons sur la vie humaine. Vainement, prenant pour thème de leurs spéculations quelques-unes de ses propriétés les plus saillantes, les Haller, les Browne et notre immortel Bichat, se sont évertués à la définir. Ceux-ci ne voient encore dans l'ensemble des phénomènes qui la constituent que les réactions spéciales d'une matière modifiée dans ses propriétés intimes en s'organisant; tandis que ceux-là, tranchant la difficulté sans la résoudre, rejettent obstinément toute espèce de rapprochement et de comparaison entre l'homme et les autres êtres de la nature, et nous laissent pour leur dernier mot l'association d'une *âme* avec un *corps*. Enfin, il s'en rencontre qui, à l'exemple de saint Paul (*Epître aux Thessaloniciens*, ch. v), trouvent moyen d'extraire trois entités de l'organisme humain, à savoir : un *esprit* ou âme immortelle, une *âme* vivante, et un *corps* : *spiritus, et anima, et corpus.* Pour des raisons que l'on comprendra sans peine, nous nous abstiendrons, autant que possible, d'aborder la première de ces abstractions, car l'existence d'une âme immortelle est un article de foi, et partant ne se discute point ; mais heureusement il n'en est pas ainsi de l'âme vivante, l'*anima* de saint Paul. Celle-ci nous appartient de droit, et fait partie du domaine de la science, car son essence est toute terrestre.

Or, si, comme nous le présumons, elle ne diffère en rien de la *vitalité* de nos physiologistes, d'une des *archées secondaires* de Van Helmont, de l'*âme matérielle* de Stahl, du *principe vital* de Barthez, enfin du *mouvement vital*, cet être de raison qui préoccupa si longtemps les génies inquiets du grand Locke et de l'abbé Condillac, nous avons l'espoir d'en fournir une notion, je ne dis pas seulement rationnelle, mais à peu près rigoureuse. Les simples propriétés de la matière, admises par tous les physiciens sous les noms d'adhésion, d'affinité, d'attraction moléculaire, etc., nous semblent, en effet, donner une raison suffisante de la vie, mais pour qu'on ne nous soupçonne pas de matérialisme, nous le répétons encore une fois, de la vie organique seulement.

Et d'abord, ce n'est pas dans l'homme, de toutes les machines vivantes la plus compliquée, qu'il convient, en premier lieu, d'étudier l'action vitale et d'en rechercher les lois. Ce fut l'application d'une méthode contraire à celle que nous proposons qui enfanta toutes les absurdes rêveries que la plupart des anthropologistes nous ont présentées jusqu'à présent sous le pompeux nom de systèmes. Remplaçons donc l'analyse par la synthèse, puisque l'expérience nous démontre que la première est impraticable : procédons toujours, en un mot, du simple au composé, et nous aurons infailliblement touché au but si nous parvenons à rencontrer quelque part le mouvement éternel, ou plutôt la source de ce mouvement, qui, en se transmettant d'âge en âge, anime successivement toutes les générations d'êtres.

Tout le monde sait qu'il y a dans la nature des corps simples et des corps composés. Je ne m'arrêterai point à définir ni les uns ni les autres, ce qui serait pour le moins un lieu commun, mais je rappellerai pourtant à ceux de nos lecteurs qui sont peu familiarisés avec les études chimiques que, tandis que les derniers sont innombrables, le nombre des premiers est tellement limité, qu'on n'en compte guère plus encore d'une cinquantaine, dont je me garderai bien d'ailleurs d'énoncer les noms barbares. Quoi qu'il en soit, c'est en se combinant, puis en s'agrégeant entre eux de mille façons, et dans des proportions variées jusqu'à l'infini, que ceux-ci donnent naissance à toutes les substances que nous connaissons. Cela est si vrai, que l'analyse chimique est déjà parvenue à nous initier à la formation primitive de presque toutes les individualités de la nature inerte ; seulement, elle n'a point encore résolu, et peut-être même ne résoudra jamais le problème des combinaisons incomparablement plus complexes qui fournissent la succession des corps organisés. Mais si nous descendons attentivement la grande série des êtres qui conduit, par degrés presque insensibles, depuis l'homme jusqu'au minéral, nous nous sentons tellement frappés de l'analogie qui unit entre eux tous les anneaux de cette chaîne fictive, que nous ne sommes pas éloignés d'admettre :

1° Que, prise dans son acception la plus large, la vie est partout identique, quelque part qu'on l'observe ;

2° Que nous pourrons presque nous flatter de l'avoir au moins fait concevoir dans l'homme dès l'instant où nous l'aurons fait comprendre dans un atome. Eh bien, prouvons par un exemple qu'on peut retrouver son élément fondamental (le mouvement) jusque dans la plus simple de toutes les combinaisons chimiques.

Si dans certaines conditions déterminées, nous mettons en contact deux corps élémentaires, l'oxygène et l'hydrogène, les molécules de ces deux corps vont, en raison d'une force d'affinité qui leur est essentielle, se rapprocher, se combiner, pour former les molécules d'un corps nouveau. Une vapeur blanchâtre et floconneuse remplira d'abord tout l'appareil, en donnant lieu à un dégagement de calorique et de lumière proportionnel à la rapidité de l'opération. Puis cette vapeur ne tardera pas à s'éclaircir en se condensant, et bientôt il ne restera plus dans le ballon de verre qui aura servi de foyer à cette combustion qu'une multitude de petites perles sphéroïdes et diaphanes suspendues à ses parois. Or, si, dans toutes ces gouttelettes d'eau (car c'est de l'eau qui vient de se former), l'on consent à voir avec nous tout autant de véritables individualités, je soutiens que chacune d'elles va nous présenter l'image, presque complète, de la vie organique à l'état rudimentaire. Reprenons, en effet, l'opération au point où nous l'avons laissée; enflammons de nouveaux volumes d'hydrogène et d'oxygène, et aussitôt un mouvement intime et régulier recommence à se manifester dans chacune de ces gouttes d'eau, qui, sans perdre son aspect sphérique, se meut et s'accroît dans tous les sens comme un animal qui grandit. Mais jusqu'à quand durera cette éphémère existence ? jusqu'à l'instant où l'on cessera de lui fournir les éléments qui l'entretiennent, et c'est alors seulement qu'au mouvement succédera le repos ; le repos, cette éternelle immobilité que les hommes ont appelée *mort*.

Mais ce n'est pas tout : indépendamment du mouvement, je retrouve en abrégé, dans la vie de ma goutte d'eau, tous les épiphénomènes de la vie animale. Les physiciens y constatent un dégagement continuel de fluides impondérables. De la chaleur, de la lumière et de l'électricité se logent donc, comme dans la chair d'un homme, dans tous les interstices moléculaires de cette eau qui *vient de naître*, et qui, elle aussi, se *refroidira comme un cadavre* après le total accomplissement de sa formation.

Que maintenant on se garde bien de ne voir qu'une paradoxale allégorie dans les quelques lignes que nous venons d'écrire ; car s'il est un moyen d'expliquer la transmission du mouvement d'une manière aussi plausible que ce mouvement lui-même, nous aurons véritablement pénétré le grand mystère de la vie. Eh bien, qu'on imagine que dans le produit d'une combinaison chimique se développent primitivement quelques corps embryonnaires, qui, après la cessation du mouvement, c'est-à-dire après l'accomplissement de cette première combinaison, soient de nature à en recommencer une nouvelle au contact des corps ambiants, et l'on aura deviné l'histoire sommaire de toutes les plantes, de tous les animaux, de tous les hommes, en un mot, de toutes les races organiques. En effet, tout nous porte à croire que les choses se passent ainsi dans la nature. Les graines et les bourgeons des arbres, de même que les germes reproducteurs des animaux, se développent en même temps que ces arbres et ces animaux eux-mêmes. De la terre, de l'eau, du soleil, de l'air et des substances assimilables, fournissent ou mettent en jeu les éléments multiples des combinaisons dont ces germes et ces graines font eux-mêmes partie. Ceux-ci reproduisent à leur tour leurs analogues en obéissant aux mêmes lois; et voilà, à n'en pas douter, comment se perpétue le monde vivant.

Il nous resterait maintenant à chercher la nature et la cause des propriétés abstraites que la matière contracte en s'organisant. Ce serait une chose curieuse, par exemple, que de montrer quel est le rapport qui existe entre la simple affinité chimique et les premières traces de cette sensibilité confuse qui caractérise l'individualité; puis par quelles transformations cette sensibilité parvient à engendrer l'instinct, enfin l'instinct, l'intelligence.

Quoi qu'il en soit, je ne crains pas qu'on m'accuse de sophisme en résumant tout ce qui vient d'échapper à ma plume dans cette double conclusion :

1° Nous ne connaissons que très-imparfaitement les propriétés de la matière, par cela seul que nous ne les pouvons saisir que dans la matière inerte.

2° La plus complexe de toutes les vies animales, celle de l'homme, ne diffère point, quant à son principe, de la vie d'un atome ou pour le moins du plus infime de tous les animalcules.

Si donc il est vrai que toute espèce de vie animale n'est que le résultat de la saturation de l'*élément vivant* (1), par des éléments assimilables à sa substance; si, en un mot, cette vie, à proprement parler, n'est qu'une grande combinaison chimique dans laquelle les

---

(1) L'oxygène de l'air, ainsi que la partie nutritive des aliments, se combine continuellement avec l'élément embryonnaire, de telle sorte que, sans les accidents qui la provoquent, la mort n'arriverait qu'à la saturation complète de cet élément. C'est ce que semble prouver évidemment l'ossification des artères chez les vieillards.

propriétés de la matière acquièrent un développement et une perfection proportionnels à la perfection que cette matière elle-même semble acquérir dans le haut degré de l'échelle vivante, ne reste-t-il pas constant que tout organisme doit être le foyer permanent de phénomènes analogues à ceux que nous voyons se développer dans toutes les combinaisons chimiques ordinaires? Ainsi, tandis que la goutte d'eau qui se forme s'entoure d'émanations électro-lumineuses, que nos physiciens n'ont sans doute pas la prétention d'avoir rigoureusement définies, quelque chose de semblable ne doit-il point s'échapper sans cesse d'un organisme humain? Or, ce *je ne sais quoi* dont nous sommes bien éloignés sans doute de nous faire une idée nette, mais qu'il ne nous répugne pas plus d'admettre que la pensée elle-même, dont il semble parfois le véhicule, ce subtil intermédiaire de la volonté ne serait, ni plus ni moins, pour nous, que le *fluide magnétique*, dont nous essayerons, plus tard, de prouver directement l'existence.

CHAPITRE IX.

De la fatigue éprouvée par les magnétiseurs.— Du somnambulisme déterminé par certains médicaments. — Quelques considérations sur la nature du magnétisme.

« Le traitement, surtout par contact, dit de Jussieu, peut fatiguer ceux qui l'administrent. Je ne l'ai point éprouvé sur moi, mais j'en ai vu plusieurs, exténués après de longues séances, recourir au baquet et à l'attouchement d'un autre homme, et retrouver des forces en combinant ces deux moyens (1). » J'ignore si le contact du baquet mesmérien aurait produit ce dernier effet sur moi ; mais ce que je sais bien, c'est que je m'estimerais fort heureux de trouver un moyen aussi efficace de réparer mes forces après une longue séance magnétique. Indépendamment de la lassitude souvent extrême que me cause la manœuvre des passes, lassitude qu'accompagne une abondante transpiration, et que suit un brisement dans tous les membres, je ressens après chaque expérience une autre espèce de fatigue qui, portant principalement sur les centres nerveux, ressemble à cette sorte d'abattement que détermine un travail intellectuel forcé. Ma main tremble, ma vue est

(1) Rapport de de Jussieu, 1784.

trouble, je serais incapable d'écrire, et si je me mets au lit, une indéfinissable agitation m'empêche de dormir. Ces effets sont, du reste, subordonnés au tempérament ou au genre de maladie du sujet qu'on magnétise, à la manière dont on procède, et surtout aux dispositions dans lesquelles on se trouve; les magnétiseurs vigoureux ne se doutent pas même de leur existence. Quant à moi, il m'est plusieurs fois arrivé de m'entendre dire, séance tenante : Monsieur, vous pâlissez; je m'assurais du fait en me regardant à une glace, et toujours j'en constatais l'exactitude. Cependant cette subite pâleur n'était pas le résultat de la fatigue physique, car souvent alors je magnétisais sans geste. Mais il en coûte de *vouloir* fortement et longtemps, et personne n'ignore que les efforts cérébraux n'aient une limite passé laquelle l'organe commence à souffrir. C'est, en un mot, un rude métier que celui de penseur, et la santé s'y use plus vite qu'à porter les fardeaux de la halle : « La méditation de l'esprit afflige le corps. » (SALOMON.) Or, vouloir comme veulent les magnétiseurs est bien pire que penser; car je sens que je mourrais à la peine si je magnétisais sans désemparer seulement une journée entière. — Je ne me suis d'ailleurs jamais aperçu que le contact d'autres hommes fût pour moi, en pareille occurrence, un moyen de réparation; mais, à vrai dire, je n'ai jamais cherché à m'en assurer.

Au surplus, il ne faudrait pas que cette circonstance

alarmât nos prosélytes, puisqu'en définitive, après avoir magnétisé plusieurs centaines de personnes, je ne suis point encore mort d'épuisement. Mes intentions se bornaient donc à mentionner un fait physiologique, qu'en raison d'une excessive impressionnabilité j'ai dû peut-être apprécier mieux que n'aurait fait un autre, et duquel me semblent découler d'importants corollaires. En effet, c'est en partie d'après ces données que nous pouvons établir les conditions physiques d'un bon magnétiseur. Il doit être fort, d'un moral énergique, et surtout bien portant, car comment un malade pourrait-il trouver en soi de la santé pour les autres? C'est peut-être en cédant à un somnambule la moitié de la puissance vitale dont on est doué qu'on crée chez lui cette vie extraordinaire, dont une exubérante activité fonctionnelle caractérise tous les actes. Il faut enfin avoir un excédent de force pour magnétiser avec succès, sinon l'on souffre des efforts qu'on est obligé de faire; car lorsqu'on a tout juste de la santé pour soi-même, on se rend nécessairement malade en en cédant à autrui. Que de sacrifices semblables j'ai pourtant déjà faits à la vérité! Mais quel sincère apôtre a jamais refusé le martyre?

En outre du sommeil magnétique, de l'extase et du somnambulisme naturel, il existe encore une espèce de somnambulisme qui ne diffère sans doute de ces derniers que par la cause qui le fait naître; je veux parler de celui que provoquent certains médicaments, tels que l'opium, la belladone, etc. Il s'en faut beaucoup que cette espèce de somnambulisme soit un des symptômes constants de l'intoxication par les narcotiques; mais il est certain que ces substances administrées à certaines doses, et dans les conditions qu'on n'a point encore déterminées, donnent lieu à un état fort singulier, et qui ne saurait être comparé qu'au sommeil magnétique. Le docteur Frappart m'a communiqué plusieurs observations qui ne me laissent aucun doute à ce sujet. Le somnambulisme est donc une manière d'être anormale, il est vrai, mais pourtant inhérente à notre nature, et telle que chaque individu en renferme en soi-même les éléments et souvent les causes. « La volonté de l'homme, dit l'auteur de la lettre à Deleuze (1), n'est qu'un des moyens pour exciter dans l'organisation cette force instinctive ou médicatrice (comme on voudra la nommer) qui acquiert son plus haut développement dans le somnambulisme. De l'eau simple, de l'eau de mer, des métaux, des douleurs violentes, des maladies, des dispositions intérieures dont la nature nous est inconnue, peuvent la mettre en jeu sans que la volonté d'un autre individu y joue un rôle actif. On a donc trop mis sur le compte de la volonté et de la bienveillance pour l'exciter; je crois plutôt que, cette force une fois éveillée, la raison éclairée et la volonté bienveillante sont nécessaires pour la diriger convena-

(1) Opuscule cité, p. 4.

blement, parce qu'il est extrêmement rare qu'elle puisse se servir à elle-même de boussole. Il me paraît qu'un esprit supérieur et une volonté bienveillante, soutenus par des connaissances positives et une grande expérience, lui impriment une direction salutaire ; tandis qu'une mauvaise volonté, des passions égoïstes et le manque d'expérience peuvent la désordonner, la pousser jusqu'à l'aliénation mentale, et la faire flotter vaguement sur un océan obscur, où jusqu'à présent bien peu d'étoiles éclairent le voyageur. » Ces réflexions me paraissent présenter un grand fonds de vérité ; mais, sans décider encore s'il est ou non besoin de *diriger* la lucidité des somnambules, nous résumons ainsi l'idée fondamentale que renferme ce passage et que nous faisons profession de foi d'adopter : Toutes les espèces de somnambulisme consistent en un certain état du système nerveux que peuvent déterminer indifféremment une multitude de causes sans analogie entre elles (1). — C'est ainsi que la propre volonté du somnambule peut être substituée à la volonté du magnétiseur, puisqu'il est des sujets qui s'endorment et s'éveillent seuls et quand cela leur plaît ; qu'une certaine disposition organique équivaut à toute espèce de volonté, puisque le somnambulisme se produit assez souvent de lui-même ; qu'une maladie (l'extase) donne

(1) Nous croyons avoir résolu toutes ces questions dans notre dernier ouvrage : *le Magnétisme animal expliqué*. Paris, 1845, in-8.

lieu au même résultat ; enfin que plusieurs agents médicamenteux peuvent remplacer la volonté, les passes, etc., etc., pour engendrer les mêmes effets. — Cette question délicate fut un jour pour moi un sujet d'entretien avec une jeune somnambule que j'ai déjà citée souvent.

— Quelle différence, lui disais-je, pensez-vous qu'il existe entre le somnambulisme naturel et le somnambulisme artificiel?

— Aucune.

— Vous vous trouvez, lorsque vous vous magnétisez, la même que lorsqu'on vous magnétise?

— Absolument.

— Vous ne croyez donc point à l'existence du fluide?

— Je ne l'ai jamais vu.

— Mais comment vous expliquez-vous qu'un somnambule puisse penser par son magnétiseur?

— Parce que le premier devine la pensée de celui-ci et a la déférence de s'y soumettre.

— D'où vient donc l'étroitesse des rapports qui les unissent?

— De leur contact.

— Mais enfin cette communauté de pensée?...

— Eh! monsieur, vous m'avez dit que des extatiques devinaient la pensée de toutes les personnes qui les approchaient ; il n'y avait pourtant pas entre eux et elles ces prétendus liens dont vous prétendez nous enchaîner en nous magnétisant. — Allez, vous êtes bien médecin, et vous mourrez dans votre athéisme... car vous avez appris le matérialisme avec l'anatomie.

Je livre sans commentaires à nos lecteurs ces réflexions d'une femme; elles me paraissent dignes de leurs méditations.

Quoi qu'il en soit, du reste, et malgré la large part que nous avons faite aux agents moraux dans la production des phénomènes magnétiques, il n'en demeure pas moins constant que les passes et les frictions pratiquées dans un sens déterminé ont aussi un pouvoir intrinsèque, puisque souvent elles ont suffi pour produire le somnambulisme. Il s'ensuit donc qu'on magnétiserait un homme de la même manière absolument qu'on charge d'électricité le plateau résineux d'un électrophore. Les deux faits seraient-ils identiques? Je ne le pense pas, mais je ne voudrais point me charger de démontrer le contraire. Bien plus, c'est que les corps réputés électriques sont aussi doués d'une vertu magnétique toute particulière. On sait, par exemple, qu'on électrise certaines surfaces polies en les frappant d'une peau de chat; eh bien, les chats produisent un effet des plus marqués sur la plupart des somnambules, et le simple contact d'un de ces animaux suffisait pour mettre en crise mademoiselle Estelle L'Hardy, l'une des cataleptiques de M. Despine. Les somnambules sont aussi très-sensibles au contact et même à l'approche des substances métalliques. Le cuivre surtout les affecte péniblement. Les personnes qui se trouvaient avec nous à celles des séances de M. Ricard dont nous avons donné le procès-verbal (1) ont pu se convaincre de cette circonstance. — Calixte, en passant devant les dames, s'arrête tout d'un coup en s'écriant avec une sorte d'effroi : « Du cuivre ! il y a du cuivre par là ! » On regarde et on ne trouve rien. Cependant Calixte répète : « Je vous dis qu'il y a du cuivre, » et il hésite comme un homme qui craindrait de mettre le pied sur un serpent. Alors on se baisse, on regarde de nouveau, et le résultat de ces nouvelles enquêtes justifie les étranges appréhensions du somnambule ; car on aperçoit sous la banquette l'ombrelle qu'une dame y a laissé tomber, et dont la douille est en effet de cuivre.

CHAPITRE X.

De la magnétisation des aliments, des boissons, des anneaux et des substances inanimées en général.

Lorsque je lus pour la première fois la description des effets déterminés par l'eau, les baquets, les anneaux, les mouchoirs et surtout les arbres magnétisés, je jetai le livre en haussant les épaules et en me demandant com-

(1) Chap. v. *Pénétration des pensées.*

ment il pouvait y avoir des hommes assez prodigues de leur temps pour le gaspiller à conter de pareilles niaiseries, et d'autres assez naïfs pour prendre ces histoires au sérieux. — Eh bien, l'orgueil n'est qu'un sot, a dit un homme d'esprit; mais tous les orgueilleux ne sont pas incorrigibles. Que les incrédules aujourd'hui rient de moi tout à leur aise, je me livre à leur pitié; mais ils ne m'empêcheront pas de crier de toute la force de mes poumons : Les choses dont je me suis moqué sont vraies, infiniment vraies. — J'avais autrefois l'orgueil de l'incrédulité, j'ai actuellement l'orgueil de la foi. Or, que nos adversaires y songent, l'incrédulité n'est souvent que l'ignorance.

Le fameux arbre de Busancy, magnétisé par MM. de Puységur, fut la première merveille de ce genre qui révolta ma raison. Je confesse qu'il y avait de quoi douter. Que nos lecteurs pèsent les motifs de mon pyrrhonisme en parcourant la lettre suivante. Elle est d'un M. Clocquet, receveur des gabelles, lequel s'était rendu à Busancy, comme une multitude d'autres curieux, pour assister aux traitements de M. le marquis de Puységur.

« Soissons, ce 13 juin 1784.

« Attiré comme les autres à ce spectacle, j'y ai tout simplement apporté les dispositions d'un observateur tranquille et impartial, très-décidé à me tenir en garde contre les illusions de la nouveauté, de l'étonnement, très-décidé à bien voir, à bien écouter.

« Représentez-vous la place d'un village. Au milieu est un orme, au pied duquel coule une fontaine de l'eau la plus limpide ; arbre antique, immense, mais très-vigoureux encore et verdoyant, arbre respecté par les anciens du lieu, qui, les jours de fête, s'y rassemblent le matin pour raisonner sur les moissons, et surtout sur la vendange prochaine ; arbre chéri par les jeunes, qui s'y donnent des rendez-vous le soir pour y former des danses rustiques. Cet arbre, magnétisé de temps immémorial par l'amour du plaisir, l'est à présent par l'amour de l'humanité. MM. de Puységur lui ont imprimé une vertu salutaire, active, pénétrante. Ses émanations se distribuent au moyen des cordes dont le corps et les branches sont entourés, qui en appendent dans toute la circonférence, et se prolongent à volonté! On a établi autour de l'arbre mystérieux plusieurs bancs circulaires en pierre, sur lesquels sont assis tous les malades, qui tous enlacent de la corde les parties souffrantes de leur corps. Alors l'opération commence, tout le monde formant la chaîne et se tenant par le pouce. Le fluide magnétique circule dans ces instants avec plus de liberté : on en ressent plus ou moins l'impression. Si par hasard quelqu'un rompt la chaîne en quittant la main de son voisin, quelques malades en éprouvent une sensation gênante, et déclarent tout haut que la chaîne est rompue. Vient le moment où, pour se reposer, le maître permet qu'on quitte les mains, en recommandant de les frotter. Mais voici l'acte le plus intéressant : M. de Puységur, que je nommerai dorénavant le maître, choisit entre ses malades plusieurs sujets, que, par attouchement de ses mains et présentation de sa baguette (verge de fer de quinze pouces environ), il fait tomber en crise parfaite. Le complément de cet état est une apparence de sommeil pendant lequel les facultés physiques paraissent suspendues, mais au profit des facultés intellectuelles; on a les yeux fermés, le sens de l'ouïe est nul; il se réveille seulement à la voix du maître. Il faut bien se garder de toucher le malade en crise, même la chaise sur laquelle il est assis; on lui causerait des angoisses, des convulsions que le maître seul peut calmer. Ces malades en crise, qu'on nomme *médecins*, ont un pouvoir surnaturel, par lequel, en touchant un malade qui leur est présenté, en portant la main même par-dessus les vêtements, ils sentent quel est le viscère affecté, la partie souffrante; ils le déclarent, indiquent à peu près les remèdes convenables.

« Je me suis fait toucher par un de ces médecins. C'était une femme d'à peu près cinquante ans. Je n'avais certainement instruit personne de l'espèce de ma maladie. Après s'être arrêtée particulièrement à ma tête, elle me dit que j'en souffrais souvent, et que j'avais habituellement un grand bourdonnement dans les oreilles, ce qui est très-vrai. Un jeune homme, spectateur incrédule de cette expérience, s'y est soumis ensuite; et il lui a été dit qu'il souffrait de l'estomac, qu'il avait des engorgements dans le bas-ventre, et cela depuis une maladie qu'il a eue il y a quelques années ; ce qu'il nous a confessé être conforme à la vérité. Non content de cette divination, il a été sur-le-champ, à vingt pas de son premier médecin, se faire toucher par un autre, qui lui a dit la même chose. Je n'ai jamais vu de stupéfaction pareille à celle de ce jeune homme, qui certes était venu pour contredire, persifler, et non pour être convaincu. Une singularité non moins remarquable que tout ce que je viens de vous exposer, c'est que ces médecins qui, pendant quatre heures ont touché des malades, ont raisonné avec eux, ne se souviennent de rien, de rien absolument, lorsqu'il a plu au maître de les désenchanter, de les rendre à leur état naturel : le temps qui s'est écoulé depuis leur entrée dans la crise jusqu'à leur sortie est pour ainsi dire nul, au point que l'on présentera une table servie à ces médecins endormis, ils mangeront, boiront ; et si, la table desservie, le maître les rend à leur état naturel, ils ne se rappelleront pas avoir mangé. Le maître a le pouvoir, non-seulement, comme je l'ai déjà dit, de se faire entendre de ces médecins en crise, mais, et je l'ai vu plusieurs fois de mes yeux bien ouverts, je l'ai vu présenter le doigt à un de ces médecins toujours en crise et dans un état de sommeil spasmodique, se faire suivre partout où il a voulu, ou les envoyer loin de lui, soit dans leur maison, soit à différentes places qu'il désignait sans le leur dire. Retenez bien que le médecin a toujours les yeux fermés. J'oubliais de vous dire que l'intelligence de ces médecins malades est d'une susceptibilité singulière. Si, à des distances assez éloignées, il se tient des propos qui blessent l'honnêteté, ils les entendent pour ainsi dire intérieurement; leur âme en souffre, ils s'en plaignent, et en avertissent le maître; ce qui plusieurs fois a donné lieu à des scènes de confusion pour les mauvais plaisants, qui se permettaient des sarcasmes inconsidérés et déplacés chez MM. de Puységur. Mais comment le maître désenchante-t-il ces médecins? Il lui suffit de les toucher sur les yeux, ou bien il leur dit : Allez embrasser l'arbre. Alors ils se lèvent, toujours endormis, vont droit à l'arbre; et bientôt après leurs yeux s'ouvrent, le sourire est sur leurs lèvres, et une douce joie se manifeste sur leur visage. J'ai interrogé plusieurs de ces médecins, qui m'ont assuré n'avoir aucun souvenir de ce qui s'était passé pendant les trois ou quatre heures de leur crise. J'ai interrogé un grand nombre de malades ordinaires, non tombés en crise, car tous n'ont pas cette faculté; et tous m'ont dit éprouver beaucoup de soulagement depuis qu'ils se sont soumis au simple traitement, soit de l'attouchement du maître, soit de la corde et de la chaîne; tous m'ont cité très-grand nombre de guérisons faites sur des gens de leur connaissance.

« Je crois, monsieur, que tous ces détails sur les médecins en crise sont nouveaux pour vous; je ne les vois consignés dans aucun des écrits publiés concernant le *magnétisme animal*.

« Vous me demanderez peut-être quel est le but essentiel de ce magnétisme? MM. de Puységur prétendent-ils guérir toutes les maladies? Non ; ces messieurs n'ont point une idée aussi exagérée? Ils jouissent du plaisir si pur d'être utiles à leurs semblables, et ils en exercent le pouvoir avec tout le zèle, avec toute l'énergie que donne l'amour de l'humanité. Ils conviennent et croient que les émanations magnétiques, dont ils disposent à leur gré, sont en général un principe rénovateur de la vie, quelquefois suffisant pour rendre du ton à quelque viscère offensé, donner au sang, aux humeurs un mouvement salutaire. Ils croient et prouvent que le magnétisme est un indicateur sûr pour connaître les maladies dont le siége échappe au sentiment du malade et à l'observation des médecins ; mais ils déclarent authentiquement que la médecine pratique doit concourir avec le magnétisme et seconder ses effets.

« Pendant que j'observais le spectacle le plus intéressant que j'aie jamais vu, j'entendais souvent prononcer le mot de *charlatanisme*, et je me disais : Il est possible que deux jeunes gens, légers, inconséquents, arrangent pour une seule fois une scène convenue d'illusions, de tours d'adresse, et fassent des dupes dont ils riront ; mais on ne me persuadera jamais que deux hommes de la cour, qui ont été élevés avec le plus grand soin par un père très-instruit, honoré dans sa province par ses talents et ses qualités personnelles qu'il a transmises à ses enfants; que dans l'âge de la bonne santé, des jouissances, dans leurs terres où ils viennent se délasser la plus belle saison de l'année; on ne me persuadera jamais, je le répète, et on ne le persuadera à aucun homme raisonnable, que MM. de Puységur, pendant un mois de suite, abandonnent leurs affaires, leurs plaisirs, pour se livrer à l'ennui répété de dire et de faire pendant toute la journée, des choses de la fausseté et de l'inutilité desquelles ils seraient intérieurement convaincus. Cette continuité de mensonges et de fatigue répugne non-seulement à la nature, mais au caractère connu de ces messieurs.

« Je concevrais plutôt que M. Mesmer (si je pouvais mal augurer de la véracité d'un homme capable de faire une grande découverte, et qui d'ailleurs, depuis plusieurs années, a été observé par des yeux très-clairvoyants) s'asservît à la fastidieuse répétition d'expériences fausses et mensongères, parce qu'on pourrait supposer que M. Mesmer aurait quelque intérêt à le faire; mais MM. de Puységur, quel serait l'intérêt qui les ferait agir? Il n'est besoin que de les voir au milieu de leurs malades, pour demeurer persuadé de leur conviction intérieure, et de la satisfaction qu'ils éprouvent en faisant un usage utile de la doctrine aussi intéressante que sublime qui leur a été révélée.

« Demandez à tous les malheureux qui sont venus implorer le secours du seigneur de Busancy; ils vous diront tous : Il nous a consolés, il nous a guéris; plusieurs d'entre nous manquaient de pain; nous n'osions pas réclamer sa bienfaisance : il nous a devinés, il nous a assistés. C'est notre père, notre libérateur, notre ami.

« J'ai l'honneur d'être, etc. »

Il est certain que si quelque lecteur n'ayant jamais assisté à aucune expérience magnétique, venait à ouvrir ce manuel au hasard et à tomber juste sur cette lettre, il ne manquerait pas de s'imaginer que je l'ai extraite de quelque conte arabe, ou que je l'ai composée à plaisir. Eh bien, il n'y a rien de cela ; cette lettre est celle d'un observateur sérieux qui ne raconte que ce qu'il a vu. Je sais bien que tous les magnétiseurs n'ont pas eu avec les arbres le même bonheur que MM. de Puységur ; mais quelques-unes de ces dernières expériences n'en ont pas moins été répétées avec succès, d'abord par le marquis de Tissard, leur contemporain, et depuis par M. Segretier de Nantes, etc. Si la même expérience n'a point réussi en présence des commissaires de 1787, cela a tenu à des raisons que nous ferons connaître après avoir cité le passage du rapport Bailly qui a trait à cette question :

«... Lorsqu'un arbre a été touché suivant les principes et la méthode du magnétisme, toute personne qui s'y arrête doit éprouver plus ou moins les effets de cet agent ; il en est même qui y perdent connaissance, ou qui y éprouvent des convulsions. On en parla à M. d'Eslon, qui répondit que l'expérience devait réussir, pourvu que le sujet fût fort sensible, et on convint avec lui de la faire à Passy, en présence de M. Franklin. La nécessité que le sujet fût sensible fit penser au commissaire que, pour rendre l'expérience décisive et sans réplique, il fallait qu'elle fût faite par une personne choisie par M. d'Eslon, et dont il aurait éprouvé d'avance la sensibilité au magnétisme. M. d'Eslon a donc amené avec lui un jeune homme d'environ douze ans. On a marqué dans le verger du jardin un abricotier bien isolé et propre à conserver le fluide magnétique qu'on lui aurait imprimé. On y a mené M. d'Eslon seul, pour qu'il le magnétisât, le jeune homme étant resté dans la maison avec une personne qui ne l'a pas quitté. On aurait désiré que M. d'Eslon ne fût pas présent à l'expérience; mais il a déclaré qu'elle pourrait manquer s'il ne dirigeait pas sa canne et ses regards sur cet arbre pour en augmenter l'action. On a pris le parti d'éloigner M. d'Eslon le plus possible, et de placer des commissaires entre lui et le jeune homme, afin de s'assurer qu'il ne ferait point de signal, et de pouvoir répondre qu'il n'y avait point eu d'intelligence. Ces précautions, dans une expérience qui doit être authentique, sont indispensables sans être offensantes.

« On a ensuite amené le jeune homme, les yeux bandés, et on l'a présenté successivement à quatre arbres qui n'étaient point magnétisés, en les lui faisant embrasser chacun pendant deux minutes, suivant ce qui avait été réglé par M. d'Eslon lui-même.

« M. d'Eslon, présent, à une assez grande distance, dirigeait sa canne sur l'arbre réellement magnétisé.

« Au premier arbre, le jeune homme, interrogé au

bout d'une minute, a déclaré qu'il suait à grosses gouttes; il a toussé, craché, et il a dit sentir une petite douleur sur la tête : la distance à l'arbre magnétisé était environ de vingt-sept pieds.

« Au second arbre il se sent étourdi ; même douleur sur la tête : la distance était de trente-six pieds.

« Au troisième arbre, l'étourdissement redouble ainsi que le mal de tête : il dit qu'il croit approcher de l'arbre magnétisé ; il en était alors environ à trente-huit pieds.

« Enfin au quatrième arbre non magnétisé, et à vingt-quatre pieds environ de distance de l'arbre qui l'avait été, le jeune homme est tombé en crise; il a perdu connaissance, ses membres se sont roidis, et on l'a porté sur un gazon voisin, où M. d'Eslon lui a donné des secours et l'a fait revenir. »

Que prouve cette expérience ? rien, absolument rien, sinon que l'imagination suffit, comme personne n'en doute, pour produire des effets magnétiques. — Pourquoi le jeune homme de d'Eslon tombe-t-il en crise sous des arbres non magnétisés ? Est-ce pour faire une espièglerie à MM. les commissaires ? Pas le moins du monde ; le pauvre enfant sait, on lui a dit, qu'il doit être magnétisé, et cette pensée préoccupe et domine sa jeune intelligence. Enfin, à force d'être persuadé qu'il doit éprouver telles ou telles choses, il les éprouve en effet; et comme le phénomène ne se développe pas tout d'un coup, son état de malaise suit une marche ascendante, mais dont les phases ne sont nullement en rapport avec les distances qui le séparent de l'arbre magnétisé. Au surplus (le grand Broussais le répétait souvent), les faits négatifs n'infirment point les faits positifs ; et quand encore le jeune homme de d'Eslon n'eût rien éprouvé sous l'abricotier de Passy, l'orme de Busancy n'en resterait pas moins un arbre historique. Nous allons d'ailleurs faire connaître à nos lecteurs les diverses expériences que nous avons faites nous-même relativement à la magnétisation de différents corps inertes ; malheureusement la plupart de ces expériences n'ont pas eu de ces témoins dont le nom fait autorité ; mais les témoignages, quels qu'ils soient, n'ajoutent rien à l'appui d'une vérité, quand cette vérité est un fait que tout le monde peut reproduire quand il le veut.

1re *Expérience.* — *Sur l'eau magnétisée.* — Cette expérience se fit à table et en s'accompagnant de circonstances burlesques, qui d'ailleurs ne lui ôtent rien de sa valeur scientifique. Le 4 mai 1840, étant invité à dîner chez un de mes clients, M. G***, rue Saint-Honoré, l'idée me vint de magnétiser une carafe d'eau, afin de m'assurer si cette eau dont mademoiselle Julie G*** boirait pendant le repas produirait un effet quelconque sur cette jeune personne, qui venait de suivre un traitement magnétique. Mes préparatifs se firent en cachette, et aucun des convives n'en eut connaissance. Il n'y avait donc pas moyen, si mon expérience venait à réussir, d'en attribuer le succès à l'imagination. — Un quart d'heure environ après mes dispositions prises, on se met à table, et pour éviter de rendre complexes les causes du résultat que je me promets, je m'efforce de ne point songer au magnétisme, d'oublier même mon expérience, et d'éloigner de mon esprit jusqu'à la pensée de mademoiselle Julie. Tout cela était beaucoup plus difficile qu'on ne se l'imagine ; mais je me dis indisposé, pour mieux cacher mon jeu, et les mille lieux communs dont on m'accable m'empêchent de penser à autre chose. Cependant ma situation s'embarrasse de plus en plus. Mon eau magnétisée circule à la ronde ; chacun en boit ; et comme personne n'en paraît rien éprouver, je commence à me trouver ridicule. Quelle niaiserie ! me dis-je; avoir la prétention d'endormir les gens avec de l'eau sur laquelle j'ai passé deux ou trois fois la main ! Cela n'a pas le sens commun, et je ne voudrais pas pour un empire que l'on connût mon fait. Ces magnétiseurs sont absurdes, et ils finiront, si je n'y prends garde, par me rendre aussi fou qu'eux, etc., etc. En un mot, j'en perdais appétit, et pourtant je dois l'avouer, malgré tout mon désappointement, quelque chose qui ressemblait à de l'espérance restait au fond de ma pensée. Enfin, quoique je ne crusse plus à l'eau magnétisée, j'aurais donné 20 francs de bon cœur pour voir bâiller mademoiselle Julie. Mais c'est comme un fait exprès, mon eau diminue sans qu'elle y touche. Tout conspire donc contre moi ! Cette jeune fille va donc dîner sans boire?

— Vous avez toujours le vin en horreur, mademoiselle Julie?

— Plus que jamais, monsieur.

— Et l'eau?

— Il faut bien boire quelque chose.

— C'est pourquoi vous ne buvez rien? Prenez-y garde, mademoiselle, votre gastrite....

— Oh! ne m'en parlez pas, monsieur.

— Elle vous fait peur?

— Elle me terrifie : le mal, le remède et les médecins... tout cela me fait trembler.

— Alors buvez en mangeant, mademoiselle, ou sinon...

Mademoiselle Julie vide enfin son verre, mais elle continue sur le même ton, et je suis désespéré.

La carafe est presque à sec; à peine s'il y reste encore assez du *soporifique* liquide pour en couvrir le fond. N'importe, ceci est encore pour mademoiselle Julie. Déception! Voilà son aïeule qui me tend son verre! Ah! mon Dieu! mon Dieu! Cette vieille femme a donc le feu dans le corps! — C'est à mourir de dépit; et de ma vie je ne magnétise une goutte d'eau. — Que vois-je!

— Vous soupirez, mademoiselle Julie?

— Vous êtes trop poli, monsieur, mais ce n'est pas ma faute....

— Comment! vous?...

— Oui.... Je ne sais ce que j'éprouve. Ah! vous êtes le magnétisme en personne....

— En vérité !

— Je ne plaisante pas ; je ne sais pas si c'est une idée, mais j'ai envie de dormir.... Oh ! mais... — En achevant ces mots, elle bâille de nouveau, et sa paupière est bien évidemment appesantie. — Je l'aurais volontiers embrassée.

— Je vous en supplie, continue-t-elle, cessez donc de me magnétiser. — Pour le coup, je n'y tiens plus ; et d'un air triomphant, je mets tous nos convives dans la confidence de ce que j'ai fait. Mais que j'étais loin de prévoir les conséquences de cet indiscret aveu !

M. et madame G***, tout en s'émerveillant de mon récit, prirent la chose comme il convenait ; mais la grand'maman, qui elle aussi a bu de l'eau magnétisée ! ! De ma vie je n'ai vu scène plus amusante. L'Académie des sciences elle-même en eût ri ! La bonne douairière se croit infailliblement *possédée,* et recommande son âme à tous les saints. Jugez donc ! le diable a trempé sa patte dans ce qu'elle a bu, et justement elle a oublié de dire son *benedicite !* Mon eau lui brûle l'estomac comme de l'huile bouillante et lui donne des régurgitations sulfureuses. Enfin, après s'être assurée que mes pieds ne sont pas fourchus et qu'il n'y a pas de cornes sous mes cheveux, elle finit par se calmer un peu ; mais je suis bien persuadé d'un fait, c'est que sans ce grotesque épisode, mademoiselle Julie n'eût pas été loin de s'endormir.

2ᵉ *Expérience.* — Trois jours après ce cabalistique

festin, étant allé faire une nouvelle visite à la famille G***, je demandai à mademoiselle Julie si elle voulait goûter derechef à l'eau magnétisée ; elle y consentit, et l'expérience eut lieu en présence de ses parents. — Je magnétise donc un verre d'eau, mais cette fois avec une confiance que rien ne serait capable d'ébranler.

— Vous n'avez pas peur du diable, mademoiselle Julie ?

— Vous savez bien que non, monsieur.

— Eh bien alors, buvez.

— Boire sans soif !

— C'est un des caractères spécifiques de l'humanité. Quelle saveur ça a-t-il ?

— La saveur de l'eau.

— Mais encore... ?

— De l'eau de Seine ; c'est à s'y tromper.

On me regarde et on rit.

— Vous n'éprouvez rien ?

— Non.

— Comment ! vous ne sentez pas... ?

— Je sens que j'ai l'estomac distendu par un grand verre d'eau, mais voilà tout.

— Attendons.

On attend en effet, et mademoiselle Julie poursuit ses plaisanteries. Mais nous ne tardons pas à changer de rôle ; car trois minutes ne se sont pas écoulées qu'elle me dit :

— C'est surprenant ! je n'ai plus envie de rire.
— Pourquoi ?
— Parce que j'ai envie de bâiller.
— Ne vous gênez pas, mademoiselle; mais vous convenez donc que pour n'avoir pas de saveur, mon eau n'en a pas moins de vertu ?
— Ah ! c'est étonnant !

En disant ces mots, elle se lève avec vivacité, fait deux ou trois fois le tour de la chambre, puis vient se rejeter sur son siége en s'écriant :

— J'aurai beau faire, je ne parviendrai pas à m'empêcher de dormir.

En effet, une demi-minute après, mademoiselle Julie me dit, en *plein somnambulisme :*

— Je vous en supplie, monsieur, magnétisez-moi un peu sur la tête et sur les membres, car je suis agitée.

— D'où vient votre agitation ?
— De ce que j'ai dormi malgré moi !

3e *Expérience.* — Il n'est pas douteux que si la première expérience eût complétement réussi, elle aurait été infiniment plus concluante que celle qui précède, car l'imagination dans celle-ci pouvait avoir eu sa part ; mais en voici une où l'imagination ne fut pour rien, et qui décida sans retour de mon jugement sur la magnétisation des corps inanimés, ou, si l'on veut, sur la transmission de l'action magnétique au moyen des substances inertes.

Le 15 mai, M. et madame G*** se rendirent chez moi, accompagnés de leur fille. Après quelques instants d'une conversation générale qui porta principalement sur le magnétisme et les événements de notre dernière entrevue, l'idée me vint d'essayer si un siége magnétisé sur lequel s'assiérait mademoiselle Julie serait capable de l'endormir. Ayant donc trouvé un prétexte pour m'absenter un instant, j'allai magnétiser un fauteuil dans la pièce voisine, où je ne tardai pas à faire entrer la famille G***. Je suis certain de m'y être pris de manière à ne permettre aucun soupçon sur la nature de mon dessein. Mademoiselle Julie, assise entre sa mère et moi, s'occupe à feuilleter un album que je mets entre ses mains; mais elle ne va pas jusqu'au troisième feuillet avant de s'endormir.

Je suis donc désormais fixé sur ce point, et cette troisième expérience est la dernière que je fis et que je ferai probablement jamais par simple curiosité. Le magnétisme ne comporte point d'applications frivoles et surtout inutiles. Au surplus, il n'est pas de magnétiseur qui, relativement aux diverses questions que nous venons d'examiner, ne soit parvenu aux mêmes résultats que moi. Ainsi, nous lisons dans Deleuze (1) :

« Le magnétiseur peut communiquer son fluide à plusieurs objets, et ces objets deviennent ou les conducteurs de son action, ou propres à la transmettre et à

---

(1) *Instruction pratique.*

produire des effets magnétiques sur les personnes avec lesquelles il est en rapport. Il peut aussi, par le moyen de quelques-uns de ces auxiliaires, conduire à la fois sans se fatiguer le traitement de plusieurs malades, lorsqu'ils ne sont pas somnambules.

« Ces auxiliaires sont : l'eau magnétisée, de la laine, du coton, des plaques de verre, etc., qu'on a magnétisés ; des arbres magnétisés, des baquets ou réservoirs magnétiques. . . . .
. . . .

« L'eau magnétisée est un des agents les plus puissants et les plus salutaires que l'on puisse employer. On en fait boire aux malades avec lesquels le rapport est établi, soit pendant les repas, soit dans l'intervalle des repas (1). Elle porte directement le fluide magnétique dans l'estomac, et de là dans tous les organes ; elle facilite les crises auxquelles la nature est disposée, et par cette raison, elle excite tantôt la transpiration, tantôt les évacuations, tantôt la circulation du sang ; elle fortifie l'estomac, elle apaise les douleurs, et souvent elle peut tenir lieu de plusieurs médicaments. »

Le médecin étranger, dont la lettre à Deleuze sert pour ainsi dire de complément aux ouvrages de ce dernier, s'exprime en ces termes sur le même sujet (2) :

---

(1) L'eau magnétisée ne produit pas toujours le sommeil, je l'ai souvent employée comme calmant ; et, suivant Deleuze, elle peut avoir une foule d'autres usages.

(2) Page 28.

« J'ai fait les expériences les plus variées et les plus décisives sur la puissance et le mode d'action de l'eau magnétisée. Elles m'ont conduit à constater deux points qui maintenant sont pour moi hors de doute. Le premier, c'est que les somnambules, et même plusieurs des personnes qui sont dans l'état magnétique, reconnaissent, par une impression dont nous ne pouvons nous rendre compte, parce que cette modification du goût sommeille en nous, si l'eau a été magnétisée, si elle l'a été par leur magnétiseur ou par un autre, si elle a été simplement touchée par quelqu'un après avoir été magnétisée et qu'ils vomissent quelquefois jusqu'à la dernière goutte l'eau qui a été touchée par un étranger. J'ai vu une femme somnambule qui croyait avoir un squirrhe de l'estomac, et qui pendant deux mois et demi n'a pu supporter que de l'eau magnétisée par son médecin : si par mégarde on lui en donnait d'autre, elle la vomissait à l'instant. Le second résultat de mes observations, c'est que les somnambules très-exaltés ont besoin d'une grande quantité d'eau magnétisée pour en boire et pour s'en humecter, et qu'ils assimilent cette eau d'une manière différente de celle qui a lieu pendant l'état de veille, c'est-à-dire que cette eau ne passe pas avec la promptitude ordinaire dans les organes de sécrétion, etc. »

Nous lisons dans l'ouvrage de Georget (1) : « Voulant m'assurer si les corps qui ont reçu l'influence magné-

(1) *Physiologie du système nerveux*. Paris, 1821, t. I, p. 279.

tique acquièrent réellement de nouvelles propriétés sapides, je fis plusieurs fois goûter de l'eau dans différents verres dont l'un avait reçu cette influence ; le seul fait intéressant que j'aie recueilli est celui-ci : l'eau magnétisée fut reconnue pour avoir un goût ferrugineux, et distinguée d'autre eau contenue et successivement goûtée dans cinq verres. »

M. Foissac (1) croit pouvoir employer le même fait à prouver l'existence d'un *fluide magnétique*. « Voici, dit-il, une expérience qui peut servir à démontrer la réalité d'un fluide ou d'un agent magnétique. Je présentai à Paul (2) deux verres d'eau sur une assiette ; l'un d'eux était magnétisé ; il les goûta légèrement et reconnut sans hésitation celui qui était magnétisé. Il trouvait à cette eau un goût particulier, et dès qu'il en avait bu, il s'élevait, disait-il, de son estomac une chaleur semblable à celle qui sortait du bout de mes doigts. J'ai répété souvent cette expérience avec le même succès, en prenant toutes les précautions possibles et en portant le nombre des verres jusqu'à huit. » Enfin à ce passage est annexée une note importante, dans laquelle il est dit qu'une personne affectée de vomissements spasmodiques, fut, sous les yeux de M. le professeur Fouquier, guérie de cette affection par l'eau magnétisée que lui préparait M. Bertrand. Ces messieurs ayant voulu

---

(1) *Rapports et discussions de l'Académie royale de médecine sur le magnétisme animal.* Paris, 1833, p. 409.

(2) Paul Villagrand, somnambule dont nous avons parlé.

s'assurer si l'imagination de la malade n'était pas la cause des effets salutaires qu'elle éprouvait, substituèrent, à son insu, de l'eau ordinaire à celle qui était magnétisée, et les vomissements reparurent aussitôt. Enfin ils lui firent prendre de l'eau qu'elle ne savait pas avoir été magnétisée, et les digestions se firent parfaitement (1).

Il nous serait facile de multiplier à l'infini le nombre de nos autorités; mais nous n'en sentons nullement le besoin, car le mérite et la réputation des hommes que nous citons valent au moins la peine qu'on répète leurs expériences. Or, c'est là tout ce que nous pouvons demander à nos lecteurs: ils ne nous croiraient pas assez bien, s'ils se contentaient de nous croire sur parole. En magnétisme, je le répète, il faut voir de ses yeux, en-

(1) Ces diverses observations nous expliquent l'origine et la nature des *talismans*, des *amulettes*, des *philtres soporifiques*, etc., qui jouent un si grand rôle dans les légendes du moyen âge. M. Mialle nous raconte (*Exposé par ordre alphabétique des cures opérées par le magnétisme animal*. Paris, 1826 2 vol. in-8) qu'ayant dit à M. de Puységur que son sommeil était agité et pénible, celui-ci lui donna un morceau de verre magnétisé, qu'il lui recommanda de mettre sur sa poitrine quand il voudrait dormir. M. Mialle avait de la peine à comprendre comment cela se pouvait faire; mais le soir même il vit qu'il ne fallait jamais se moquer de ce que l'on ne connaissait pas. « Dès que je fus couché, dit-il, je voulus essayer l'effet de mon verre. Je l'eus à peine posé sur ma poitrine que j'éprouvai une chaleur semblable à celle que M. de Puységur me communiquait; bientôt mes paupières s'appesantirent, et je passai une nuit excellente. » (*Introduction*, p. VIII.)

tendre de ses oreilles et toucher de ses mains ; car que signifient tous les témoignages, lorsqu'il s'agit de faits que l'on suppose impossibles ? Voici tout simplement ce qui arrive en pareil cas : le nom du témoin, quelque illustre qu'il soit, ne donne point de crédit à la chose ; mais c'est la chose au contraire qui discrédite le témoin. Passons donc de suite à quelques détails pratiques sur la magnétisation de l'eau, des arbres, etc.

a. Rien de plus simple au monde que de magnétiser un verre d'eau : vous prenez le verre dans l'une de vos mains, tandis que vous passez à plusieurs reprises votre autre main à la surface du liquide.

b. La magnétisation d'une bouteille d'eau n'est pas plus embarrassante. Deux ou trois minutes de passes dirigées dans le même sens constituent toute l'opération. « Il est un procédé, dit Deleuze (1), que j'emploie de préférence pour magnétiser une carafe d'eau, lorsque j'ai la certitude qu'il n'est pas désagréable à la personne que je magnétise : il consiste à poser la bouteille sur mon genou, et à placer ma bouche sur l'ouverture.

« Je fais entrer mon haleine dans la bouteille, et en même temps je fais des passes avec mes deux mains sur toute la surface. Je crois que ce procédé charge fortement, mais il n'est pas nécessaire : il suffit des mains pour magnétiser. » Le même auteur ajoute d'ailleurs que quelques procédés qu'on suive, ceux-ci seraient

---

(1) *Instruction pratique*, p. 73.

absolument inutiles s'ils n'étaient employés avec attention et avec une volonté déterminée. Cette réflexion, que nous croyons juste et que nous ne répéterons plus, nous paraît applicable à toute espèce d'opération magnétique.

c. « Pour magnétiser un arbre, on commence par l'embrasser pendant quelques minutes; on s'éloigne ensuite, et l'on dirige le fluide vers le sommet, et du sommet vers le tronc, en suivant la direction des grosses branches. Quand on est arrivé à la réunion des branches, on descend jusqu'à la base du tronc, et l'on finit par magnétiser alentour, pour répandre le fluide sur les racines et pour le ramener de l'extrémité des racines jusqu'au pied de l'arbre. Quand on a fini d'un côté, on fait la même chose en se plaçant du côté opposé. Cette opération, qui est l'affaire d'une demi-heure, doit être répétée quatre ou cinq jours de suite. On attache à l'arbre des cordes pour servir de conducteurs. Les malades qui se rendent autour de l'arbre commencent par le toucher en s'appuyant sur le tronc. Ils s'asseyent ensuite à terre ou sur des siéges; ils prennent une des cordes suspendues aux branches et s'en entourent. La réunion des malades autour de l'arbre entretient la circulation du fluide : cependant il est à propos que le magnétiseur vienne de temps en temps renouveler et régulariser l'action. Il lui suffit pour cela de toucher l'arbre pendant quelques moments. Il donne aussi des soins particuliers à ceux qui en ont besoin; et si parmi les malades il se trouve quelqu'un qui éprouve des crises, il l'éloigne de l'arbre pour le magnétiser à part (1). »

Le même auteur ajoute un peu plus loin que le choix des arbres n'est pas indifférent ; qu'il faut exclure tous ceux dont le suc est caustique et vénéneux, tels que le figuier, le laurier-rose, le laurier-cerise, le sumac, et même le noyer. Les arbres dont on a surtout fait usage jusqu'à présent sont l'orme, le chêne, le tilleul, le frêne et l'oranger ; celui-ci, lorsqu'il est en caisse, présente l'avantage de pouvoir être transporté dans les appartements.

d. Les baquets, auxquels on n'avait recours que pour les traitements nombreux, ne sont plus guère employés aujourd'hui ; nous allons pourtant donner la manière de les construire. Pour établir un réservoir magnétique, vous prenez une caisse de bois haute de deux pieds à deux pieds et demi, et dont le rebord inférieur isole le fond en le séparant du sol de quelques pouces. La forme de cette caisse est indifférente, et ses dimensions sont relatives à l'usage qu'on en veut faire, c'est-à-dire au nombre des malades qu'on veut réunir alentour. Une tige de fer solidement fixée par sa base sur un pied de verre ou dans un bocal, descend jusqu'à deux pouces du fond, et s'élève verticalement jusqu'à deux ou trois pieds au-dessus du couvercle. Des bouteilles d'eau magnétisée et communiquant au moyen de fils de fer qui

---

(1) Deleuze, ouvrage cité, p. 81.

traversent le bouchon avec le conducteur principal, sont couchées circulairement autour de la base de celui-ci. Ces bouteilles, si le baquet est grand, peuvent former plusieurs plans superposés. Du sable, de la limaille de fer, du verre pilé ou de l'eau, magnétisés avec soin, remplissent les interstices. Le couvercle, que forment deux pièces de bois symétriques et réunies exactement par leurs bords, est percé d'un certain nombre de trous donnant passage à des tiges de fer coudées et mobiles qui servent aussi de conducteurs. Enfin, du sommet du conducteur central partent des cordes de fil ou de laine dont les malades pourront s'entourer pendant le traitement. Indépendamment des préparatifs généraux que nous venons de décrire, le réservoir doit encore être régulièrement magnétisé à l'instant où on en va faire usage. Cette opération sera même répétée plusieurs jours de suite en commençant, et le même magnétiseur devra toujours s'en acquitter. Une fois, au reste, que le réservoir aura été bien chargé, il suffira pour le charger de nouveau que le magnétiseur tienne pendant quelques moments dans sa main le conducteur central.

e. Les bains se magnétisent au moyen de passes longitudinales pratiquées à la surface de l'eau et sur les parois de la baignoire. Les bains magnétisés offrent une ressource thérapeutique dont j'ai plusieurs fois tiré un parti avantageux. Les somnambules se les prescrivent assez souvent.

f. On magnétise également au moyen de passes, de

frictions dirigées dans le même sens, des anneaux, des mouchoirs, d'autres objets de toilette, etc. ; mais quand il s'agit de substances métalliques, il est bon, suivant Deleuze, de ne les choisir que parmi les métaux inoxydables, tels que l'or et le platine, ou parmi les métaux dont les oxydes ne sont pas vénéneux. Le cuivre, l'antimoine, le zinc, etc., doivent donc être rejetés.

Beaucoup de sujets habitués de longue date au magnétisme s'endorment à l'aide d'un anneau magnétisé ; mais le sommeil en pareil cas est quelquefois incomplet et par conséquent pénible ; circonstance qui tient sans doute à l'insuffisance du moyen. En effet, ainsi que nous avons eu déjà l'occasion d'en faire la remarque, rien ne fatigue plus les somnambules qu'une magnétisation incomplète. La prolongation suffisante de cet état le fait même dégénérer souvent en spasmes et en convulsions, et voilà peut-être l'origine des accidents nerveux que certains sujets éprouvaient au contact des baquets mesmériens. Ajoutons d'ailleurs que *l'intention* du magnétiseur imprime une modification profonde à l'influence qu'il exerce : ainsi, il calme par cela seul qu'il magnétise avec l'idée de calmer, de même qu'il pourrait produire de l'agitation, s'il se mêlait à son action un malveillant désir. Or, un mouchoir, une bague, etc., n'ont pas d'intention ; il n'y a donc que les somnambules de profession qui, lorsqu'ils sont privés de leur magnétiseur, aient le droit de recourir à ces agents intermédiaires, dans lesquels leur lucidité trouve souvent d'ailleurs, pour leur propre compte ou pour le compte des autres, de puissants auxiliaires thérapeutiques.

Faits tendant à prouver l'existence d'un fluide magnétique (1).

1° Henriette, jeune femme d'environ vingt-six ans, d'un tempérament bilieux, et dont le genre nerveux paraît très-irritable, dort du sommeil magnétique. Celui qui l'a endormie lui présente un verre d'eau qu'il a soumis à quelques passes dans la pièce voisine, sans autre intention que celle de communiquer au liquide une vertu magnétique. Henriette, après l'avoir porté à ses lèvres, déclare que ce liquide a une saveur qu'elle ne peut définir, mais qui lui semble avoir de l'analogie avec celle du citron. Un autre verre d'eau également magnétisé dans le même but et avec les mêmes précautions, mais par une personne étrangère mise en rapport avec la somnambule, réveille chez elle l'idée du chocolat, bien qu'elle sache, dit-elle, qu'il n'en entre pas dans cette liqueur. Enfin, on apporte un troisième verre d'eau qui n'a pas été magnétisé. Henriette en boit une gorgée, fait une légère grimace, et déclare que *ce n'est que de l'eau pure.*

2° Rosalie, sur laquelle les expériences suivantes ont été faites, est une jeune fille de dix-huit ans, d'un tem-

(1) Communiqués par M. le vicomte du Ponceau.

pérament sanguin-nerveux. Elle jouirait d'une bonne santé si, depuis l'âge de puberté, elle n'éprouvait de temps en temps des maux d'estomac assez violents ; son éducation est celle d'une pauvre ouvrière uniquement occupée de faire vivre de son travail une mère vieille et infirme.

Rosalie se trouvant en état de somnambulisme dans une pièce séparée et bien close, un peloton de laine est magnétisé par la personne qui l'a endormie, et placé dans le fond d'un des chapeaux d'homme qui sont entassés pêle-mêle au-dessous d'une console. On introduit alors la somnambule dans l'appartement et on l'invite à chercher *un objet*, sans autre désignation. Elle commence par faire le tour de la pièce, touche différents meubles, mais ne s'y arrête pas ; puis enfin, après avoir porté son examen du côté de la console, elle découvre le peloton, qu'elle apporte sans hésiter.

3° Rosalie dort depuis quelques minutes. Un docteur incrédule, dans l'intention de s'assurer si l'action magnétique peut être réellement concentrée sur des objets inanimés, emmène le magnétiseur hors de la pièce et lui propose d'opérer sur une marche d'escalier : c'est la dixième marche que choisit le docteur. La dixième marche, à partir du bas de l'escalier, reçoit donc les passes magnétiques. Au moment de se retirer, le magnétiseur désirant à son tour, et en même temps, faire aussi son expérience, déclare mettre mentalement une barrière au-dessus de la dixième marche, pour empêcher Rosalie de continuer sa route. Les choses ainsi préparées, le docteur reconduit le magnétiseur, qu'il ne quitte plus, auprès de la somnambule toujours endormie. D'après le désir qu'il exprime, elle est réveillée sans attouchement et simplement par quelques gestes faits à distance. Ce n'est qu'après un examen sérieux de l'état parfaitement normal de la jeune fille que, sur l'ordre de l'incrédule, Rosalie prend un flambeau pour aller se coucher. Dans ce trajet elle doit forcément passer par l'escalier à la marche magnétisée. Au bout de cinq ou six minutes, on se met à sa poursuite ; le docteur passe le premier, et quel n'est pas son étonnement lorsque, arrivé au bas de l'escalier, il aperçoit la jeune fille debout et immobile sur la dixième marche. Alors s'établit le dialogue suivant :

— Rosalie, que faites-vous donc là?

— Monsieur, je dors.

— Et qui vous a endormie ainsi?

— C'est la marche sur laquelle je suis ; il s'en échappe une vapeur chaude qui m'a monté aux jambes et m'a endormie.

— Eh bien, puisque vous dormez, allez donc vous coucher.

— Monsieur, je ne le puis, parce qu'il y a là une barrière qui m'empêche de passer.

4° Rosalie est à dix-huit lieues de son magnétiseur. Celui-ci lui adresse par la poste un papier sous enveloppe, qui ne contient autre chose que ce mot : *Dormez*.

Cette lettre n'est remise que trois jours après avoir été écrite. En la recevant, Rosalie paraît fort étonnée de cette plaisanterie, dont elle rit beaucoup, puis, au bout de quelques minutes, elle tombe en somnambulisme, et déclare dans cet état qu'elle y a été mise par l'intermédiaire du papier que son magnétiseur lui a envoyé (1).

Tous ces faits, obtenus en agissant sur la matière inerte, en absence de la somnambule, ont été fréquemment répétés, et souvent avec un succès complet. Mais il en est d'autres qu'il n'est pas moins curieux d'observer et qui constituent peut-être un nouvel ordre de phénomènes. Ils sont relatifs aux modifications que l'on peut apporter magnétiquement dans la sensation du goût, dans la forme et la propriété de la matière.

Sur le goût. — Un verre d'eau pure, soumis à l'action magnétique, a pris pour la somnambule la saveur qu'il a plu au magnétiseur de lui communiquer, et toujours ce liquide a, non pas réveillé vaguement le souvenir d'un goût analogue, mais produit la sensation même de la liqueur ; en d'autres mots, l'eau pure a fait éprouver à la jeune fille la vive causticité du rhum ou causé la sensation douce et froide de l'orgeat, suivant que l'un

---

(1) Cette expérience est beaucoup moins concluante que la précédente, attendu que le mot *dormez*, écrit sur le papier, suffisait pour mettre en jeu l'imagination de la jeune fille, et pour provoquer, par une réaction de ses propres facultés, un effet que le papier magnétisé n'eût peut-être pas produit sans cela.

ou l'autre de ces liquides avait été désigné au magnétiseur.

Sur la forme.—De nombreuses expériences ont prouvé jusqu'à l'évidence qu'en magnétisant les objets inanimés hors des yeux des somnambules, on pouvait en modifier la forme pour eux, et même la changer complétement. Ce qu'on ne saurait trop remarquer, c'est que les effets ainsi opérés produisent toujours toutes leurs conséquences comme s'ils existaient réellement.

Rosalie endormie est placée à l'extrémité d'un salon, la tête tournée vers la muraille. Un incrédule demande, avec cette voix que sait toujours si bien mesurer l'homme qui doute, que le magnétiseur, placé à plus de 5 mètres de la somnambule, brise l'un des pieds de la chaise sur laquelle elle est assie. A peine deux ou trois passes sont-elles dirigées vers l'objet désigné, que Rosalie se lève brusquement et s'écrie :—Ah ! mon Dieu ! je vais tomber, ma chaise n'a plus que trois pieds. — Une autre fois, en l'absence de Rosalie, le plancher du salon a été magnétisé dans l'intention de le changer en terre labourée. Lorsqu'on introduit la fille endormie, elle refuse d'avancer, et prétend que les sillons l'empêchent de marcher et qu'elle ne sait où poser les pieds. Ce même plancher prend aussi, sur la demande qu'on en fait, l'aspect d'une rivière gelée, etc.

Sur quelques propriétés de la matière. — Ces faits consistent à démontrer que le magnétisme peut donner à la matière une vertu qu'elle ne possède pas par elle-même.

Exemples : — Rosalie est en état de somnambulisme dans une pièce voisine de celle où se trouve son magnétiseur. Devant une console sont placées par hasard deux chaises, dont une fort légère. C'est précisément celle-là qu'on prie le magnétiseur de charger d'un poids considérable, ce qu'il entreprend de faire au moyen de passes nombreuses. L'opération terminée, on introduit la somnambule. Après quelques expériences d'une autre nature, on l'engage à prendre l'une de ces chaises et à venir s'asseoir auprès du feu. Le hasard lui fait choisir celle des deux qui est la plus lourde réellement. Rosalie l'apporte sans peine dans le voisinage de la cheminée. Une dame n'ayant pas de siége, on prie Rosalie d'aller chercher l'autre. Elle va donc à ce meuble, le saisit de ses deux mains, puis semble faire un violent effort pour l'enlever : la chaise reste immobile. Sur les instances qu'on lui adresse, elle essaye encore, mais toujours sans succès ; cependant ses muscles se tendent, son visage se colore, enfin elle s'écrie avec une voix altérée comme par de violents efforts : — Ah ! mon Dieu ! je ne pourrai jamais, c'est trop lourd. — Un livre a été magnétisé sur une cheminée avec l'intention de le faire adhérer au marbre. Sur le désir qu'on en témoigne à Rosalie, elle va pour le chercher, mais ses efforts pour l'enlever sont vains : seulement comme la volonté du magnétiseur n'a eu d'autre but que de fixer au marbre la partie de la reliure qui y touche, Rosalie ouvre le livre dont elle feuillette les pages, mais sans plus pouvoir l'arracher de la cheminée que si l'un des côtés de la couverture y était réellement fixé. C'est ainsi encore qu'une soucoupe ayant été magnétisée, on prie Rosalie de la prendre sur une étagère et de l'apporter. Au moment où elle la présente, ses doigts sont étroitement crispés sur la porcelaine et elle déclare qu'elle ne peut la lâcher. Telle aussi a été la volonté du magnétiseur communiquée par l'intermédiaire de l'objet.

Nous arrivons maintenant, on pourrait presque dire par une transition insensible, à une série de faits qui constituent cependant encore une classe particulière; car on a vu que les modifications apportées à la forme des objets étaient telles dans les expériences de la terre labourée et de la rivière gelée, qu'on pouvait bien les regarder comme des créations complétement neuves. On comprendra donc, par analogie du moins, que l'action magnétique puisse créer des objets entièrement imaginaires. En voici quelques exemples : Rosalie cause en état de somnambulisme avec quelques personnes. Un incrédule prie le magnétiseur de placer sur un siége inoccupé une paire de ciseaux ouverte. Quelques passes sont exécutées sur le fauteuil indiqué. Au bout d'un quart d'heure environ, on fait lever la somnambule; puis, par un hasard heureusement amené, on l'invite à s'asseoir sur le siége qui vient d'être soumis à la magnétisation. Mais Rosalie s'y refuse.

— Pourquoi donc ne voulez-vous pas vous asseoir? lui demande-t-on.

— Parce que je ne veux pas me piquer.

— Allons, asseyez-vous.

— Non, monsieur, il y a là (en montrant le siége) des ciseaux qui me feraient mal.

Une autre fois, à la demande d'une personne qui ne croit pas encore, un poteau en bois est élevé magnétiquement au milieu du salon ; on y attache mentalement une corde qui doit entourer le cou de la somnambule. Rosalie s'écrie presque à l'instant même :

— Ah! monsieur, comme cela me serre le cou!

— Quoi donc!

— La corde qui est attachée à ce poteau de bois. Sur la question de savoir où se trouve ce poteau, après avoir été délivrée du lien imaginaire dont elle se plaint, elle se lève et montre du doigt la place même où le magnétiseur a élevé son poteau fantastique.

Rosalie dort paisiblement, dans un fauteuil, du sommeil magnétique. Son magnétiseur lui soulève les pieds, puis passe sa main entre eux et le plancher. Ce signe, d'après la demande qui lui en a été adressée, doit placer un tabouret sous les pieds de la somnambule. Effectivement, à partir de ce moment, les deux pieds de Rosalie restent en l'air comme s'ils étaient réellement supportés par un objet placé au-dessous d'eux. Lorsqu'on leur imprime une forte pression, ils sont contraints d'y céder ; mais alors tout le corps suit le mouvement, et, aussitôt que l'action cesse, les deux pieds se relèvent ensemble dans la position qui leur a été imposée par le magnétiseur. C'est à peu près l'effet qu'éprouve une personne cahotée dans une voiture : le point d'appui sur lequel reposent les pieds s'exhausse et s'abaisse, sans que pour cela les rapports de position des différentes parties du corps entre elles en soient sensiblement altérées. Après être restée longtemps ainsi, sans témoigner aucune fatigue, Rosalie, à qui l'on demande pourquoi elle tient ses pieds élevés, répond : — C'est parce que je les ai placés sur un tabouret. — Sans énumérer un plus grand nombre de faits du même genre, voici, pour terminer cet ordre de phénomènes, une observation qu'il est peut-être utile de signaler, parce qu'on aura occasion d'y revenir. Rosalie est en somnambulisme dans une pièce attenante à un salon ; la porte de communication entre ces deux appartements a été fermée, mais une autre porte donnant issue du salon sur un escalier est restée ouverte. Le magnétiseur y pose magnétiquement une barrière, puis Rosalie est introduite par une personne étrangère. On l'engage à sortir dans l'escalier, mais elle déclare ne le pouvoir faire, parce que, dit-elle, *cette porte est barrée;* pour qu'elle puisse la franchir, il faut que le magnétiseur rompe en quelque sorte le charme.

Non-seulement, comme on vient de le voir par les exemples ci-dessus, l'action magnétique peut créer pour Rosalie des objets complétement imaginaires, mais encore elle lui enlève, au gré du magnétiseur, la faculté de voir des objets existant réellement, et placés dans des conditions à être parfaitement distincts pour elle à l'état ordinaire. Ainsi une simple passe magnétique suffit pour qu'un meuble, une personne, une partie d'appartement tout entière disparaisse aux yeux de la somnambule. Questionnez-la par surprise, tendez-lui tous les piéges que vous voudrez, jamais elle ne verra aucune des personnes ou des choses que son magnétiseur aura rendues invisibles; et ce qui ne doit guère laisser de crainte de fraude dans cette expérience, c'est que ceux qui auront été ainsi frappés pour elle d'invisibilité tenteront vainement de provoquer chez la somnambule le rire, l'étonnement, l'effroi, etc., etc., ou quelque autre impression que ce puisse être.

Tous ceux qui se sont occupés du magnétisme ont remarqué qu'un des caractères du somnambulisme est de ne laisser aucun souvenir au réveil, à moins toutefois que le magnétiseur n'ait eu l'intention de faire survivre une idée à la cessation de l'effet magnétique. Alors la pensée conçue sous l'empire de l'agent se continue dans l'état ordinaire, et produit presque toujours le résultat attendu. Cette observation a dû nécessairement porter à croire qu'il serait peut-être possible de transporter dans la vie naturelle des somnambules quelque autre phénomène de leur existence magnétique. Relativement à l'invisibilité, de nombreuses expériences n'ont laissé aucun doute sur cette possibilité. Nous nous contenterons de citer seulement le fait suivant. Rosalie est endormie; on lui a appliqué sur les yeux une couche épaisse de coton cardé, recouverte d'un bandeau. Dans cet état, elle est amenée au milieu de gens qu'elle ne connaît pas. Parmi eux, on choisit, pour la rendre invisible, une personne étrangère qu'elle n'a jamais pu voir. Après quelques passes magnétiques, cette personne passe avec deux autres vêtues comme elle derrière un paravent. On ôte alors le bandeau à Rosalie, on la démagnétise. Elle reprend sa physionomie habituelle, elle cause comme de coutume avec ceux qui l'entourent. Tout à coup un bras s'élève au-dessus du paravent. Rosalie est une des premières à l'apercevoir ; un second bras apparaît ensuite, elle le voit encore ; mais lorsque le troisième est élevé près des autres, elle déclare toujours n'en voir que deux. Le troisième bras est effectivement celui de la personne rendue invisible. Cette expérience se répète dix fois, vingt fois, toujours de façon différente, *jamais* Rosalie n'aperçoit la personne invisible, bien qu'elle ait changé de vêtements avec celles qui, comme elle, se trouvent derrière le paravent.

Un fait du même genre a lieu aussi pour les barrières dont nous avons parlé. Pendant que Rosalie est en somnambulisme, la porte d'entrée de la pièce dans laquelle elle se trouve a été fermée magnétiquement, quoiqu'elle soit bien réellement ouverte. A la fin de la séance, lorsque Rosalie est tout à fait réveillée, elle prend congé et se dispose à sortir ; mais au moment de passer la porte, elle prétend voir *un nuage* qui, suivant son expression, *la bouche* et l'empêche de passer. Vainement le magnétiseur cherche-t-il à dissiper cette apparition, il n'y peut parvenir qu'après avoir rendormi la jeune fille.

Nous arrivons enfin à la dernière expérience, qui a pour objet, comme la précédente, de faire passer les créations fantastiques du magnétisme dans la vie réelle ; et cette fois, comme elle ne m'est pas personnelle, je cite textuellement pour n'omettre aucun détail :

« Après avoir magnétisé Rosalie dans le petit salon
« de madame ***, je demande ce qu'on désire que je lui
« fasse voir. — Une petite fille, me répond l'un des as-
« sistants. — Je m'approche donc d'une chaise, et
« cherche en quelques passes à y fixer mon idée, comme
« nous l'avons fait souvent ensemble. Rosalie, que j'a-
« mène en face de mon œuvre, après un moment d'hé-
« sitation, finit par me dire : — Je vois très-bien, c'est
« la petite Hortense. — Renvoyée dans une autre pièce,
« je change la chaise de place pour qu'elle ne puisse la
« reconnaître ; mais j'hésite et la pose dans plusieurs
« endroits différents avant de la fixer. Je vais ensuite
« réveiller Rosalie dans la chambre de madame ***,
« puis je rentre avec elle dans la petite salle. Qu'aper-
« çoit-elle, *bien éveillée ?* Non pas une petite fille, mais
« six petites filles, à mon grand étonnement. Vaine-
« ment je cherche par des passes transversales à anéan-
« tir ma création multiple ; impossible. Curieux d'avoir
« l'explication de tout ceci, je rendors Rosalie et lui de-
« mande le mot de l'énigme. — Pardi, monsieur, ré-
« pond la fille, il ne fallait pas changer la chaise de

« place, je n'aurais vu qu'un enfant ; mais partout où
« vous l'avez déposée, le *fluide* a passé à travers et a
« formé un enfant tout pareil à celui qui est au-dessus.
« — Qu'est-ce que le fluide ? — Un léger vent qui vous
« sort des doigts. »

CHAPITRE XI.

Magnétisation des animaux.

Est-ce un pouvoir magnétique que les Martin, les Van-Amburgh, les Carter, etc., exercent sur leurs lions et leurs tigres ? Cela s'est dit dans le monde ; mais comment le prouver ? Les centres nerveux sont, il est vrai, proportionnellement plus développés chez l'homme que chez les animaux ; mais ces derniers sont doués d'une puissance d'action vitale qui les soustrait à notre influence. Il est, du reste, infiniment probable que les animaux ne sont pas complétement à l'abri des actions magnétiques que l'homme ou leurs semblables peuvent exercer sur eux ; mais les résultats sont si vagues, si fugaces, si inappréciables, qu'il n'est pas possible d'en certifier l'existence.

Il m'est arrivé un jour de magnétiser un chat pendant une heure entière. J'en suais à grosses gouttes ; mais enfin je croyais avoir réussi, lorsqu'un bruit de vaisselle dissipa subitement mon illusion en faisant fuir de dessus mes genoux la vilaine bête qui feignait d'y dormir.

Cependant une jeune personne répéta la même expérience devant moi sur un petit chien, et je ne sais vraiment qu'en penser ; car l'animal, au bout d'un quart d'heure de passes, haletait, se tenait mal sur ses jambes, et véritablement paraissait endormi ; mais était-ce le sommeil magnétique ?...

CHAPITRE XII.

Influence du magnétisme animal sur l'économie.

Voici une de ces questions qu'on ne pose pas pour soi-même, mais pour les autres ; qu'on n'a pas la prétention de résoudre, mais qu'on espère voir un jour résolue par plus habile que soi. Cependant rassemblons nos données et réfléchissons.

Si l'on faisait contracter l'habitude du sommeil magnétique à un homme parfaitement bien portant (s'il en existe), ferait-on du mal à cet homme ? je n'ai pas de raison pour répondre oui, et je n'oserais pas répondre non. Ce serait oui, si le magnétisme a la propriété d'augmenter l'action, la force, la vie de certains systèmes, de certains principes, puisqu'alors l'équilibre constituant la santé parfaite serait rompu ; mais ce serait non, si cette tonification spéciale exercée par le magnétisme n'a lieu que sur les sujets qui en éprouvent le besoin. — Cependant il y a des somnambules qui jouissent réellement d'une santé plus que passable, et chez lesquels le magnétisme ne fut jamais, au moins en apparence, cause d'indisposition. Calixte, entre autres, que M. Ricard a magnétisé pendant plusieurs années, est fort et bien musclé. Mais, disons-le vite, la santé du somnambule dépend surtout de la méthode et des attentions du magnétiseur. — Si on parvient, en effet, à endormir et à éveiller son sujet sans lui causer le plus léger malaise, on conçoit aisément que le somnambulisme puisse devenir pour lui une sorte d'état normal incapable de porter le moindre préjudice à l'intégrité de ses fonctions organiques pendant la veille, à supposer toutefois encore que le somnambulisme lui-même ne soit point une source d'émotions pénibles (comme cela arrive chez les somnambules *médecins*) ou de fatigue des sens (comme chez les somnambules à expériences). Mais s'il n'est question ni d'expériences ni de consultations, à quoi bon magnétiser un homme bien portant ? En définitive, voici le résumé de ma pensée sur ce point : *Il est inutile et il n'est peut-être pas sans danger de magnétiser fréquemment un individu en bonne santé.*

CHAPITRE XIII.

Du magnétisme considéré comme agent thérapeutique.

Le magnétisme suffit-il seul à la guérison de toutes les maladies ? non. Et la meilleure preuve qu'on en puisse donner, c'est que les somnambules se prescrivent presque toujours quelque chose en plus du magnétisme. Il est donc hors de doute que Mesmer et d'Eslon se trompaient, lorsqu'ils effaçaient le mot *incurable* de la liste de nos infirmités. J'aime à croire qu'un enthousiasme sincère abusait ces deux hommes célèbres. Pénétrés de cette opinion, assurément très-soutenable, sinon même spécieuse, que toutes les maladies, sans être précisément de nature essentiellement dynamique, comme l'a établi depuis le fondateur de l'homœopathie, procédaient toutefois invariablement d'un trouble de l'innervation, ou, ce qui pour eux revenait au même, d'une altération de quantité ou de qualité du principe vital, c'est-à-dire du fluide magnétique, il leur était, jusqu'à un certain point, permis d'espérer que, possédant un moyen d'agir directement sur ce fluide, ils parviendraient ainsi à attaquer les maladies dans leur principe, et à les prévenir ou à les détruire, quelle que fut, du reste, la forme de leurs manifestations secondaires. A tout prendre, cette théorie valait, ou peu s'en faut, le *naturisme* d'Hippocrate, l'*animisme* de Stahl, le *stimulus* de Rasori, et l'*irritation* de Broussais. Mais laissons là les théories pour nous en tenir à l'observation pure et simple des faits. Or, voici ce que celle-ci nous apprend :

L'influence du magnétisme s'exerce principalement sur les systèmes nerveux et circulatoires ; mais comme les fonctions de ces deux systèmes sont presque constamment altérées dans toutes les maladies, il s'ensuit que dans presque tous les cas le magnétisme doit imprimer à l'économie une modification quelconque. Cependant c'est surtout dans les affections que caractérisent des phénomènes anormaux d'innervation que cette modification devient promptement appréciable. Aussi voit-on que l'épilepsie, la chorée, les spasmes, les convulsions primitives et les différentes formes d'hystérie ; en un mot, les névroses et les névralgies, puis encore, mais plus rarement, certains engorgements sanguins ou ganglionnaires, la scrofule, la chlorose, les aménorrhées, les rhumatismes ou la goutte atoniques, etc., furent en effet les maladies que guérirent surtout les premiers magnétiseurs, dont les succès eurent un tel retentissement, que leurs élèves rejetèrent avec dédain toute espèce de division et de classification nosologiques, persuadés que, nonobstant la nature du mal, il n'y avait qu'à magnétiser pour le faire disparaître. Encore une fois, c'était là de l'enthousiasme, et partant de l'exagération ; mais quelle innovation se fit jamais sans entraîner d'abus ?

En résumé, je crois que les maladies consistant en un manque d'innervation (1), c'est-à-dire les diverses paralysies telles que l'amaurose, la surdité, etc., etc., furent celles qu'on traita avec le plus de succès.

Les observations de cette espèce abondent dans les livres des magnétiseurs ; nous allons leur en emprunter quelques-unes à l'appui des opinons que nous venons d'émettre.

PREMIÈRE OBSERVATION.

Asphyxie chez un enfant naissant, à Épinal, 1818, par M. Thiriat, médecin et inspecteur des eaux de Plombières (2).

« L'asphyxie des nouveau-nés est souvent suivie de la mort réelle, malgré l'emploi de tous les moyens indiqués par les bons docteurs et continués avec une assiduité soutenue. L'insufflation dans la poitrine occupe le premier rang parmi ces moyens, et j'en ai souvent retiré de grands avantages. Je l'ai fait d'une manière

---

(1) *Anervies* de M. le professeur Piorry.
(2) Extrait d'une lettre de M. Thiriat à M. le comte d'Aunay (*Bibliothèque du magnétisme*, n. 2, p. 149).

empirique, sans m'expliquer autrement sa manière d'agir.

« En réfléchissant davantage sur le phénomène de la respiration, je suis très-porté à croire que l'air intérieur n'est point la cause de la première inspiration, par conséquent de la contraction du diaphragme, puisque cette contraction a lieu avant qu'il y ait une parcelle d'air dans la poitrine ; que, bien plus, cette contraction cesse dès l'instant que l'air est introduit, d'où résulte l'expiration. Ainsi ce mouvement automatique qui commence chez l'enfant dès qu'il voit la lumière, et qui ne finit qu'avec la vie, n'est point dû au sentiment de l'air ; ainsi l'insufflation est non-seulement inutile, mais est nuisible, puisque l'air vicié qu'elle introduit dans le poumon de l'enfant est plus propre à augmenter l'asphyxie qu'à la détruire. Cependant l'expérience des accoucheurs les plus distingués a prouvé l'utilité de l'insufflation ; son application méthodique accélère les mouvements du cœur ; les voies intérieures de la poitrine s'agitent peu à peu, la respiration s'établit, la peau se colore, l'enfant s'agite et crie. Vingt fois j'ai rappelé à la vie, par ce moyen, des enfants asphyxiés. Quel est donc, dans cette opération, le stimulant qui rétablit la vie dans l'organisme ?... Le fluide magnétique.

« La mère de l'enfant sur lequel j'ai agi d'après ces données était petite ; son bassin étroit, sans être difforme ; l'accouchement fut long, la tête s'allongea beaucoup, et je terminai avec le forceps.

« L'enfant était asphyxié ; le cœur battait faiblement et lentement; j'employai d'abord les frictions, l'immersion dans l'eau tiède; je débarrassai l'arrière-bouche, j'irritai fortement ces parties, je soufflai méthodiquement dans la poitrine : cette dernière manœuvre augmenta les mouvements du cœur. J'opérais depuis une heure; l'espoir de réussir devenait de plus en plus incertain. Alors seulement je me déterminai à agir plus particulièrement sur le cœur et le diaphragme. J'appliquai sur la région de ces deux organes un linge sec et propre, et je commençai à souffler chaud sur le premier; quelques minutes suffirent pour porter les battements à un degré de vivacité qui me ravit. Une action plus prolongée devenait inutile, dangereuse même en produisant une irritation trop forte. Je commençai à souffler chaud sur les parties antérieures et inférieures du thorax ; bientôt il s'agita, d'abord lentement, peu à peu avec plus de force ; il survint quelques inspirations éloignées, et qui se rapprochèrent de plus en plus; enfin la respiration s'établit parfaitement. Pour ranimer complétement cet enfant, petit et faible, et qui faisait peu de mouvements des extrémités, je commençai à magnétiser à grands courants et à peu de distance. Il était sur mes genoux, couché sur des linges chauds, découvert et la face en haut. Bientôt toute la surface du corps se colore plus vivement, les extrémités se mouvant à chaque passage de ma main sur la partie inférieure de la poitrine; l'inspiration était plus vive et plus profonde. Après l'avoir ainsi magnétisé l'espace d'un quart d'heure, je pus livrer l'enfant à la sage-femme pour le nettoyer, le laver et le mettre dans ses langes.

« Cette espèce de résurrection, que je désespérais d'opérer par les moyens ordinaires, fut assurée après une heure environ d'influx magnétique. Cette observation explique complétement la manière d'agir de l'insufflation. Elle introduit dans les poumons l'air décomposé, par conséquent nuisible à la respiration; mais elle y introduit en même temps le fluide vivifiant, qui porte la vie au cœur et au diaphragme, et alors elle est utile, etc. »

Réflexions. — Quelle est, dans l'observation qu'on vient de lire, l'action thérapeutique du magnétisme? Est-ce simplement de l'excitation? A mon avis c'est beaucoup plus que cela : j'y vois une véritable *vivification*; j'y vois en un mot un agent inconnu qui ranime je ne sais comment un petit être mourant. La manière d'agir du magnétisme dans les observations suivantes est tout aussi inqualifiable.

DEUXIÈME OBSERVATION.

Paralysie et atrophie des deux avant-bras, obstruction considérable au foie, sur le sieur Thomas Tabary, à Nantes, 1784, par M. de Boissière, D. M. (1).

« Thomas Tabary, cordonnier des environs du Mans, était depuis deux ans paralysé des deux avant-bras. Les parties paralysées étaient sans mouvement et sans chaleur, il y avait peu de sentiment : elles étaient dans un état de desséchement qui constitue une atrophie parfaite. Cette maladie était la suite des coliques violentes que Tabary avait éprouvées; il avait une obstruction considérable au foie, et un commencement d'ictère accompagné de fièvre lente. Ce malade fut soumis au traitement magnétique, le 28 juillet 1784. Le 3 août, il commença à ressentir de la chaleur dans toute l'étendue des parties paralysées : cette chaleur augmenta par degré, et est enfin parvenue à l'état naturel. Le 15, il éprouva une diarrhée bilieuse abondante, qui a duré jusqu'au 25. La diarrhée cessant, il s'est établi une sueur si copieuse, que quelquefois les doigts en coulaient à gouttes. Cette sueur était locale et ne s'étendait pas au delà des parties paralysées, c'est-à-dire au delà de l'articulation de l'avant-bras : elle a duré jusqu'au 3 septembre. A cette époque, les parties avaient pris considérablement d'embonpoint, de forces et de mouve-

(1) *Précis des cures de Nantes.* Paris, 1785, in-8, p. 194.

ment; le sentiment était entièrement rétabli. Le malade était en état de travailler, même de tailler un talon de bois : il a été toujours de mieux en mieux, et a continué de travailler un peu chaque jour.

« Le 20 septembre, le bras et la main gauche étaient dans l'état naturel, ainsi que le bras droit, dont la main avait encore besoin de quelques jours de traitement pour reprendre sa première consistance et toute sa force ; l'obstruction était considérablement diminuée ; la couleur était bonne, la fièvre avait disparu.

« Le 23, le malade m'a demandé un certificat qu'il m'avait remis, constatant son état, signé par M. Loiseau, maître en chirurgie, qui l'avait soigné dans sa maladie, et avait été témoin, ainsi qu'il avait l'honnêteté de l'exposer, du peu de succès des remèdes de divers genres employés pour combattre cette opiniâtre maladie. Ce certificat était encore signé de M. le recteur et légalisé par M. le juge. Je le lui remis sur l'exposé qu'il me fit qu'un monsieur de la ville, qu'aucun intérêt dans ce moment ne me faisait désirer de connaître, voulait le voir, le comparer avec son état actuel, et lui avait promis de l'argent pour lui aider à vivre.

« Je n'ai plus vu cet homme ; il n'a plus reparu : cette manière de s'évader a quelque chose de singulier et de mystérieux sur lequel je m'interdis toute réflexion. »

TROISIÈME OBSERVATION.

Paralysie sur le père Borrit, augustin, âgé de soixante-quinze ans, à Bayonne, 1784, par le comte de Puységur (1).

« Le père Borrit, religieux augustin, fut attaqué d'une paralysie de tout le côté droit, au mois de juin 1783. Le mois d'août suivant, il eut la goutte au genou et à la jambe. Ces douleurs lui donnèrent un peu de mouvement. Il put marcher en se traînant, et à l'aide d'un bâton; mais il ne pouvait remuer le bras droit; depuis le mois de mai 1784, il pouvait porter la main jusqu'à la poitrine. Il n'entendait presque plus de l'oreille droite, ne voyait pas de l'œil droit, parlait fort difficilement; sa bouche était de travers. Depuis son attaque, il ne dormait pas une heure par nuit, et de temps en temps il éprouvait des douleurs très-vives à l'épaule et au bras droit. C'est dans cet état qu'il fut présenté au traitement magnétique, le 28 août. Après la première séance, le père Borrit put porter sa main droite sur sa tête, derrière les reins, et s'en servit pour manger; il dormit toute la nuit. Le lendemain la bouche se redressa; le troisième jour il fit la chaîne avec les autres malades, et en peu de jours il fut en état de marcher aisément sans bâton et sans traîner le pied. Depuis lors il recouvra entièrement l'usage de ses membres et de

(1) *Exposé des cures opérées par le magnétisme animal*, t. II.

toutes ses facultés, mangeant de bon appétit, dormant fort bien, et ne souffrant plus, quelque temps qu'il fît.

« Au certificat du père Borrit sont joints ceux du père Mersalens, prieur ; du père Larieu, provincial des Grands-Augustins.

« Nous devons ajouter ici que, par reconnaissance pour la guérison du père Borrit, les RR. PP. augustins offrirent à M. le comte de Puységur une des salles de leur couvent pour continuer son traitement magnétique pendant l'hiver. »

QUATRIÈME OBSERVATION.

Paralysie des cuisses et des jambes, et atrophie des jambes, vomissements, affection nerveuse, etc., sur madame de La Malmaison, âgée de trente-huit ans, à Créteil, près Paris, 1778, par Mesmer (1).

« Madame de La Malmaison, âgée de trente-huit ans, quoique d'une constitution forte en apparence, avait toujours eu une disposition vaporeuse, dont les accès lui avaient occasionné plusieurs fausses couches. Ces accidents ont été précédés et suivis de vomissements, dégoûts absolus, douleurs de tête, toux, convulsion et crachement de sang ; ses jambes enfin lui refusèrent totalement le service et la déterminèrent à se rendre aux eaux de Plombières, trois années consécutives. Elle en

(1) *Précis historique des faits relatifs au magnétisme animal.* Paris, 1781, p. 221.

éprouvait de bons effets jusqu'à l'arrivée de l'hiver, qui op la remettait à peu près dans le même état où elle était auparavant. Ces variations ont eu lieu jusqu'au mois de juin 1777, qu'une chute de voiture déchira ses jambes au point de découvrir les tendons. Ce cruel accident renouvela et augmenta toutes les affections qui l'avaient précédé. Le vomissement surtout devint si violent, que la malade ne pouvait retenir aucun aliment. Ses jambes, précédemment affaiblies, devinrent froides. Il était sensible qu'elles ne prenaient plus de nourriture. Elles se desséchèrent. Les doigts des pieds se recourbèrent. Les cuisses aussi étaient sans mouvement. En un mot, la paralysie s'élevait jusqu'à la hanche. Le médecin qu'elle avait sur les lieux parvint à calmer le vomissement et à la mettre en état de se rendre à Paris, au mois de février 1778.

« M. Leroi, qu'elle a consulté, et dont elle a suivi les conseils, a achevé le rétablissement de son estomac et a calmé les autres accidents ; mais la paralysie était la même, et elle était très-incommodée d'un *asthme vaporeux*. La malade était au moment de partir pour les eaux de Balaruc, lorsque, ayant appris que M. Mesmer traitait des maladies aussi graves que la sienne, au village de Créteil, elle a préféré, après l'avoir consulté et en avoir reçu des espérances, suivre son traitement. »

A cette relation, madame de La Malmaison ajoute le certificat suivant :

« D'après l'exposé ci-dessus, que je certifie véritable,

déclare qu'ayant éprouvé le traitement de M. Mesmer, sa nouvelle méthode, depuis le mois de mai dernier jusqu'à ce jour, j'ai recouvré la faculté de marcher librement et sans appui, de manière à pouvoir monter et descendre sans difficulté; que mes jambes ont repris leur nourriture et chaleur; qu'elles sont, ainsi que les doigts des pieds, dans un état naturel; et qu'enfin je suis parfaitement guérie de la paralysie, ainsi que des autres incommodités dont j'étais affligée.

« *Signé*, DOUET DE VICHY DE LA MALMAISON.

« A Créteil, ce 30 août 1778. »

Réflexions. — Nous avons pris au hasard ces quatre observations parmi plusieurs milliers d'autres semblables que renferment les ouvrages de Mesmer, de d'Eslon, de Puységur, de Boissière, etc. Jusqu'à la découverte du somnambulisme artificiel, le traitement des paralysies était, comme nous l'avons dit, un des triomphes du magnétisme. La cure d'une amaurose (paralysie du nerf optique) fut le premier succès de Mesmer; et, depuis ce remarquable événement, qui excita l'envie des uns et l'incrédulité des autres, le magnétisme dut peut-être la défaveur où il tomba au merveilleux des guérisons opérées par ses adeptes. Mais comment le magnétisme agit-il dans la paralysie? Est-ce à la manière des opiniques? des excitants? des eaux sulfureuses? de la strychnine? de l'électricité?... Est-ce sur les masses musculaires, ou bien sur les nerfs seulement, qu'il exerce son action ? Comment agit-il enfin ? — Il guérit la paralysie ; voilà tout ce que j'en sais. Étudions-le maintenant comme modificateur de la circulation et des fonctions qui s'y rattachent.

CINQUIÈME OBSERVATION.

Dans le courant d'avril 1840, je fus consulté par une jeune femme de chambre nommée Joséphine Dulau, demeurant à Paris, rue de Lille, n. *, qui, après avoir inutilement subi plusieurs traitements, vint à moi en désespoir de cause, pour que le magnétisme, me dit-elle, *la tuât ou la guérît.*

Joséphine est âgée de vingt-cinq ans et demi. Elle est de taille moyenne ; sa figure est agréable nonobstant une très-grande pâleur ; elle se dit d'une extrême faiblesse, mais elle n'est pas dépourvue d'embonpoint, et son extérieur est loin de révéler ces profondes altérations organiques qui motivent son désespoir. Habitant Paris depuis dix-huit mois seulement, elle n'a quitté que depuis cette époque le petit village de la Dordogne où elle est née de parents robustes. Avant la maladie dont elle se plaint actuellement, elle s'était toujours assez bien portée et était d'un caractère très-gai. Maintenant, elle est triste, morose, taciturne ; elle s'irrite d'un rien, pleure de tout, s'effraye de l'avenir, et vingt fois par jour se souhaite la mort, qu'elle redoute plus que personne au monde.

Symptomatologie. — Bouche sèche, aride, fade et quelquefois amère. — Langue à peu près naturelle, sauf un léger enduit jaunâtre qui en recouvre la base. — Haleine à saveur piquante d'acide carbonique : aussi la salive rougit-elle instantanément le papier bleu de tournesol.

Il y a de la soif et peu d'appétit : cependant les digestions ne s'opèrent pas précisément mal ; mais il y a une sensibilité vive à l'épigastre. — Léger météorisme du ventre. — Coliques fréquentes donnant lieu le plus souvent à des défécations demi-liquides. — Le pouls est petit, fréquent (96 pulsations par minute) ; par instant il est presque impossible de le percevoir, et d'autres fois il ne se traduit que par un petit trémoussement confus et sans rhythme. Les bruits du cœur sont normaux, mais d'une faiblesse extrême. Cet organe est fréquemment agité de palpitations violentes et douloureuses qui semblent remonter jusqu'aux vaisseaux du col (sans bruit de diable), et forcent la malade à suspendre sa marche, et quelquefois même à se mettre au lit. — La respiration est un peu fréquente, mais pourtant naturelle. La percussion de la poitrine produit un son normal dans toute l'étendue des deux poumons ; enfin, l'auscultation ne décèle rien d'inquiétant, ce qui n'empêche pas qu'une toux sèche et très-pénible accompagne chaque accès de palpitations. — Pas de sueurs. — La menstruation est complétement suspendue depuis plus de six mois. L'hypogastre n'est pas douloureux ; mais un écoulement blanc, continuel et d'une extrême abondance, confirme, relativement à l'existence d'une affection chlorotique bien caractérisée, le diagnostic que j'avais déjà déduit de la couleur terreuse de la peau, de l'état du cœur et des troubles de l'innervation.

Les médecins consultés avant moi par Joséphine avaient partagé cette manière de voir sur son compte. Leurs prescriptions, qu'elle me montra, ne me laissèrent à ce sujet aucun doute. On avait successivement épuisé toute la liste des *toniques ferrugineux*, depuis le vieux sous-carbonate jusqu'au moderne lactate, depuis l'eau rouillée jusqu'au chocolat ferré. Rien n'avait réussi. Ni le fer ni la digitale employée après coup n'avaient amélioré son état; et j'avoue pour mon compte que si je n'eusse été que médecin, j'aurais éprouvé plus que de l'embarras, mais une sorte de remords de conscience à écrire une nouvelle ordonnance pour cette pauvre fille (1). Heureusement pour elle j'étais magnétiseur. Asseyez-vous là, lui dis-je, et nous saurons bientôt ce que dame nature veut qu'on fasse pour vous. — Joséphine en avait pris d'avance son parti; elle ne me fit donc point résistance, et tout alla pour le mieux.

1re *séance*. — (16 avril). Il est deux heures et demie lorsque je commence à magnétiser Joséphine. Le sérieux glacial et l'air moitié piteux, moitié résigné avec lequel

(1) Un traitement homœopathique l'eût probablement guérie en quelques jours; mais je n'étais point alors homœopathe.

elle se prête à mes intentions me donnent presque envie de rire. Cependant, au bout de huit ou dix minutes de passes, sa figure se déride, et un sourire se dessine sur ses lèvres.

— Pourquoi riez-vous? lui dis-je.

— Je n'en sais rien, me répond-elle; mais je meurs d'envie de rire.

— A votre aise, ma pauvre enfant; ne vous retenez pas, mais laissez-moi continuer.

Je continue en effet, et Joséphine use largement de la permission, car elle rit aux éclats, tout en poussant de loin en loin de profonds soupirs.

Au bout de vingt minutes, elle est plus calme. Sa paupière est appesantie, des gouttes de sueur tombent de son front et elle éprouve des envies de vomir. Il est certain que si j'insistais, le sommeil ne tarderait pas à se manifester; mais je suis moi-même fatigué; c'est pourquoi, après quelques passes transversales qui remettent la malade dans son état naturel, nous convenons de reprendre l'expérience le lendemain à la même heure.

2ᵉ *séance*. — Joséphine arrive à deux heures et quart, comme elle me l'a promis la veille. Je recommence à la magnétiser à deux heures et demie précises. Rien de particulier ne lui est, au reste, survenu depuis notre entrevue, sauf qu'il lui semble avoir ressenti un peu d'agitation pendant la nuit; mais comme cette circonstance lui est très-familière, elle est assez juste pour ne point l'attribuer au magnétisme, et les réflexions qu'elle a faites sur les chances de guérison que je lui ai laissé apercevoir ont au contraire augmenté sa confiance. D'ailleurs quels soulagements lui a procurés la médecine ? aucun ; elle en est sûre. Lui a-t-elle fait du mal ? c'est ce qu'elle ignore et ce que moi-même je ne saurais décider.

Les choses se passent absolument comme la veille. Mêmes soupirs, même hilarité, même envie de vomir : seulement tout cela met moins de temps à se manifester. Enfin, au bout d'environ vingt minutes, Joséphine me répète à plusieurs reprises qu'elle va dormir, et vingt-cinq minutes ne se sont pas écoulées qu'elle dort en effet. Je continue néanmoins à la magnétiser pendant cinq minutes encore, après quoi je lui adresse la parole :

— Dormez-vous, Joséphine ? — Elle ne répond pas. Je réitère ma question, et ce n'est qu'à la troisième fois qu'elle répond :

— Oui, monsieur.

— Comment vous trouvez-vous?

— Je me trouve bien.

— Craignez-vous encore que le magnétisme ne vous fasse mourir ?

— Oh! non.

— Vous guérira-t-il ?

Pas de réponse.

— Voyons, Joséphine, réfléchissez ; pensez-vous que le magnétisme puisse vous guérir ?

— Oui, monsieur.

— Faudra-t-il longtemps?

— Je n'en sais rien.

— Combien de temps voulez-vous dormir?

— Une demi-heure.

Je suivis à la lettre l'indication, et je l'éveillai une demi-heure après l'avoir endormie. Son réveil fut excessivement calme. — Il me semble que je sors d'un bain, me dit-elle.

3e *séance* (17 avril). — Joséphine se trouve un peu en retard, car elle n'entre chez moi qu'à trois heures moins dix minutes. Je lui en fais des reproches, et elle me promet plus d'exactitude pour le lendemain. Je lui demande comment elle se trouve de nos deux premières séances.

— Oh! très-bien, me répond-elle; j'ai dîné hier de bien meilleur appétit que de coutume; je n'ai pas pleuré du tout, et j'ai passé une nuit excellente.

— Et les palpitations?

— J'en ai eu un peu en montant l'escalier pour me coucher. Mais ça n'a rien été en comparaison de celles que j'éprouvais ces jours passés. Pour gagner seulement l'entre-sol, je n'en pouvais plus, et j'ai cru que je mourrais à votre porte la première fois que je suis venue vous voir.

— La marche vous avait oppressée?

— Oui, d'abord; mais avec cela....

— Quoi donc encore?

— Dame ! la peur : il me semblait que je venais chez un *loup-garou*.

— Eh bien, je suis satisfait de vous voir un peu plus rassurée ; mais ne perdons pas de temps ; car l'heure passe, et nous pourrions nous en trouver mal.

Il est trois heures précises. Joséphine s'abandonne avec confiance, et dort à trois heures dix minutes. Un imperceptible sourire a remplacé cette fois l'expansive hilarité des jours précédents. Ce n'est nullement l'expression d'une pensée plaisante ; c'est un symptôme dépendant d'une cause physiologique inappréciable pour la malade comme pour moi ; mais je remarque qu'il a lieu surtout lors du passage de mes mains sur les régions latérales du thorax et les hypocondres. On doit se rappeler au reste qu'à notre quatrième chapitre nous avons mentionné cette sorte d'hilarité toute physique, comme étant un des prodromes assez fréquents du sommeil magnétique. Est-ce une simple expression automatique ou un phénomène cérébral ? C'est ce que personne peut-être ne saurait dire. Il y a, en effet, des maladies qui égayent et font rire, comme il en est d'autres qui attristent et font pleurer. Bon nombre de névroses donnent lieu tour à tour à ces deux effets contraires ; il ne faudrait donc pas trop s'étonner que les influences magnétiques eussent le même résultat. Mais revenons à notre chlorotique.

— Dormez-vous, Joséphine ?

— Oui, monsieur.

— Êtes-vous assez magnétisée ?

— Oui, monsieur, mais lorsque vous passez vos mains sur ma poitrine, vous me faites le plus grand bien.

Je la magnétise pendant quelques minutes sur la région du cœur, et elle dit en éprouver du calme et une sensation agréable.

— Croyez-vous maintenant que le magnétisme vous guérira ?

— Oui, j'en suis certaine, et il ne faudra même pas fort longtemps.

— Combien de temps faudra-t-il ?

— Je n'en sais rien encore ; je pourrai vous le dire dans quelques jours.

— Vous ne voyez pas clair ?

— Non, mais ça ne tardera pas.... Attendez.... Je verrai clair demain.

— A quelle heure?

— A trois heures.... Non.... à trois heures et quart,

— Vous pourrez alors nous dire ce qu'il conviendra de vous faire pour vous guérir ?

— Oh ! oui, je vous le dirai.

— Combien de temps faut-il vous laisser dormir ?

— Jusqu'à quatre heures moins un quart.

— Quelle heure est-il actuellement ?

— Trois heures vingt-cinq minutes.

Je regarde la pendule à laquelle Joséphine tourne le dos; il est exactement l'heure qu'elle vient d'indiquer.

— Comment vous trouverez-vous ce soir?
— Je serai très-bien.
— Et la nuit?
— Très-bien encore.
— Aurez-vous appétit pour dîner?
— Pas beaucoup; mais il faudra malgré cela que je mange.
— Quoi?
— Du potage et du bœuf.
— Vous m'avez dit que vous digériez assez difficilement le potage, et que la viande vous faisait toujours mal.
— C'est vrai; mais ce soir elle ne me fera pas mal.
— Il faudra donc vous rappeler cela quand vous serez éveillée?
— Oui, monsieur. Oh! je vous en prie, ajoute-t-elle, magnétisez-moi donc encore un peu sur le cœur; cela me fait un bien!...

Je me rends au désir de Joséphine, qui m'en remercie plusieurs fois avec une vive expression de reconnaissance. Quelques instants après, je l'éveille à l'heure juste qu'elle a indiquée. Elle sourit pour s'éveiller comme pour s'endormir. Ses regards expriment d'abord l'hébétude, puis l'étonnement, puis le bien-être et la reconnaissance. Elle se lève avec vivacité, et s'écrie avec un enthousiasme plein de candeur :

— C'est étonnant comme je me sens mieux que ces jours passés. Il me semble que je suis légère comme *une danseuse de l'Ambigu!*

J'apprends à Joséphine l'obligation qu'elle s'est imposée de manger du potage et du bœuf à son dîner, ce qui lui fait faire une petite moue des plus plaisantes ; mais enfin elle en prend son parti, et, après m'avoir donné sa promesse formelle de se conformer de point en point à toutes ses ordonnances, elle me quitte et descend mon escalier en courant.

4e *séance* (18 avril). — Joséphine arrive chez moi à trois heures moins un quart. Je ne sais si cela tient à l'air de satisfaction répandu sur sa figure et sur toute sa personne, mais il est certain que sa pâleur me paraît moins grande.

— Si cela continue, monsieur, s'écrie-t-elle en entrant, je me croirai plus qu'à moitié guérie. Je n'ai pas eu de palpitations, j'ai bien mangé, bien bu, bien dormi et surtout bien ri ; à telle enseigne que ma maîtresse est persuadée que je deviens folle. Mais je sais à quoi m'en tenir là-dessus. Oh ! c'est que, voyez-vous, monsieur, je suis doublement contente : d'abord je suis gaie d'aller mieux, mais ensuite je suis gaie de *ne plus être triste*. Vous riez ? Je ne m'explique donc pas bien ? Tant pis ; mais je me comprends, et j'aime mieux avoir de la santé que de l'esprit.

— Ainsi votre dîner ne vous a pas fait de mal ?

— Pas le moins du monde, monsieur, et j'avais pourtant mangé comme un ogre.

— Et l'écoulement est toujours le même ?

— Dame ! monsieur... Mais ça viendra.

— Oui ; je vous le certifie.

Magnétisée à trois heures précises, Joséphine est endormie en moins de huit minutes. De petites contractions spasmodiques du muscle orbiculaire des lèvres ont remplacé l'inextinguible rire des premières séances. On croirait que la malade dort de son sommeil naturel.

— Comment vous trouvez-vous, Joséphine ?
— Très-bien.
— Voyez-vous ?
— Pas encore, mais je verrai tout à l'heure.
— Dans combien de minutes ?
— Dans sept minutes.
— Dois-je continuer à vous magnétiser ?
— Encore un peu, s'il vous plaît, sur la poitrine et sur le ventre.

J'obéis à cette injonction, et la malade de s'extasier de nouveau sur le bien que je lui fais. — Cependant les sept minutes se sont écoulées, et Joséphine, émerveillée de sa lucidité naissante, s'écrie avec un ton d'admiration qui contraste avec l'impassibilité de sa figure :

— Oh ! voilà ! voilà ! Je vois clair comme en plein jour ! Qu'est-ce que je dis donc ! C'est bien pire ! Je vois au dedans de vous comme si vous étiez une lanterne ! Ouf ! Il y a du feu au bout de vos doigts ! Oh ! que c'est étonnant ! Mais c'est que je vois au dedans de moi aussi. C'est sûr ; voilà mon cœur ! Tic ! toc !..... tic... toc..... Oh ! comme il bat drôlement !..... Et mon sang donc !

Tiens..... Tiens..... Rouge d'un côté et noir de l'autre !
Et mon ventre ! En voilà-t-il des *boyaux !* Dieu ! que
c'est dégoûtant !

— Et votre mal, Joséphine, le voyez-vous ?

— Non, je ne le vois pas, parce que je crois qu'il est partout; mais n'importe, je *sens* bien ce qu'il faudra me faire pour me guérir.

— Que faudra-t-il vous faire ?

— Me magnétiser, me faire boire du vin et manger du rôti.

— Voilà tout ?

— Oui, pour le moment.

— Et quand aurez-vous vos règles ?

— Je les aurai..... dans cinq jours. (Rappelons à nos lecteurs que la malade n'a pas vu depuis six mois.)

— Et les flueurs blanches ?

— Elles auront diminué de moitié après les règles passées.

— Devons-nous vous remettre à l'usage des préparations de fer?

— Non; je crois bien que ce sont elles qui m'ont ôté l'appétit, mais il ne tardera pas à revenir.

— Il faudra donc vous magnétiser tous les jours?

— Oui, monsieur, jusqu'à l'époque de mes règles. Le premier jour que je les aurai, vous me magnétiserez encore pour me préserver des coliques; puis nous suspendrons deux jours, après quoi nous reprendrons pendant quelque temps..... Oh ! que c'est étonnant ce que je vois! Pouah! Dire que l'on a tout cela dans le corps!

— Quelle est la boisson qui vous conviendra le mieux? Aurez-vous besoin de quelque tisane?

— Pas de tisane; de l'eau rougie.

— Serez-vous lucide demain?

— Oui, monsieur.

— A quelle heure?

— Je le serai toute la journée.

— Cependant il faudra vous magnétiser à la même heure qu'aujourd'hui?

— Oui, monsieur.

— C'est bien, éveillez-vous.

Joséphine Dulau continua à être magnétisée chaque jour, jusqu'au 22 avril, où, comme elle l'avait annoncé, ses règles parurent. Elles furent peu abondantes et durèrent trois jours; mais l'amélioration générale se maintint. La supersécrétion du mucus utérin se réduisit à son état normal. Les forces revinrent rapidement avec la gaieté; et, après s'être prescrit une légère purgation, et deux jours après une saignée de trois onces (1), Joséphine se déclara guérie.

(1) Cette médication étrange me rappelle une observation que M. Mialle a consignée dans l'*Exposé des cures opérées par le magnétisme*, etc., t. I, p. 369. « Le troisième jour que mademoiselle B*** fut magnétisée, elle devint somnambule, et dit que sa maladie durait depuis un an; qu'elle était occasionnée par une médecine prise pendant le temps des règles, ce qui avait fait refluer les humeurs dans le sang; elle assura que le magnétisme l'en

Quelle fut ici l'action thérapeutique du magnétisme? A-t-il agi comme tonique? comme apéritif? c'est toujours ce que j'ignore; mais il a guéri un des cas de chlorose les mieux caractérisés qu'il soit possible d'observer.

SIXIÈME OBSERVATION.

Épuisements, sueurs, sur Gervais Nechenger, âgé de trente-cinq ans, à Oberherklein, près Colmar, en 1785, par M. le baron Klinglin d'Esser (1).

Le nommé Gervais Nechenger, attaqué de vertiges et épuisé de sueurs continuelles toutes les nuits, vint au traitement de M. Klinglin, le 16 septembre, et fut guéri le 22 du même mois. — *Témoin*, SANNER, chirurgien. — Voilà donc le magnétisme qui produit l'effet du quinquina rouge, du tannin, etc. — Mais, dira-t-on, le magnétisme peut donc être substitué avantageusement à toute espèce de remède? Que deviendront ces pauvres pharmaciens? — A cela je répondrai que si par hasard on pouvait se passer de médicaments pour guérir les malades, le malheur ne serait pas grand; mais nous avons déjà dit qu'il n'en était point ainsi.

guérirait en moins d'un mois. Elle a été parfaitement guérie le 20 novembre, sans autre remède qu'une *petite saignée* qu'elle s'ordonna dans la sixième séance, et après avoir pris quelques bouteilles d'orgeat et d'eau magnétisée. » (*Extrait des Annales de Strasbourg*, t. I, p. 75.)

(1) *Annales de Strasbourg*, t. I, p. 30.

Quant aux appréhensions sur la future détresse de la pharmacie... on conçoit qu'il nous appartient peu de nous en inquiéter. Qui ne consentirait à supprimer les avocats, s'il ne devait plus y avoir de procès ? Qui ne consentirait surtout à supprimer les médecins s'il ne devait plus y avoir de maladies. Malheureusement la souffrance est, comme la mort, totalement inhérente à la destinée humaine. Prévenir ou soulager la douleur et prolonger la vie, voilà donc l'unique but que l'art de guérir ait le droit de se proposer. L'a-t-il atteint jusqu'à présent ? J'en doute. Mais poursuivons notre examen.

SEPTIÈME OBSERVATION.

Surdité datant de quinze ans et guérie en un mois.

Il n'est personne qui n'ait eu connaissance des dernières communications faites à l'Académie des sciences, relativement à l'heureux emploi du magnétisme dans le traitement de la surdi-mutité. Or, le cas suivant (quoiqu'il ne s'agisse point d'un sourd-muet) ne me paraît pas moins digne de fixer l'attention des savants et du public, que ceux dont on a entretenu l'Académie.

Et d'abord je commence par déclarer que M. A. G*** n'est rien moins qu'un être de raison, non plus que son histoire un conte fait à plaisir pour l'honneur de nos croyances. Les incrédules pourront en appeler au témoignage de M. G*** lui-même, car il est encore pour quelques mois à Paris, où il habite la maison portant le

n. 51 de la rue de Provence. Voilà pour les *notes et pièces justificatives,* arrivons maintenant au fait.

M. G*** est âgé d'approchant vingt-deux ans. Quoiqu'il soit né dans les environs de Marseille, il est très-éloigné d'avoir une constitution méridionale. La lymphe et le tissu graisseux dominent évidemment dans son tempérament : circonstances qui, dans nos idées communes, ne devaient pas me laisser l'espérance de trouver en lui une grande sensibilité au magnétisme; mais le fait démentit heureusement mes prévisions sur ce point. Ce fut le 16 janvier 1842 que M. G*** vint me consulter pour la première fois. Il me raconta en peu de mots l'histoire de sa maladie. A la suite d'une scarlatine dont il fut atteint en 1825, et qui compromit sérieusement ses jours, il avait complétement perdu la faculté d'entendre de l'oreille gauche, et, depuis, rien n'avait pu lui faire recouvrer l'usage de cette faculté. M. G*** avait pourtant mis à contribution toutes les ressources de l'art. Après s'être confié d'abord aux médecins de son pays, il se décida à venir consulter les plus célèbres praticiens de la capitale. M. le professeur Andral eut la franchise d'avouer l'impuissance de la médecine en pareil cas, et M. Jules Cloquet conseilla les eaux d'Aix en Savoie, qui parurent amener d'abord quelque amélioration; mais malheureusement cette amélioration ne se soutint pas.

M. A. G*** revint donc à Paris, plus désespéré que jamais d'une infirmité dont il ne pensait plus guérir, et dont il s'exagérait d'ailleurs les inconvénients; car bien qu'elle ne compromît qu'imperceptiblement et les agréments de son esprit et la facilité de ses relations sociales, n'entendre que d'une oreille lui paraissait ne vivre qu'à demi. Il tenta donc un dernier effort en se livrant aux mains d'un homœopathe; mais les *infinitésimaux* furent cette fois sans efficacité, et le régime austère qu'on lui imposa ne fit que lui délabrer l'estomac sans lui rendre l'audition (1).

Voilà donc une nouvelle preuve de l'assertion que nous avons avancée dans nos *Transactions :* « Ce n'est jamais qu'en désespoir de cause, c'est-à-dire après avoir épuisé toutes les ressources habituelles de la médecine classique, que les malades se décident à nous consulter. » En effet, après l'homœopathie, que pouvait tenter encore M. G*** ? Rien, ou le magnétisme, ce qui, au surplus, lui semblait presque la même chose. Or, nous allons voir ce qu'il en advint. Mais précisons d'abord l'état du malade au premier jour qu'il fut magnétisé.

M. G***, après être entré avec moi dans les détails qu'on vient de voir, me prie d'examiner son oreille, qui, depuis l'origine de son affection, est le siége d'un écoulement assez abondant. L'extraction d'un polype qu'on lui a pratiquée, il y a quelques années, lui fait appréhender l'existence d'un corps analogue dans le conduit auditif externe. Il est certain qu'une pareille circonstance

---

(1) Il est fort à croire que c'était la faute de l'homœopathe et non celle de l'homœopathie.

eût rendu fort peu probables les chances du magnétisme ; mais une exploration minutieuse ne tarde pas à me rassurer sur ce point. Mon stylet ne rencontre, à la voûte du conduit, qu'une saillie longitudinale et rugueuse qui me paraît être un boursouflement avec excoriation de la membrane fibro-muqueuse; en un mot, la maladie se réduit à une simple otorrhée avec paralysie du nerf acoustique. — Guérirai-je par le magnétisme? me demanda M. G***, après cet examen. — Vous avez deux chances sur trois, répondis-je. — Je gagne rarement aux jeux de hasard; mais, enfin, essayons.

Je magnétise donc M. G*** avec *l'intention de l'endormir*, ce que je fais assez souvent en commençant mes traitements. Il éprouve, dès les premières passes, une impression très-marquée, et j'ai besoin de le débarrasser, à la fin de la séance, d'un extrême alourdissement, mais enfin il ne s'endort pas. Le second, le troisième et le quatrième jour je n'obtiens pas d'autre résultat qu'une somnolence pénible ; et, comme il me paraît à peu près démontré que je ne dois point compter sur le somnambulisme, je ne magnétise plus dorénavant M. G*** qu'avec l'intention de le guérir et de lui débarrasser la tête. L'effet de cette seconde intention reste confus pendant quelques jours, c'est-à-dire jusqu'à ce que le *rapport* soit bien établi entre le malade et moi ; mais, à la huitième séance, il se caractérise si bien que M. G*** me dit, lorsque je cesse de le magnétiser : —Il me semble que j'ai tout le côté gauche de la tête *vide*.

Le lendemain, M. G*** déclare qu'il *entend mieux* de son oreille gauche qu'il n'a entendu depuis quinze ans.

Trois jours après, il m'assure avec effusion qu'il ne doute plus de guérir.

De simples injections avec l'eau salée, puis avec l'eau de savon, font si rapidement diminuer l'écoulement, qu'à la fin de février il n'en reste plus vestige. A peine l'eau de ces injections entraîne-t-elle encore quelques légers débris membraneux, semblables à des furfures herpétiques.

Enfin, pour éviter à nos lecteurs le récit d'insignifiantes alternatives, disons qu'aujourd'hui, 12 mars 1842, M. A. G*** n'a plus que le souvenir de sa maladie, car il n'existe pas de différence appréciable pour lui entre les sensibilités acoustiques de ses deux oreilles.

Voilà le fait dans son intégrité; que *la médecine des médecins* en produise beaucoup de semblables!

HUITIÈME OBSERVATION.

Attaque de goutte sur M. Perruchot, à Paris, 1781, par d'Eslon.

M. Perruchot, après une marche assez longue dans la neige fondue, ressentit subitement à l'un des pieds une vive douleur qui ne tarda pas à présenter les symptômes d'un accès de goutte. M. Perruchot ne croyait pas au magnétisme; il lui était même arrivé souvent de se moquer des *bonnes gens* qui s'y confiaient et des *visionnaires* qui le pratiquaient. Mais la douleur rend crédule aussi bien que le danger rend superstitieux. Les matelots, qui blasphèment comme des damnés par le beau temps, ne manquent jamais d'invoquer la sainte Vierge à l'instant du naufrage. M. Perruchot envoya donc chercher d'Eslon et lui montra son pied, *qui était noir* jusqu'au tendon d'Achille. D'Eslon se mit aussitôt en besogne, et ne prit congé de son malade qu'après l'avoir magnétisé le temps qu'il jugea convenable. Mais, pour le coup, l'honnête bourgeois crut pour le restant de sa vie au magnétisme; car d'Eslon était à peine sorti que d'une prodigieuse évacuation qui lui survint incontinent, résulta une telle diminution dans la douleur, qu'il put revenir dans son lit en traversant deux pièces. Deux heures après, nouvelle évacuation qui le soulage encore. Enfin, à midi, sentant la douleur s'amender à chaque minute, il se lève et va faire deux visites. Le soir, même état de bien-être ; il n'a plus que le souvenir de ses souffrances auxquelles il ne pense plus du tout le lendemain, et à partir de cette époque il continue de jouir d'une santé parfaite.

Il y aurait bien des choses à dire sur cette observation ; mais je veux borner mes commentaires à quelques réflexions seulement. Nous n'ignorons pas que les évacuations dont il est ici question ne surviennent quelquefois spontanément chez les goutteux, ce qui presque toujours les délivre inopinément et subitement de leur accès ; mais nos confrères savent bien que le fait est peu commun, tandis que la puissance purgative du magnétisme est au contraire très-fréquemment constatée. Le seul livre de M. Mialle pourrait nous en fournir cent preuves. Mais, dira-t-on, si dans ce cas-ci la purgation avait été l'effet de la peur ?... Allons donc, messieurs ! ce M. Perruchot ne croyait point au magnétisme ; a-t-on peur d'une chose à laquelle on ne croit pas ? et puis, après tout, soyons conséquents : s'il existe seulement cent observations semblables à celle que nous venons de rapporter, est-il raisonnablement permis d'attribuer l'effet produit au hasard, c'est-à-dire à une coïncidence inexplicable et que notre expérience médicale dément ? Eh non ! cent fois non, et puisque toutes les manières d'envisager la chose mettent également notre *causalité* en défaut, j'aime autant croire à ce que les médecins appellent *un miracle* qu'à une absurdité.

NEUVIÈME OBSERVATION.

Goutte sciatique, maux de tête, étourdissements, insomnie, etc., sur le père Hervier, à Paris, 1783, par Mesmer.

Nous venons de voir un accès de goutte *jugé* par deux copieuses évacuations alvines. Voici maintenant une affection rhumatismale qui cède également au magnétisme, mais en se terminant par des sueurs abondantes.

Le père Hervier, docteur en Sorbonne et bibliothécaire des Grands-Augustins, avait un goût irrésistible pour l'étude ; mais ses veilles multipliées avaient considérablement altéré sa santé. Le savant père, auquel nous devons plusieurs écrits recommandables (entre autres une *lettre sur la découverte du magnétisme animal*) (1), souffrait d'autant plus de sa maladie, qu'elle le privait de ses occupations favorites. Mais il n'y avait pas à lutter. Sa vue s'était affaiblie au point de l'empêcher de travailler plus d'une heure de suite. Il éprouvait de violents maux de tête, des étourdissements, de fréquentes insomnies, et, par-dessus tout cela, une intolérable douleur dans une des régions sciatiques à la moindre variation de température. — Le père Hervier avait tout essayé pour se guérir, et rien n'avait réussi. Ni les bains, ni les eaux minérales, ni la dissipation, ni les voyages qu'on lui avait aussi conseillés ne lui avaient procuré de soulagement ; enfin il était à peu près résigné à souffrir le reste de sa vie, lorsque les cures opérées par Mesmer l'engagèrent à recourir à lui. — Nouvelle preuve de ce que j'ai dit plus haut : c'est encore de notre temps comme du temps de Mesmer (2) : il n'y a guère que les incurables qu'on nous abandonne. — Mais si la maladie du père Herviert s'était montrée inaccessible aux ressources de la faculté, le magnétisme fit justice de celle-ci en le guérissant. L'amélioration qu'il

---

(1) Paris, 1784. L'observation que nous rapportons est extraite de cet ouvrage.

(2) Mesmer fut plus heureux que nous ne le sommes ; mais l'engouement qu'il excita ne profita guère qu'à lui.

éprouva fut marquée dès les premiers essais. En même temps qu'il ressentait une chaleur inconnue dans les entrailles, les douleurs de sa tête et de ses membres s'éteignaient et se dissipaient. Sa vue même se rétablit ; et six semaines après son admission au traitement public, il était plus que convalescent.

Le père Hervier se montra reconnaissant envers le magnétisme et envers Mesmer. Disciple de ce dernier, et zélé propagateur de sa découverte, il devint par la suite un des plus ardents magnétiseurs de l'Europe.

DIXIÈME OBSERVATION.

Rhumatisme sur M. Ducrest, à Strasbourg, 1785, par M. de La Jomarière (*Annales de Strasbourg*, t. I, p. 94).

Le nommé Ducrest, pompier, en remplissant ses fonctions à un incendie qui avait éclaté au magasin du roi à Strasbourg (mai 1784), fit une chute dans laquelle il faillit se fracturer la jambe droite. La contusion qui résulta de cette chute fut si forte, qu'il se trouva presque dans l'impossibilité de se soutenir sur le pied. Cependant son état s'était amélioré, lorsque, le mois de juin suivant, à l'occasion d'un violent effort, il sentit craquer quelque chose dans la région lombaire, où il éprouva sur-le-champ de très-vives douleurs. Il crut avoir une hernie ; mais au bout de quelques jours, rien ne paraissant dans l'aine, sa frayeur se dissipa. Cependant les douleurs augmentèrent peu à peu, à tel point qu'au mois de décembre il ne pouvait se tenir ni debout ni assis. Le plus léger mouvement le faisait souffrir horriblement, et lorsqu'il s'agissait de se mettre au lit, c'étaient des souffrances à le faire crier : puis, complète impossibilité pour lui de se livrer au sommeil. Lorsqu'il était couché d'un côté, il ne pouvait pas se retourner de l'autre, et la moindre contraction musculaire lui causait un véritable supplice. Enfin, vers le milieu de décembre, survinrent des convulsions dont les accès se multiplièrent en augmentant d'intensité jusqu'au printemps, où ce malheureux commença seulement à ressentir quelque soulagement.

Au mois de mai suivant, Ducrest étant descendu dans un puits plein de salpêtre, pour réparer la pompe de la pépinière royale, et y étant demeuré environ huit heures en deux fois, ses douleurs, qui ne s'étaient qu'incomplétement dissipées, reparurent avec une intensité nouvelle, d'abord dans les reins, puis dans les membres abdominaux, où elles se fixèrent. Elles augmentèrent de telle sorte, qu'en peu de temps Ducrest fut derechef hors d'état de pouvoir se remuer. Il eut alors recours aux bains de marc de bière, aux fumigations, aux bains de toute espèce; mais cela ne le soulageait qu'un instant, et le laissait bientôt en proie aux plus horribles souffrances. Au mois d'août, il fut traité par les vésicatoires; on lui en appliqua un sur chaque mollet, un sur la cheville droite, un sur chaque jointure des cuisses, un sur le genou droit; enfin on lui en mit un autre sur les reins. Tant que ces vésicatoires étaient en suppuration, il en résultait du soulagement ; mais ils n'étaient pas plutôt fermés, que les douleurs revenaient plus vives que jamais. Enfin les poudres d'Ailhaud et les bains d'étuves ne furent pas employés avec plus de succès.

Ce fut donc après avoir tenté tous les moyens de guérison possibles qu'il s'adressa à la Société de Strasbourg. Le 17 décembre, M. de La Jomarière commença à le magnétiser. Dès le lendemain il en éprouva du soulagement, et la nuit fut assez bonne. Le 19, ses douleurs cessèrent complétement tout le temps que dura la séance. Après trois ou quatre jours de traitement, le mal de tête qu'il avait eu pendant toute sa maladie se passa totalement ; les douleurs diminuèrent peu à peu ; il reprit le sommeil, et au bout de cinq semaines il était parfaitement guéri.

Les cas dans lesquels le magnétisme peut agir comme calmant se présentent très-fréquemment. Le premier juillet dernier, je fus appelé à donner des soins à madame Tr., rue Sainte-Marguerite. Lorsque j'arrivai chez cette dame, elle éprouvait depuis une demi-heure des spasmes excessivement violents contre lesquels on avait inutilement administré la potion classique d'eau de laitue avec l'éther et le laudanum ; les spasmes dégénéraient en convulsions. La malade, étouffant dans ses vêtements qu'on ne songeait pas même à lui délier, se tordait sur son lit en poussant des cris affreux. Or, je n'eus pas plutôt étendu la main sur elle, qu'elle se calma comme par magie. Quelques passes la mirent en somnambulisme.

— Êtes-vous plus calme, madame ?
— Oui.
— Qui vous a calmée ?
— Vous.
— Que faut-il vous faire ?
— Me laisser dormir.
— Combien de temps ?
— Une demi-heure.
— Votre agitation ne reviendra plus ?
— Non.
— Quelle en a été la cause ?
— Ne me faites pas parler, cela me fatigue.

L'accès était fini ; mais il revint quelques jours après, et j'eus encore le bonheur de l'apaiser par le même moyen et avec la même promptitude. — Cela s'est passé en présence de dix personnes, que je nommerais si le fait avait plus d'importance. L'observation suivante offre infiniment plus d'intérêt ; nous l'empruntons à l'ouvrage publié par M. Pigeaire (1).

ONZIÈME OBSERVATION.

« Madame A***, âgée d'environ cinquante ans, fit une chute en descendant ses escaliers, et tomba rude-

(1) *Puissance de l'électricité animale*, ou *du Magnétisme vital et de ses rapports avec la physique, la physiologie et la médecine*. Paris, 1839, in-8.

ment assise ; elle éprouva une secousse violente dans tout le tronc ; huit jours après, son bras gauche fut agité convulsivement : petit à petit il s'éloigna du corps avec des mouvements nerveux qui devinrent plus forts, plus continus, et se changèrent en contractions vermiculaires, irrégulières, violentes et très-douloureuses. Instinctivement la malade fut obligée de le porter en haut, de placer sa main sur la tête, et de la tenir constamment dans cette position avec la main droite, sans que les mouvements de contraction cessassent un instant, de sorte que cette dame ne pouvait, sans secours étrangers, satisfaire le moindre besoin.

« Après avoir suivi sans succès les traitements conseillés par les médecins de son pays, madame A*** vint implorer le secours des médecins de la capitale. M. le professeur Marjolin fut consulté ; il conseilla de faire magnétiser la malade. Son mari, craignant que le traitement magnétique fût long et incertain, crut devoir prendre l'avis d'un autre médecin. M. Bouillaud, ayant été appelé, ordonna l'application de deux ou trois moxas pratiqués à huit jours d'intervalle l'un de l'autre. Ce moyen répugnait à la malade, et surtout à sa demoiselle.

« Nous étions arrivés depuis trois jours à Paris, lorsque je reçus une lettre par laquelle on me priait de me rendre à la maison de santé de madame Baric, faubourg Poissonnière, pour une dame malade qui désirait me consulter. C'était pour madame A***, que je trouvai au lit dans l'état dont j'ai parlé. La figure de la malade était rouge et animée, empreinte d'une irritation remarquable. Après m'être instruit de l'histoire de sa singulière maladie, j'essayai, avec beaucoup de soins, de retirer le bras posé sur la tête et agité convulsivement ; je ne l'eus pas déplacé de quatre à cinq pouces, que les cris de la malade me forcèrent à cesser mon essai. Abandonné à lui-même, ce bras, mû comme par un ressort, frappa contre le bas du front, et remonta sur la tête, où la main droite le retenait pour en modérer les mouvements.

« Mon avis, et c'était celui du médecin ordinaire de la maison de santé, fut d'employer d'abord la magnétisation, et que, si au bout d'une quinzaine de jours ce moyen n'opérait aucune amélioration, on serait à temps de suivre l'avis de M. Bouillaud.

« J'appris alors de la malade que son mari lui avait écrit de se faire magnétiser par madame Pigeaire, arrivée récemment à Paris. Je lui dis que, devant faire des expériences magnétiques, madame Pigeaire ne pouvait pas se charger de la magnétiser ; que je lui indiquerais un médecin instruit qui avait une grande pratique du magnétisme. — Je ne veux pas un homme pour me magnétiser, je désire que ce soit madame votre épouse ; elle aura, j'en suis sûre, pitié de mon état.—Le lendemain matin, madame Baric vint prier madame Pigeaire de se rendre aux désirs de la malade.

« Sous l'influence magnétique, l'agitation nerveuse se

calma ; les mouvements du bras devinrent moins violents. La malade put dormir cinq à six heures chaque nuit. Après huit jours de magnétisation, l'application seule de la main de madame Pigeaire arrêtait subitement les contractions. Enfin, le bras malade, suivant la direction de la main qui le magnétisait, quitta sa position. Dix jours après l'emploi du magnétisme, madame A*** descendit au jardin le bras pendant et sans souffrance. Les mouvements cloniques étaient peu sensibles et intermittents. Toutes les personnes de la maison étaient émerveillées. La malade éprouvait une joie indicible ; elle montait à sa chambre vingt fois par jour pour se faire voir à tout le monde.

« M. Bouillaud alla la revoir quinze jours après sa première visite. Il trouva madame A*** assise devant un guéridon, et s'essayant à tricoter. La surprise du professeur fut, me dit-on, fort grande. — Eh bien, je suis enchanté de votre état : ceci va bien ; j'espère que nous n'aurons pas besoin de continuer mon ordonnance. Je vous ai fait un peu souffrir, mais enfin vous devez être contente. — Monsieur, je n'ai pas du tout souffert ; je ne me suis pas fait appliquer vos moxas. — Et qu'avez-vous employé ? — Je me suis fait magnétiser. A ce mot, la colère de M. Bouillaud éclate : — Vous ne voulez donc pas guérir ? — Mais vous voyez que je vais beaucoup mieux. D'ailleurs, vous savez bien que M. Marjolin m'avait conseillé le magnétisme. — M. Bouillaud sortit fort mécontent. »

A sa place j'aurais agi autrement; j'aurais voulu assister à une magnétisation; j'aurais voulu m'assurer si l'on n'avait fait usage d'aucune autre médication : il ne s'agissait pas ici d'un fait de vision sans le secours des yeux; mais la passion ne raisonne pas. Deleuze a eu bien raison de dire que la prévention peut égarer les hommes d'un cœur droit et d'un esprit éclairé.

DOUZIÈME OBSERVATION.

Épilepsie sur le nommé Wagner, à Strasbourg, 1785. Par M. le baron de Dampierre (*Annales de Strasbourg*, t. I, p. 51).

Le nommé Wagner, soldat au régiment d'Artois, était épileptique depuis trois ans. Il n'avait, à la vérité, que trois ou quatre accès par mois; mais à la moindre contrariété qu'éprouvait le malade, ces accès se multipliaient au point de revenir jusqu'à deux ou trois fois par jour. Hors d'état de remplir ses devoirs de soldat, Wagner venait de recevoir son congé, et le baron de Fumel, son colonel, ne consentit à le garder au régiment que sur la demande que lui en fit M. le baron de Dampierre, qui avait conçu l'espérance de le guérir. Celui-ci commença donc à le magnétiser le 21 août au matin. Wagner tomba au bout de huit minutes dans une espèce d'assoupissement accompagné d'une transpiration considérable, et que suivit un accès d'épilepsie. Les yeux, à demi fermés, étaient convulsés vers la voûte des orbites, les dents claquaient, la respiration était haletante et génée, et tandis que les lèvres se couvraient d'écume, d'horribles convulsions agitaient et tordaient tous les membres. Wagner fut dans cet état pendant plus de deux heures, sans que son magnétiseur pût réussir à le calmer. Lorsqu'il eut recouvré sa connaissance, M. de Dampierre lui fit demander par un interprète (il n'entendait que l'allemand) comment il se trouvait ; il répondit qu'il souffrait partout, et particulièrement à la tête, à la poitrine et au cœur. On voulut lui faire boire de l'eau magnétisée ; mais l'œsophage était tellement contracté, qu'il put à peine en avaler une gorgée. Quand il fut tout à fait remis de cette crise, M. le baron le renvoya au quartier ; mais il était si faible qu'il ne put marcher, et qu'on fut obligé de le conduire en voiture.

L'après-midi, M. le baron alla le voir, accompagné de M. le marquis de Puységur, qu'il avait invité à se joindre à lui, pour tâcher de rendre cet homme somnambule. Ils le trouvèrent toujours souffrant. M. de Dampierre commença à le magnétiser : ce qui donna lieu, au bout de sept à huit minutes, à une seconde attaque d'épilepsie. Voyant, au bout d'un quart d'heure, qu'il ne réussissait point à le calmer, il pria M. de Puységur de le magnétiser ; mais celui-ci ne fut pas plus heureux. La crise eut son cours comme le matin. M. le baron allait le magnétiser exactement deux fois par jour, et à chaque fois les mêmes crises se renouvelaient avec la même violence. Lorsqu'on demandait à Wagner comment il se trouvait, il répondait : *Plus mal.* Il resta dans cet état jusqu'au 28, où il commença par être purgé deux ou trois fois par l'action seule du magnétisme. Les évacuations eurent lieu les jours suivants, pendant lesquels, souffrant horriblement de la tête et de l'estomac, pouvant à peine respirer, il pria humblement son magnétiseur de le laisser tranquille. Cependant M. le baron, ne voulant pas interrompre le travail de la nature, insista pour continuer; mais cette fois l'attaque fut si forte, qu'il crut que le malade ne la soutiendrait pas. Il le laissa sur son lit, anéanti par les souffrances qu'il avait éprouvées. Cette dernière crise lui fit tant d'impression, il craignait tellement que cet homme ne mourût dans ses mains, qu'il était presque déterminé à l'abandonner.

M. de Puységur, à qui il fit part de ses craintes, lui conseilla de persévérer, ajoutant que cet homme, livré à sa maladie et sans traitement, était perdu. M. de Dampierre se rendit à cet avis; mais en retournant près de Wagner, il se fit accompagner de M. Jæglé, chirurgien-major du régiment, afin de requérir au besoin son assistance. Arrivés au quartier, et croyant voir le malade beaucoup plus mal qu'à l'ordinaire, ils furent très-agréablement surpris quand il leur assura qu'il ne s'était pas encore si bien trouvé depuis le commencement du traitement. Cependant, dès qu'il fut magnétisé, il eut son attaque habituelle, mais beaucoup moins forte que toutes celles qu'il avait éprouvées jusqu'alors. Celle-ci fut suivie d'une sorte de sommeil magnétique qui dura trois quarts d'heure, au bout desquels le malade se réveilla de lui-même. L'après-midi, Wagner perdit connaissance au bout de trois minutes. M. le baron suspendit alors le magnétisme. Les convulsions furent infiniment moins fortes, et le malade se réveilla au bout de dix minutes. Il parla sur-le-champ, ce qui ne lui était pas encore arrivé ; car il lui fallait toujours une demi-heure pour se remettre et pour être en état de se faire comprendre. Il dit que depuis la séance du matin il avait été cinq fois à la selle, et que les trois dernières il avait rendu du sang noir. M. le baron le magnétisa alors, et l'endormit du sommeil magnétique, mais imparfait ; ses douleurs étaient descendues dans les jambes et dans les pieds. Le 31, il dit qu'il avait passée une nuit excellente, et qu'il ne souffrait plus qu'un peu dans les jambes. Ce jour-là, il n'eut plus de convulsions et devint somnambule. Le lendemain il se trouvait très-bien, et commença à parler de sa guérison. On lui fit boire de l'eau magnétisée qu'il trouva excellente ; enfin, le 4, il se déclara guéri. Cependant il demanda, pendant son somnambulisme, qu'on lui administrât une purgation trois fois de suite, à deux jours d'intervalle. Enfin le jour de sa dernière médecine, il se prescrivit une saignée du bras gauche répétée tous les mois, et il assura que sa santé était parfaitement rétablie. La cure est attestée par tous les officiers du régiment, y compris le chirurgien.

Témoin, JÆGLÉ, chirur.

Cette observation est surtout remarquable en cela qu'elle caractérise la manière d'agir ordinaire du magnétisme dans l'épilepsie. Une augmentation dans le nombre et l'intensité des accès constitue presque toujours le premier effet du traitement ; mais bientôt ces crises diminuent en fréquence et en acuité, et finissent par disparaître sans retour. Le fait suivant, rapporté par M. Koreff (1), peut encore être cité à l'appui de ce grand principe de thérapeutique.

TREIZIÈME OBSERVATION.

« Une jeune personne était devenue épileptique par suite d'une frayeur, et ses attaques étaient toujours accompagnées de délire. Un jour on la saigna au milieu d'un violent accès qui présentait des symptômes alarmants d'apoplexie. Immédiatement après cet accès, un somnambulisme spontané se manifesta au lieu du délire habituel. Pendant le somnambulisme, la jeune personne enseigna à son oncle la méthode qu'il devait suivre pour la magnétiser, et les moyens de la traiter. L'oncle, chirurgien d'une petite ville, peu au fait de cet ordre de choses, l'envoya dans une grande ville, où elle fut magnétisée ; mais on la laissa imprudemment devenir un objet de curiosité ; elle fut accablée de questions qui désordonnèrent son somnambulisme.

« On m'appela. Je rétablis l'équilibre, je régularisai

(1) *Lettre d'un médecin étranger*, etc., p. 418.

l'action de son magnétiseur habituel ; je dirigeai pendant quelque temps le traitement, et j'obtins de très-bons résultats. Elle n'avait de lucidité que pour son état; elle indiquait à peine quelques remèdes, mais elle marquait avec précision le moment où il fallait l'endormir. C'était ordinairement peu de temps avant son accès, qui était alors plus léger, ne laissait pas de traces fâcheuses dans son cerveau, et repassait, par une douce transition, au somnambulisme. On la magnétisait à grands courants pendant tout l'accès. Forcé de la quitter, je la remis entre les mains de son premier magnétiseur, à qui je recommandai la plus scrupuleuse exactitude. Elle avait prédit qu'elle aurait *une succession effrayante d'accès plus forts que tous les précédents, mais que cette explosion orageuse était nécessaire pour terminer sa maladie.* Elle dit que, pendant plusieurs jours de suite, qu'elle indiqua, il fallait la magnétiser sans la quitter, depuis sept heures du matin jusqu'à trois heures, et qu'après ce nombre de jours déterminé, elle serait guérie pour toujours de son épilepsie. Pendant les deux derniers jours, son magnétiseur, obligé de s'absenter, et ne croyant pas à la nécessité d'une précision rigoureuse, ne la magnétisa que jusqu'à onze heures; l'épilepsie disparut; mais la malade resta dans un état qui approchait de l'idiotisme, et plongée dans une apathie affligeante. Peu de temps après, l'épilepsie recommença, et les détracteurs du magnétisme se mettaient à triompher. Un accident remarquable, qu'il serait trop long de détailler ici, l'ayant fait retomber en somnambulisme, elle déclara que la faute qu'on avait commise d'abréger son traitement de quelques heures était la cause de sa rechute. Elle donna de nouvelles prescriptions, qui, pour le coup, furent scrupuleusement exécutées, et par le moyen desquelles elle fut parfaitement rétablie. Il y a maintenant plus de deux ans que cela est arrivé, et la santé de la jeune personne continue d'être florissante.

« KOREFF, médecin. »

Ces violents paroxysmes qui terminent l'épilepsie traitée par le magnétisme ne surviennent pourtant pas d'une manière constante. L'ouvrage de M. Mialle (*Cures opérées par le magnétisme*, etc.) renferme un assez grand nombre d'observations dans lesquelles la maladie suivit une marche inverse, c'est-à-dire commença à s'amender dès les premiers jours du traitement. Les choses se passèrent également de cette manière chez la demoiselle J***, épileptique depuis sept ans, dont M. Pigeaire a consigné l'histoire dans son ouvrage (1). La magnétisation éloigna tout d'abord les accès et finit par les faire disparaître.

M. Esquirol prétend avoir vainement soumis au magnétisme *un grand nombre d'aliénés* (2) ; mais ce mé-

(1) *Puissance de l'électricité animale*, etc., p. 342.
(2) *Des maladies mentales considérées sous les rapports médical, hygiénique et médico-légal*. Paris, 1838, t. I, p. 155.

decin, au lieu de se contenter d'une simple allégation, aurait dû nous rapporter avec quelques détails les faits qui fixèrent si explicitement sa conviction sur ce point; car ses prétendus insuccès nous semblent d'autant plus équivoques qu'ils sont en quelque sorte démentis par les récits d'observateurs non moins recommandables que lui. Les écrits de MM. de Puységur, de Boissière, de Corbeaux, etc., etc., font foi de ce que nous avançons. Mais parmi tous les cas d'aliénation mentale guéris par le magnétisme, je n'en connais pas de plus curieux que celui dont M. le docteur Meijer, d'Amsterdam, a donné la relation dans un ouvrage que nous n'avons pu nous procurer. Ceux de nos lecteurs qui ne connaissent point l'ouvrage de M. Pigeaire, où cette observation se trouve rapportée textuellement, nous sauront gré d'avoir transcrit le récit de M. Meijer (1).

QUATORZIÈME OBSERVATION.

« Au mois d'août 1819, le sieur Crooswijck, de Rotterdam, âgé de vingt ans, fut atteint d'accès épileptiques. Ces accès se renouvelèrent fréquemment, et prirent un tel degré de gravité, qu'au mois d'octobre suivant le patient passa à l'état de frénésie et de fureur.

---

(1) Je crois aujourd'hui, nonobstant l'observation suivante, que très-peu de formes d'aliénation mentale confirmée sont susceptibles d'être modifiées par l'usage seul du magnétisme. Esquirol était donc très-probablement sincère en disant qu'il avait essayé en vain le magnétisme sur un grand nombre d'aliénés.

Quatre hommes robustes purent à peine le contenir. Placé par précaution dans une alcôve, il brisa, de ses mains seules, un solide lit de camp ; les portes de l'alcôve, bien qu'elles fussent renforcées par de forts appuis, tombèrent en éclats sous ses coups. On fut obligé de les reconstruire jusqu'à trois fois.

« Pendant les mois de janvier et de février, il y eut un peu de calme ; mais le 1er mars, la fureur se manifesta de nouveau, et le malade brisa et démolit tout ce qu'il pouvait atteindre.

« Après avoir ainsi épuisé sans succès tous les moyens ordinaires de l'art médical, le dernier médecin qu'on avait consulté, le savant M. Sander, profita de quelques moments de calme pour décider le malade à se faire magnétiser ; je fus appelé. A ma première visite, quoique j'eusse été informé de toutes les circonstances précédentes, je fus frappé d'étonnement et d'effroi en voyant l'état furieux de ce jeune homme et les dégâts qu'il avait faits. Je faillis reculer devant l'idée de risquer ma propre existence dans la tentative de le sauver, tentative d'ailleurs désespérée, selon toutes les apparences.

« Je parvins cependant à calmer mes émotions devant les personnes qui assistaient à cette visite, et je me décidai. Le sentiment de mes devoirs envers l'humanité, le désir de rendre un jeune homme malheureux à sa famille éplorée, l'ambition de revendiquer l'honneur de mon art, me portèrent à la résolution de mépriser tout danger personnel, et de me vouer à la destinée du patient.

« Le lendemain, j'entrepris ma première opération. Par l'effet de la magnétisation, le malade, passant au sommeil magnétique, devint calme, mais il éprouvait des tiraillements et des mouvements convulsifs dans les bras et dans les jambes, joints à des trémoussements dans tout le corps. La langue sortait de la bouche, et quoiqu'il conservât ses facultés intellectuelles, ce dont je m'aperçus par les signes qu'il me fit pour répondre aux questions que je lui adressai, il était entièrement privé de la parole. Craignant l'explosion de sa fureur, dont j'avais constamment le terrible effet devant les yeux, je calmai tantôt le mouvement des nerfs et tantôt lui laissai son libre cours, en le conduisant lentement à son terme.

« Après avoir dormi du sommeil magnétique pendant une heure, le patient s'éveilla et étendit fortement ses membres jusqu'à trois reprises. Il n'avait aucune connaissance de ce qui s'était passé, mais il se sentait soulagé et conforté. Lorsque je le quittai, il se trouvait en assez bon état.

« De deux jours l'un, je continuai la magnétisation ; le sommeil magnétique, qui se développait peu à peu, était interrompu par des accès de rage, au point que le malade déchirait ses vêtements, son linge, le lit, etc.; je le laissais aller jusqu'à un certain point, et, interrompant brusquement alors ses accès, j'exerçais sur lui cette grande force magnétique en lui soufflant mon haleine. Généralement il se réveillait, après un sommeil magnétique d'une heure, soulagé et tranquille. L'effet de la magnétisation et du somnambulisme s'accrut de jour en jour. Le nombre des personnes qui venaient assister au traitement augmenta journellement. Déjà on se réjouissait de voir le calme succéder aux violents accès. Cette joie était bien prématurée ! Bientôt la fureur du malade devint tellement alarmante, que non-seulement pour moi, mais pour tous ceux qui devaient s'approcher de lui, l'entreprise était éminemment dangereuse. Ma force magnétique conservait pourtant son pouvoir sur le patient. Après ces opérations, je parvins à le faire passer à l'état complet de somnambulisme. C'est alors qu'il me déclara ne pouvoir être guéri que par le magnétisme, et m'annonça d'avance avec la plus parfaite justesse les heures et les minutes où auraient lieu ses accès. J'obtins de cette manière la connaissance de tout le danger que j'aurais à courir, mais aussi celle des moyens pour bien m'y préparer.

« Après huit ou neuf jours de magnétisation, le moment critique pour le malade et pour moi approchait décidément. Il me prédit qu'au bout de trois jours il aurait un accès de rage qui durerait deux heures et demie.

« — Cette rage, me dit-il, sera tellement violente, que je ne saurais répondre du danger que vous aurez à courir. C'est une grande tâche pour vous d'entreprendre ma cure. Quand la fureur commencera à se manifester, il faudra alors la laisser aller pendant vingt minutes, et alors elle sera excessive ; mais après avoir enfoncé les portes, il faut brusquement vous jeter sur moi, et interrompre mon accès. Je n'ose pas vous promettre que ce grand effort vous réussira ; mais si vous ne l'entreprenez, il n'y a plus pour moi aucun espoir ; je dois infailliblement périr. Le seul moyen qui me reste, je vous l'ai dit ; mais songez-y bien, dans aucun cas, vous n'en sortirez sans *casser des œufs.*—Il se tut un instant ; et puis, les larmes aux yeux, il me demanda : — Oserez-vous l'entreprendre ? — Je fus ému au fond de l'âme ; j'eus à soutenir la lutte de mille impressions diverses qui déchirèrent tour à tour mon cœur affligé. Je pris ma résolution : — Au nom de Dieu, soit ! m'écriai-je. Le pauvre jeune homme saisit ma main, la baisa avec transport, me témoigna sa reconnaissance, et me recommanda de ne rien lui dire à son réveil de ce qui s'était passé dans son sommeil magnétique.

« Le jour redouté parut ; dès cinq heures du matin, je me rendis chez M. Crooswijck, accompagné du digne chirurgien Van Wagening, qui, dans toutes ces circonstances pénibles, m'a fidèlement prêté aide et assistance. Quoique mon cœur fût oppressé, j'arrêtai mon plan de conduite. J'ôtai ma cravate, que je remplaçai par une bande de carton noir, afin de n'être pas étranglé ; je pris un cordial et me préparai à l'attaque. A six heures, moment prédit par le malade en somnambulisme, l'accès commença. Le furieux poussa un hurlement affreux ; il se démenait avec violence, déchira les draps (1), les couvertures de son lit et sa chemise. Les vingt minutes étaient près de s'écouler ; nous ôtâmes les poutres et les solives qui barricadaient les portes de sa chambre, et tout le monde autour de moi prit une fuite précipitée. Je restai seul ; la porte de l'appartement fut fermée sur moi. De loin je contemplai, non sans horreur, l'effrayante figure du frénétique, semblable à une bête féroce ; sa langue pendait hors de sa bouche, et ses mains se tendirent vers moi comme les griffes d'un tigre ; son aspect était épouvantable. Le moment fatal est arrivé ; le combat doit commencer. En rassemblant toutes mes forces, je m'élance sur le malheureux et je le saisis par les omoplates. Nous voilà postés l'un contre l'autre comme deux ennemis irrités ; lui-même me prit par les épaules, et la lutte s'engagea. La terre semblait s'affaisser sous mes pieds, mes cheveux se dressaient sur ma tête ; je ranimai mon courage, je soufflai sur le furieux mon haleine avec toute l'intensité possible, sachant, par expérience, que ce moyen me donnait sur lui le plus de pouvoir. J'eus le bonheur de triompher. Cette lutte terrible, que j'esquisse à peine, n'avait duré que cinq minutes, lorsque le patient tomba par terre comme roide mort ; il était dans le sommeil magnétique. Je tombai moi-même tout épuisé à ses côtés. Mes habits étaient en

(1) Est-ce que par hasard les chemises de force ne seraient point encore inventées en Hollande ?

lambeaux, tout déchirés. — Reposez-vous un peu, me dit le somnambule; deux accès plus violents encore vont suivre; je vous en avertirai en faisant ce signe de la main... — M. le docteur Wagening et le frère aîné du malheureux entrèrent. A peine étais-je revenu de mon épuisement, que le malade fit le signe fatal. Ces deux messieurs devaient me soutenir par les reins : le patient, dans sa démence, faisait tous ses efforts pour me saisir à la gorge; ce ne fut que par l'intensité de mon souffle que je parvins à le tenir assez éloigné de moi pour qu'il ne pût assouvir sa rage. Qu'on se figure ma position ; j'étais sur le point de succomber, lorsque tout à coup cet accès s'arrêta et le calme survint. Après quelques minutes de repos, le troisième accès se manifesta sous des formes bien plus épouvantables encore. Je passai de nouveau par des épreuves terribles; mais je sortis vainqueur du combat.

« On croyait avoir surmonté le mal; déjà on répandait des larmes de joie; le patient lui-même couvrit mes mains de baisers ardents pour me témoigner sa gratitude. Hélas ! nous n'avions conjuré que la plus petite partie de l'orage. Dans la magnétisation ordinaire, et le même jour, à onze heures avant midi, heure à laquelle je le magnétisais, le somnambule me prédit que, pendant trois jours de suite, il serait atteint de rage et d'hydrophobie; que le troisième jour le mal serait au comble; que si ce jour-là, avant quatre heures de relevée, il n'avait pas bu trois fois de l'eau, sa perte était inévitable.

Les deux premiers jours se passèrent sous des circonstances affreuses. Le fou enragé était plus dangereux que jamais : il brisa de ses mains les meubles les plus solides, démolit la cheminée et les croisées des fenêtres, au risque de faire écrouler la muraille d'appui. La terreur du troisième jour est au-dessus de toute conception ; le frénétique a demandé une troisième fois à boire : je prends la coupe, mais il la renverse en tombant sur moi pour me déchirer de ses dents. L'heure fatale allait sonner, tout était perdu. Le malheureux fou continuait ses démolitions, toujours sans se blesser les mains, ses seuls instruments. Il va même briser la porte !... Nous sommes tous sur le point de fuir, dans la persuasion d'avoir fait, pour le sauver, tout ce qui était humainement possible. Quatre heures vont sonner ! mais la voix tonnante du malheureux criant trois fois : A boire ! à boire ! à boire ! nous frappe d'un sentiment de joie inexprimable ; je cours vers lui, je lui présente la coupe ; il hésite, il refuse ; j'épuise sur lui toute ma force magnétique, et il boit.

« Rien n'était fait encore. Dans le cours des magnétisations ultérieures, quelques jours après les dernières épreuves, il me prédit trois autres accès plus terribles encore, qui auraient lieu à différentes époques plus ou moins éloignées. « Il en serait sauvé pour peu que je pusse continuer sur lui le même traitement. » Ces trois crises ont eu effectivement lieu dans une progression effrayante. Le malheureux a été ceinturé par une bande de cuivre à laquelle on avait scellé une chaîne en fer qu'on a attachée par de forts crampons à un pieu fixé en terre.

« Dans la première de ces crises, il a démoli tout ce que la longueur de sa chaîne lui permettait d'atteindre.

« Avant la deuxième, on l'a placé, avec le consentement de la régence, dans une maison qui était en démolition. Rien n'a pu lui résister. Plus de deux cents personnes sont venues pour être témoins de ce délire épouvantable.

« La veille du jour où la troisième crise devait avoir lieu, le malade a été transporté à Schiedam, dans un château inhabité, et là, attaché à une longue chaîne fixée à un solide pilotage, il a pu assouvir sa rage aux murs épais en pierre de taille. A Schiedam, tout le monde était en émoi ; ici, comme à Rotterdam, le personnel de la police a été mis à ma disposition, et j'en avais grand besoin pour faire maintenir l'ordre parmi le peuple, que la curiosité ou l'idée de voir arriver un *miracle* avait fait accourir de toutes parts. Les trois dernières crises ont été surmontées comme les précédentes.

« Ramené chez lui, le malade a éprouvé encore quelques accès nerveux que calmait vite la magnétisation, et petit à petit, les accès ont été en diminuant et n'ont plus reparu.

« Ce jeune homme intéressant jouit d'une santé parfaite, et joint à un esprit calme toutes les facultés intellectuelles.

« J. N. Grooswijck, père de ce jeune homme. »

« Rotterdam, le 11 décembre 1820. »

« A cause de cette cure tout à fait extraordinaire et inouïe, les soussignés ne peuvent se refuser de rendre hommage à la vérité, ayant assisté, à diverses reprises, aux magnétisations.

« *Ont signé* : L. Porte, *pasteur de l'église wallonne*, de cette ville ; — B. Naefkens, *fonctionnaire public ;* — C. Joachim, *fonctionnaire public ;* — Joh. Munts ; — P. J. Van Wageninge, *accouch.;* — Théod. Dikgers. »

Indépendamment des observations que nous avons rapportées, le magnétisme animal a encore été employé avec succès dans une foule d'autres maladies de natures diverses; mais les névroses, les paralysies ou quelques névralgies, sont toujours les maladies contre lesquelles il a montré le plus d'efficacité.

CHAPITRE XIV.

Des traitements magnétiques.

J'ignore jusqu'à quel point est fondée l'hypothèse que je me suis posée quelquefois sur les instincts médicaux des premiers hommes ; mais une chose incontestable pour moi, c'est que ces instincts existent réellement au fond de toute organisation humaine, et que le seul état dans lequel ils se révèlent aujourd'hui est le somnambulisme.

Mais tous les malades sont-ils susceptibles de tomber dans le somnambulisme, et partant de se traiter eux-mêmes ? Non, sans doute. Heureusement, ainsi que nous l'avons déjà fait pressentir, l'instinct médical d'un grand nombre de somnambules peut s'exercer au profit d'autrui. Il n'y aura donc plus, pour éliminer tout obstacle, qu'à mettre ceux-ci en rapport avec les malades sur lesquels aura directement échoué le magnétisme.

Nous allons en conséquence passer en revue deux ordres de faits :

1° Les malades dirigeant eux-mêmes leur traitement pendant leur somnambulisme ;

2° Les somnambules dirigeant le traitement d'autres malades.

La première question doit être traitée immédiatement ; la seconde fera le sujet du chapitre suivant.

Des extatiques prédisant des mois à l'avance le retour de leurs accès, et décrivant avec une parfaite exactitude tous les accidents de leur maladie ; voilà des phénomènes qui durent singulièrement émerveiller les premiers observateurs qui en furent témoins. Mais lorsque ceux-ci furent revenus de leur étonnement, la réflexion sur ce qu'ils venaient de voir ne dut-elle pas leur suggérer de bien étranges inductions? Ne pouvait-il pas se faire, en effet, qu'un malade si bien informé sur les causes, la nature, la marche et l'issue de son mal, sût aussi quelque chose des expédients à mettre en œuvre pour le guérir ou le soulager? Certes, cette idée ne pouvait guère manquer de venir au médecin, quelque infatué qu'il fût de son art; et si le malade répondait, s'indiquait des remèdes, se traçait un régime, y avait-il à balancer pour se rendre à son avis? Il me semble, pour mon compte, que mon orgueil médical n'eût point hésité à s'humilier devant ces prodiges, et que je me serais trouvé profondément ridicule en traçant de ma main une ordonnance pour ce nouvel oracle d'Épidaure, qui, depuis un mois, devinait une maladie dont je n'aurais pas soupçonné l'existence une heure avant son invasion! Quoi! lorsqu'il s'agit de sa vie, et que par conséquent il ne saurait avoir l'idée de me tromper, il m'affirme qu'il connaît aussi bien le remède qu'il faut à son mal qu'il connaît les causes et la nature de ce mal lui-même, et j'oserais encore lui donner mes conseils, et mêler ma voix à la sienne! Oh! non; je me tais; je me désiste de mes droits, je fais abnégation de mon chétif savoir, et je m'incline avec admiration devant ces révélations sublimes qui émanent de Dieu lui-même. Écouter cette voix prophétique, enregistrer avec une minutieuse exactitude tous les mots qu'elle profère; un peu plus tard, suivre de point en point les conseils que j'en ai reçus; à cela seulement je veux borner mon rôle. Mais qu'en advient-il? Que, sous l'influence de ses prescriptions, cet heureux énergumène obtient une guérison rapide. Eh bien! concluons maintenant: il guérit! Il guérit par des moyens auxquels je n'aurais pas songé ; par une médication étrange dont l'idée ne me serait certainement pas venue. Sa médecine est donc la véritable; mais alors qu'eût été la mienne?...

Les histoires d'extatiques qui se sont ainsi médicamentés et guéris eux-mêmes sont excessivement nombreuses; mais pour n'en rapporter qu'une seule, aussi remarquable dans son authenticité qu'étonnante par ses détails, nous choisirons celle de madame Comet, dont tout Paris a entendu parler, et que MM. les membres de l'Académie de médecine ont été appelés à suivre.

QUINZIÈME OBSERVATION. — Madame Comet (1).

(*7 décembre*). — Le 25 novembre 1839, madame Comet a prédit, en présence de plusieurs de MM. les membres de l'Académie, que, le 5 décembre, elle serait prise d'un point de côté, et que, sans avoir égard à l'époque de ses règles, il faudrait la saigner ; en effet, depuis avant-hier, elle est atteinte d'une douleur profonde au côté gauche; dans son dernier sommeil, elle a dit que cette douleur réside dans le poumon, que bientôt il y aura

(1) Extrait des lettres que Frapart a publiées dans le journal *l'Hygie*.

crachement de sang, et que demain, à neuf heures du matin, *il faudra pratiquer une saignée de vingt onces.*

La peau est chaude et légèrement halitueuse. — Le pouls est plein, assez fréquent. — La respiration est un peu courte. La malade accuse une douleur profonde en avant, en bas et à gauche de la poitrine; cette douleur paraît augmenter dans l'inspiration. — Il y a de la toux, et les crachats sont teints de sang. — Il n'y a point de matité à la percussion; mais à l'audition par le pectoriloque, on distingue aisément à la base du poumon gauche du râle crépitant, c'est-à-dire une respiration bruyante et embarrassée.

Les autres fonctions n'offrent rien de remarquable.

Les facultés intellectuelles semblent parfaites; la langue est pâle, le système musculaire flasque, et il est facile de voir, à l'aspect de la malade, dit le docteur Frapart, que *leur* médecine a passé par là.

(*7 décembre au soir.*) — Il ne s'agit plus, comme ce matin, de constater une simple fluxion de poitrine, mais bien d'observer un état fort extraordinaire du système nerveux, ou plutôt une maladie étrange qu'il faut se contenter de décrire sans essayer de lui donner un nom.

L'accès doit débuter à neuf heures précises.

La malade paraît avoir la respiration encore plus difficile que pendant la journée, la peau plus halitueuse et le pouls plus plein; sa main droite est appliquée sur son côté gauche. Du reste, madame Comet parle de manière à prouver que son intelligence est intacte, et rien n'annonce encore que dans quelques instants des phénomènes extraordinaires vont se développer. Cependant, à neuf heures moins huit minutes, la malade se prend à bâiller une première fois, puis une seconde, ainsi de suite ; à neuf heures moins quatre minutes, elle a une pandiculation suivie de plusieurs autres ; bientôt elle éprouve du malaise ; enfin, à neuf heures précises, elle ferme les yeux. Alors M. Comet, qui vient de peser *deux gros quarante-quatre grains de laudanum de Rousseau*, mélangés avec à peu près autant d'eau pure, les administre sur-le-champ à sa femme ; ensuite il lui fait boire, afin d'enlever la saveur dégoûtante de cette drogue, deux cuillerées de vin blanc.

Ceci s'est passé devant témoins ; et si MM. de l'Académie ne se sont point trouvés là, c'est qu'ils n'ont point voulu s'y trouver. Mais lequel d'entre eux eût osé prescrire à madame Comet la dose énorme d'opium que, sur sa demande de la veille, on vient de lui administrer? Ce puissant narcotique, qui, dans de pareilles proportions, suffirait pour endormir quatre hommes de leur sommeil éternel, n'aura pour effet cette fois que de soulager la malade. Quel membre de la faculté l'eût prévu ? Dans quel livre de médecine eût-on trouvé cette indication ? Mais revenons au fait.

A neuf heures une minute, la malade tombe dans une immobilité absolue ; à neuf heures cinq, la scène change : madame Comet, tout en laissant ses coudes appuyés sur le lit, soulève lentement ses mains, qu'elle semble diriger vers le ciel comme pour invoquer Dieu ; puis elle dit d'une voix si faible qu'on a peine à l'entendre : « Je souffre beaucoup de mon côté ; demain, à neuf heures du matin, il faudra me tirer une livre et quart de sang... Vingt onces fortes. La fluxion de poitrine est indépendante de mes crises ; j'indiquerai, dans un de mes prochains sommeils, l'époque de la guérison de la première de ces maladies ; quant à mes crises, si on suit exactement toutes mes prescriptions, j'en serai délivrée le samedi, 28 de ce mois. Demain ma crise me prendra à huit heures et demie, elle durera un quart d'heure ; on m'administrera six gouttes d'opium de plus qu'aujourd'hui. »

Il est neuf heures seize minutes : la malade cesse de parler, soulève un peu la tête, semble se recueillir et prier, puis elle dit : *Oh ! mon Dieu !* Tout à coup ses mains et sa tête retombent, et elle s'écrie d'un accent peiné : *Il est parti !* Dans cet instant, elle porte la main droite sur son côté gauche et le frotte ; l'état d'extase a cessé. On parle à madame Comet ; elle répond naturellement, et, sur une question qu'on lui fait, elle assure qu'elle voit son côté. A neuf heures vingt, silence ! M. Comet dit alors que sa femme est cataleptique ; en effet, on saisit la manche de camisole de madame Comet, on la porte en haut, et le bras entier suit, en offrant aussi peu de résistance qu'en offrirait un cheveu qu'on soulèverait ; on quitte la manche ; le bras demeure en l'air ; on en fait autant pour le bras opposé, puis avec une jambe : même résultat. On replace la jambe sur le lit, mais on ne touche point aux membres supérieurs ; ils ne bougent pas. A neuf heures vingt-sept minutes, la malade ouvre les yeux : le regard est fixe, terne et vide ; à neuf heures vingt-neuf les paupières clignent, les yeux s'animent ; enfin, à neuf heures et demie sonnantes, les bras faiblissent, baissent et tombent avant que le bruit du timbre ait cessé de se faire entendre. Dix secondes après, madame Comet sourit à sa famille qui l'entoure, et revient sur-le-champ à son état normal. — Le lendemain matin, le docteur Comet, après avoir pris toutes ses mesures pour suivre rigoureusement les prescriptions de sa femme, pratique lui-même à neuf heures précises la saignée qu'elle s'est ordonnée la veille. Bientôt les symptômes semblent diminuer de gravité, sans que la malade paraisse plus abattue qu'à l'ordinaire ; toutefois, comme elle est toujours couchée, il est difficile d'apprécier ses forces.

(8 *décembre*.) — Comme la lettre de M. Frapart, qui correspond à cette phase de la maladie de madame Comet renferme une multitude de petits détails dont nous ne saurions élaguer notre récit sans altérer la vérité, nous allons transcrire cette lettre sans en altérer le texte.

A MONSIEUR BAZILE, A COURQUETAINE.

« Paris, 16 décembre 1839.

« Mon bon ami,

« Je reprends l'histoire de la maladie de madame Comet, au moment où cette dame vient de perdre vingt onces de sang. C'était le 8 de ce mois. Depuis lors, tous les jours, au soir, madame Comet a un accès de somnambulisme qui dure tantôt un quart d'heure, tantôt une demi-heure, et pendant lequel tout se passe comme dans celui que je vous ai décrit, c'est-à-dire qu'il offre deux états successifs bien distincts : l'un d'extase, l'autre de catalepsie. Dans celui-ci, la malade *paraît* ne rien entendre, ne rien voir, ne rien sentir, ne rien comprendre, ne parle pas, ne bouge pas, respire à peine, garde immobilement toutes les positions qu'on lui donne, et, j'ose à peine le dire, *semble* avoir perdu portion de la pesanteur de ses membres. Dans celui-là, ce sont d'autres merveilles! La malade se trouve, je veux dire, a *l'air* de se trouver en communication avec un être que personne ne voit, que personne n'entend, que personne ne touche, et auquel cependant, s'il est permis à un homme grave de raconter de telles impressions, on serait presque tenté de *croire* qu'elle parle et qu'elle répond. Le premier de ces faits est extraordinaire, le second est abasourdissant (1)! C'est dans cet état d'ex-

(1) Ces faits ne sont pas nouveaux. Toutes les cataleptiques de

tase que madame Comet parle de son mal, dit *où* il en est, *comment* il ira, *quand* il finira, ordonne le traitement qui convient à la fluxion de poitrine dont elle est atteinte, n'oublie pas le régime, prescrit la dose d'opium qu'on devra lui administrer, prédit l'heure et la durée de son accès du lendemain, précise enfin le jour où elle n'aura plus d'accès.

« A chaque séance, c'est la même chose, avec quelques variations qui dépendent sans doute de la marche de la maladie, et que je vais indiquer en courant. Ainsi, pendant la crise du 8, madame Comet assure que les vingt onces de sang qu'on lui a tirées le matin sont faibles, tandis qu'elles devaient être fortes, et qu'il faudra lui en soustraire de nouveau une livre le surlendemain. Nous pesons le sang tiré, et nous vérifions en effet qu'on n'a pas obtenu la bonne mesure prescrite ; si c'est pour cela qu'il faut recommencer, c'est assez désagréable et même un peu alarmant ; car la maladie est si vieille et la malade si faible, que bientôt d'un côté il n'y aura plus de combattant. D'ailleurs, en supposant la prescription infaillible, comment se préserver de tout manquement, de toute méprise, de toute omission en l'exécutant? Cela me paraît bien difficile : dans la pratique de notre art, ce n'est jamais que par exception que même les plus habiles atteignent juste et droit

Petetin en présentaient d'analogues, et mademoiselle Estelle L'Hardy avait, ainsi que nous l'avons rapporté, de mystérieuses entrevues avec un être mystique et inconnu.

au but. C'est déplorable, mais cela est. En définitive, madame Comet se trouve dans une mauvaise passe, et quelque savant que soit son médecin, quelque dévoués que soient ses gardes-malades, j'ai des inquiétudes sur le résultat ! je crois qu'il sera malaisé d'arriver au port sans encombre. Toutefois, comme, dans l'espèce, nous n'avons pas à nous défier des ordonnances du médecin, on les exécute à la lettre. En conséquence, le 10, après toutes les précautions prises d'avance, M. Comet tire à la malade près de dix-sept onces de sang. Au moins cette fois nous ne péchons pas par défaut ! Le fait est que dans la journée les symptômes de la fluxion de poitrine diminuent, et que dans l'accès extatique du soir, madame Comet nous assure que tout va mieux, que tout va bien, que tout a réussi. Le lendemain, même langage de sa part, même sécurité de la nôtre. Mais il n'y a qu'heur et malheur en ce monde. Le 12, la malade annonce qu'il lui faudra encore une saignée pour détruire entièrement la phlegmasie pulmonaire ; que cette saignée ne se fera ni le 13 ni le 14, mais le dimanche 15 ; qu'on hésitera pour la lui faire, et qu'elle ne peut pas encore en déterminer la quantité. Une telle prédiction nous met aux champs. M. Comet n'est pas tellement façonné à l'obéissance passive, qu'il puisse se décider aisément à marcher les yeux fermés ; et quant à moi, quoique un peu plus souple..... au moins devant des faits de cette nature, comme depuis quelques années que je pratique l'homœopathie, j'ai perdu l'habitude d'égorger mes malades, je suis presque prêt à douter et à me regimber. Mais tout à coup, me rappelant ma longue expérience, — *qui m'a appris que jamais un somnambule, quand il se prescrit quoi que ce soit, ne se le prescrit mal à propos, puisque toujours on le sauve quand on suit exactement toutes ses prescriptions,* — et ma profonde ignorance des secrets de la nature, je baisse la tête en engageant M. Comet à faire de même. Enfin lui aussi se résigne..... Pendant la tempête, mieux vaut accepter pour pilote le premier pilote venu que de n'en prendre aucun. C'est se garder au moins une chance de salut.

« Le 14 au soir, madame Comet, qui sans doute jusque-là n'avait pas voulu nous effrayer, nous annonce qu'il faudra lui enlever le lendemain *vingt-quatre onces fortes* de ce précieux liquide qui nous conserve la vie, et que même si elle se trouve faible, on ne devra pas suspendre la saignée, *car il faut une syncope :* sans cela ce serait à n'en jamais finir, ou plutôt à en finir bientôt.

« M. Comet chancelle ; il y a de quoi ! Sa pauvre patiente est depuis si longtemps malade ; elle est si faible, si pâle, si exsangue, si abîmée, si mourante, qu'en vérité il faut avoir en partage une foi stupide ou une conviction enracinée pour oser encore aller de l'avant sur une route qui paraît tant semée d'écueils. Cependant, pour moi, mon parti est pris : il est vrai que ce n'est pas ma femme que j'ai à juguler ainsi... ; et encore quand ce serait ma femme, puisque je suis convaincu, je ne reculerais pas. Jamais somnambule ne s'est suicidé. Au milieu d'un ciel noir n'avons-nous pas une étoile qui nous dirige, et qui ne disparaîtra que quand nous n'en aurons plus besoin? Mais si cette étoile venait à nous manquer avant le temps! O obscurité! obscurité!..... alors autant mourir seul dans les catacombes.

« Quoi qu'il en soit des espérances et des craintes qui nous agitent, après avoir pris toutes nos dimensions pour ne passer ni à droite ni à gauche du but, pour ne point rester en deçà, ni aller au delà, hier, à neuf heures du matin, M. Comet pratique une large saignée, dont le sang s'échappe tout à son aise, une de ces saignées parfaites et telles que je les chérissais dans mon bon temps. Près de vingt-cinq onces sont tirées! et nous ne voyons point venir la syncope. On bande le bras; mais à peine le bandage est-il appliqué que les accidents paraissent. On s'en inquiète; néanmoins ils finissent par s'apaiser; je quitte la malade. Vingt minutes après, de nouveaux accidents surgissent; on craint, on se trouble, on s'effraye, on pleure, on accourt chez moi... comme si j'y pouvais quelque chose! J'arrive, me voilà encore médecin, comme bien souvent, malgré moi! Mais quel parti prendre là où il n'y a pas de parti à prendre! Ma foi, au lieu de *pleurnicher*, ainsi que tout médecin qui sait son métier doit le pratiquer en pareil cas, je fais bonne mine à mauvais jeu, j'encourage la famille éplorée, je la stimule et la relève en disant : — Nous ne nous sommes point trompés, la somnambule ne s'est jamais trompée ! restons calmes. — Au surplus, l'espoir ne m'a pas encore abandonné : n'ai-je point passé, moi, par huit saignées dans une seule et même maladie, sans compter plusieurs centaines de sangsues ?.. et je n'en suis point mort... parce qu'il y a des bœufs qui résistent à l'assommoir ; puis, j'ai pour principe de ne désespérer de la partie que quand elle est perdue : madame Comet n'est pas morte, elle ne mourra pas.

« Cependant la journée se passe dans des angoisses ; le soir la crise ne se manifeste pas comme toujours, à l'heure où elle doit avoir lieu ; il y a des efforts cruels de vomissement ; on hésite pour donner les deux gros et demi d'opium ; il n'y a qu'un moment pour l'administration opportune de ce dégoûtant breuvage ! Bref, l'accès n'arrive pas, l'étoile ne brille plus, nous sommes désorientés. Je m'arme de courage et je me réfugie dans ma conscience. Cependant, ô bonheur ! l'accès n'est que retardé, le voilà ! — Tout s'est bien passé, nous dit la malade dans son sommeil d'extase ; la saignée n'a pas été trop forte. Donnez-moi de suite la dose d'opium que je devais boire. Demain le point de côté s'affaiblira, et mercredi prochain j'en serai entièrement délivrée. Quant à mes accès, leur disparition est toujours pour le 28 de ce mois. Je suis bien faible, et je le serai longtemps ; ma convalescence sera pénible, il faut commencer à me bien nourrir pour que mes forces reviennent peu à peu. Les aliments que j'indiquerai ne me feront aucun mal. Demain, à huit heures et demie, mon accès arrivera et durera quinze minutes. On m'administrera autant de laudanum qu'aujourd'hui. Merci, mon Dieu! il est parti! — Ensuite survient l'état cataleptique, qui ne tarde pas à être suivi du réveil. Et moi aussi je me réveille, et bien m'en prend, car j'avais le cauchemar; la vie d'une femme pesait sur ma poitrine!

« Heureusement que dans les grandes crises on ne mesure l'abîme que quand il est franchi.

« Adieu, etc.
« FRAPART. D. M. P. »

Madame Comet a prédit la guérison de sa phlegmasie pulmonaire pour le mercredi 18 décembre. En effet, dès le lendemain de la dernière saignée qu'elle s'est prescrite, les symptômes de la pneumonie s'amoindrissent à vue d'œil. Enfin, le soir du jour indiqué par elle, la malade assure ne pas ressentir le moindre vestige de sa douleur au côté; et le plus attentif examen ne permet plus de rien découvrir d'anormal ni dans la respiration, ni dans la circulation, ni dans aucune autre fonction. En un mot, le 18 décembre, il n'est pas plus question de la fluxion de poitrine que si elle n'eût jamais existé; les saignées en ont fait justice. Mais voyons actuellement ce que devint l'affection du système nerveux.

Ainsi que la patiente l'avait prévu, tous les soirs,

jusqu'au 27 décembre inclusivement, elle a eu un accès d'extase et de catalepsie presque en tout semblable à celui dont nous avons donné la description. Dans l'accès du 26, la malade a de nouveau affirmé qu'elle n'en aurait pas le 28 et le 29, et qu'elle en éprouverait un le 30, pendant lequel elle avertirait de la marche qu'il y aurait subséquemment à suivre. En effet, rien le 28 ni le 29 ; mais le 30 au soir, accès. Dans ce dernier, madame Comet en pronostique un autre pour le 15 janvier, et assure que dans le cas où d'ici là on serait embarrassé de savoir que faire, elle aurait à temps et vers le midi, n'importe quel jour, un sommeil d'une demi-heure, durant lequel les moyens d'aplanir les obstacles lui seraient révélés. Elle s'endort en effet le 6, et le 11 janvier, à midi, elle signale ce qu'on doit faire ou ne pas faire. Enfin, le 15 au soir l'accès d'extase arrive et n'offre rien de remarquable, si ce n'est la prédiction pour le dernier jour du mois d'un autre accès ; « car, dit la malade, j'ai besoin d'en avoir de temps en temps pour me diriger. » Le 31, tout vient encore à point. Du reste, madame Comet se prescrit toujours de l'opium, mais à doses fractionnées de moins en moins considérables (1).

(1) Les prévisions de madame Comet sur la longueur de sa convalescence se sont réalisées comme le reste. Nous avons eu l'occasion de nous trouver chez cette dame dans le courant du mois d'avril 1841 ; elle était d'une grande faiblesse. Ses accès revenaient toujours de loin en loin, et comme elle continuait à

Il n'est pas d'esprit indépendant et consciencieux à qui cette histoire pathologique de madame Comet n'inspire avec de sérieuses réflexions une invincible défiance de la médecine ordinaire.

Il s'agit d'une maladie grave, compliquée, dont les causes sont inconnues, dont la marche est incertaine, dont l'issue ne peut être que funeste. Peu de médecins se sentiraient le courage de l'entreprendre; pas un seul peut-être ne la mènerait à bien. Or, voilà qu'au milieu des justes perplexités de ses proches et de ses amis, la malade elle-même, tout à coup inspirée par le ciel, se met à exposer une à une toutes les alternatives de son mal, à en prédire les modifications, et à fixer le jour où il sera définitivement conjuré. Ce n'est pas tout : pour que les choses se passent comme elle les annonce, il faut qu'on suive minutieusement les conseils qu'elle va donner; car le mystérieux pilote qui lui découvre l'écueil lui trace en même temps la route qu'il faut prendre pour l'éviter. Mais entre les besoins actuels de son organisation souffrante et la médication qu'elle se prescrit,

---

prendre l'opium à des doses considérables, c'était surtout cette circonstance qui *scandalisait* les médecins, attendu, disaient-ils, que la reproduction de l'extase n'était pas autre chose que l'effet du narcotique. Eh ! mon Dieu ! cette remarque pouvait être fort juste; mais le retour des phénomènes extatiques n'était-il pas encore un bienfait de la Providence, puisque madame Comet éprouvait toujours le besoin d'être conseillée par son *génie tutélaire ?* Mais bah ! qu'est-ce donc que ces génies inconnus qui viennent se mêler des affaires des médecins et gâter leur métier ?

quel œil humain découvrirait jamais l'insaisissable liaison qui existe? Abattue par d'incessantes douleurs, cette pauvre malade paraît exsangue ; sa figure est décolorée comme celle d'un mourant ; eh bien ! que s'ordonne-t-elle pour remédier à tant de faiblesse? trois saignées successives ! trois énormes saignées qui lui font soustraire en huit jours plus de quatre livres de sang ! Il est vrai que ce n'est point sa faute si elle se traite si impitoyablement. L'imperceptible erreur qu'on a commise en exécutant sa première prescription a seule nécessité les autres. Il faut compter les milligrammes et les secondes avec les somnambules, parce qu'ils n'y vont point au hasard comme nous autres médecins. Une minute d'erreur, et tout est manqué. La vie même peut dépendre d'une pareille bévue. Mais quoi! cette rigoureuse précision, cette ponctualité mathématique est-elle donc si nécessaire? — Oui, les faits en font foi. — Mais à quoi tient-elle? — Sans doute aux exigences de notre nature que nous ne connaissons pas, dont nous n'avons pas la plus fugitive idée, et que nous mutilons indignement comme de stupides bourreaux. Mais alors que font donc messieurs de la faculté, lorsque auprès de leurs clients ils ne tiennent compte d'aucune de ces choses? — Que voulez-vous que je vous réponde? qu'ils font leur métier.

Après que l'expérience et le raisonnement eurent appris que la médecine des extatiques était à peu près la seule qui leur convînt, quel médecin véritablement philanthrope ne dut pas désirer que, dans les circonstances difficiles et embarrassantes, chacun de ses malades fût pris d'accès d'extase afin de pouvoir se soigner lui-même? Or, la découverte du somnambulisme artificiel réalisa ce désir; mais les conséquences qu'entraîna après lui ce nouvel ordre de choses ne se trouvèrent point à la portée des esprits médiocres, et alarmèrent tellement les intérêts privés de la plèbe scolastique, qu'on refusa de les admettre. Que deviendrons-nous, s'écrièrent-ils, si nous proclamons une vérité qui apprend à se passer de notre ministère? — Que ferai-je de mes livres? se dit l'un. —Que ferai-je de mon génie? se dit l'autre. —Vos livres, monsieur..., vous les brûlerez. — Quant à vous, monsieur l'homme de génie..... ah! mais vous plaisantez! Ne vaudrait-il pas mieux cent fois pour les hommes et pour vous-même que vous appliquassiez votre belle intelligence à des choses utiles, que de la gaspiller comme vous faites à l'amplification d'une erreur? Et puis remarquez une chose, c'est que vous aurez beau faire, tout votre savoir, toute votre astuce, toute votre éloquence, ne parviendront pas à vous faire conjurer la défaite.

La sagacité médicale des somnambules magnétiques ne le cède en rien à celle des extatiques. La circonstance capitale de leur manière de faire consiste également dans une scrupuleuse attention aux doses des médicaments et aux heures où ils doivent être administrés. Leur médication relativement à l'ancienne pharmacopée est aussi quelquefois fort étrange ; mais elle est, en général, d'une simplicité remarquable. On s'étonne souvent, dans les premiers temps qu'on se livre à la pratique du magnétisme, de l'importance que les somnambules paraissent attacher à d'insignifiantes circonstances. Mais l'étonnement cesse bientôt lorsqu'on voit combien d'immenses effets peuvent résulter de petites causes. On finit par devenir soi-même minutieux ; mais il faut pour cela du temps et de l'habitude, et là est réellement toute la science du magnétiseur.

Une méthode fort sage, et à laquelle j'ai eu quelque peine à m'accoutumer, consiste à écrire, séance tenante, tout ce que dit et surtout se prescrit le somnambule. Il en résulte un double avantage, pour le malade d'abord, dont vous serez plus sûr de ne point oublier les conseils, et en second pour vous-même, qui vous ménagez ainsi le moyen de ne recueillir jamais que des observations exactes et complètes.

Pour ce qui est des heures auxquelles il vous est enjoint d'agir, vous devez toujours demander au somnambule s'il entend parler de l'heure vraie ou de l'heure indiquée par telle ou telle horloge. Parmi les somnambules, en effet, les uns se règlent sur la pendule de leur appartement, les autres sur l'horloge de leur paroisse, etc. ; mais presque tous ont le sentiment de l'heure vraie, et calculent d'après elle. — Ces observations pourront sembler vétilleuses aux lecteurs inexpérimentés ; mais les magnétiseurs ne les trouveront peut-être pas encore assez détaillées, et ce serait bien pire, ma foi, si un somnambule lui-même faisait un livre. Au surplus, il ne faut qu'un mois et de l'attention pour devenir bon magnétiseur. Le magnétisme n'est donc point de ces choses dont la cupidité pourra longtemps s'arroger le monopole et l'exploitation. Le fait suivant prouve irrévocablement qu'il est appelé à devenir un jour *la médecine des familles* (1).

SEIZIÈME OBSERVATION.

Lors de l'invasion de 1814, un malheureux enfant, après avoir vu massacrer sa famille sur les cendres fumantes de sa chaumière, avait été lui-même dépouillé par les Cosaques, et pendu tout nu par les pieds à un arbre. Des paysans le recueillirent et le rappelèrent à la vie; mais l'impression terrible que ces affreux événements avaient faite sur lui le rendit épileptique. Cependant il vint à la ville la plus prochaine (Saint-Quentin) implorer de la pitié de ses habitants des secours que ses infortunés parents ne pouvaient plus lui donner. Comme ses malheurs étaient connus, chacun s'efforça de les adoucir; mais les aumônes qu'il recevait n'étaient point de nature à lui rendre la santé qu'il avait perdue; et, pour que ses fréquentes attaques cessassent d'être l'affligeant et hideux spectacle des rues et des places publiques, il fallait que Dieu aussi lui tendît la

(1) Ce rêve m'a longtemps souri ; j'ai cessé d'y croire.

main. Or, le ciel eut pitié de ce pauvre enfant, car ce fut sans doute lui qui inspira à M. Aubriet l'idée de le magnétiser. Le succès surpassa toute espérance : l'infortuné devint somnambule et guérit ; et comme personne ne pouvait mettre en doute la réalité de la maladie, la guérison porta la conviction chez les plus incrédules. Aussi, tel fut l'enthousiasme excité par cet événement, que lorsqu'en 1817 M. de Puységur se rendit à Saint-Quentin, il trouva la moitié de la ville magnétisant l'autre.

Or, tandis qu'il n'est partout question que de M. Aubriet et de son épileptique, voilà qu'un maçon, nommé *Louis Pelletier,* demeurant à Curlu, près de Péronne, vient se présenter à l'heureux magnétiseur, se jette à ses genoux, et le supplie les mains jointes de lui guérir aussi son fils également atteint d'épilepsie. M. Aubriet essaye, magnétise le jeune homme et l'endort. Le succès est indubitable ; mais il faudrait du temps, un traitement enfin, et Pelletier n'est pas assez riche pour rester longtemps à la ville : qu'à cela ne tienne ; en moins d'une heure, M. Aubriet transmet tout son savoir au paysan, qui, en le comblant de bénédiction, s'en retourne *parfait médecin* dans son village.

En effet, Pelletier n'est pas plus tôt rentré chez lui qu'il magnétise et endort son fils. La lucidité du jeune homme se développe : il voit, il traite des malades. Les habitants du lieu viennent à l'envi le visiter et le consulter. Les épileptiques des environs arrivent en foule ; Pelletier ne sait auquel entendre. Enfin il prend le parti de transformer sa chaumière en maison de santé ; il reçoit des pensionnaires, il fait des somnambules, et les malades guérissent. Cependant, comme l'a dit un spirituel penseur, « une grande réputation a toujours des inconvénients. » Beaucoup plus préoccupé du salut de ses ouailles que de leur bien-être temporel, le curé du lieu se persuade que Pelletier a fait un pacte avec le diable, et il vient, en se signant, l'admonester. Les récits du pasteur mettent la police en émoi : l'inquisition eût brûlé vif le pauvre maçon ; M. le sous-préfet de Péronne lui dépêche ses gendarmes. Cependant, comme il est à la fin reconnu que Pelletier ne fait que du bien, et que ses procédés n'ont rien de diabolique, on lui permet de continuer ses miracles, et de recevoir de ses *clients* quelques marques de reconnaissance.

Pelletier adressa à son maître, M. Aubriet, un rapport que nos lecteurs trouveront imprimé en entier et sans aucun changement dans la *Bibliothèque du magnétisme* (1) ; mais ils n'apprendront peut-être pas sans étonnement les guérisons que cet homme avait opérées au bout de quelques mois.

1º Celle de son fils, commencée le 6 décembre 1816, et terminée le 17 janvier 1817 (il était malade depuis plusieurs années) ;

2º Celle de Catherine Leroux (devenue épileptique à la suite d'une frayeur), commencée en mars 1817, et terminée le 5 juin suivant ;

(1) N. 14, p. 148 et suiv.

3º Celle d'une sœur de Catherine, qui depuis douze ans avait contracté sa maladie par suite de la frayeur qu'elle en avait eue ;

4º Celle de Philippine Cardon, âgée de dix-huit ans, et malade depuis trois mois, par suite des violences que lui avait faites un jeune homme qui s'était trouvé seul avec elle dans sa maison ;

5º Celle de la nommée***, qui, par suite des emportements de son beau-père contre elle, était depuis longtemps atteinte d'une affection nerveuse dont les accès étaient si terribles qu'il fallait du matin au soir deux ou trois personnes pour la garder ;

6º Celle de Joséphine Pâle, âgée de dix-sept ans, et qui devint une excellente somnambule pour les consultations ;

7º Celle d'un homme de trente-six ans, malade depuis l'âge de dix-huit, et qui guérit en cinq mois.

Enfin, Pelletier guérit encore d'autres malades, sur lesquels ses indications ne sont point assez claires pour que nous puissions les citer. Quant à ceux dont les noms précèdent, des certificats légalisés par les autorités du lieu sont annexés à leur histoire. — L'Esculape de Curlu avait donc mérité sa réputation.... Combien est-il de médecins qui pourraient en dire autant de la leur ?

Avant de nous mettre à écrire ce chapitre, nous avions un instant songé à y établir des divisions nosologiques, qui, au premier abord, nous semblaient devoir faciliter à nos lecteurs l'étude des traitements magnétiques ; mais, indépendamment de ce que toutes ces divisions ne sauraient qu'être arbitraires, une minute de réflexion nous en a fait sentir l'inopportunité, puisqu'on doit comprendre, d'après ce que nous avons établi, que le magnétisme est plus ou moins applicable à des affections de nature très-différente. L'observation suivante prouve qu'il a même pu quelquefois intervenir avantageusement dans des maladies dites chirurgicales.

DIX-SEPTIÈME OBSERVATION.

Fistules et ulcères au rectum, avec rétrécissement de cet intestin, etc., sur madame Périer, âgée de trente-cinq ans. — A Paris, 1813.

La cure que nous allons raconter est une de celles qui ont fait le plus d'honneur au magnétisme (1). La gravité du fait, ses complications, la chronicité du mal et l'impuissance avouée des gens de l'art à le combattre ; tout cela dut donner à la guérison de madame Périer l'apparence d'un véritable miracle.

Depuis plus de onze ans cette dame était malade. Son affection consistait surtout en plusieurs ulcérations au rectum, dont l'une, en corrodant successivement la

(1) *Annales du magnétisme*, n. 11, 12, 13 et 14.

paroi de l'intestin et les tissus adjacents, s'était transformée en fistule. Un rétrécissement situé un peu plus haut ajoutait encore à la difficulté des garde-robes. Enfin la position de la malade était d'autant plus désespérante qu'elle paraissait s'aggraver de plus en plus, et que chaque jour qui s'écoulait semblait enlever une chance de guérison.

Madame Périer se livra d'abord à la grossière impéritie d'un pharmacien de la grande armée, qui la purgea à outrance, la gorgea de Rob Laffecteur, lui vendit moitié de son officine, et finit, sans arrêter les progrès de son mal, par lui déranger entièrement la santé.

Deux ans après, madame Périer se trouvant à Toulouse avec son mari, et éprouvant d'intolérables souffrances, consentit à suivre un nouveau traitement que lui proposa un chirurgien de cette ville. Celui-ci ayant cru reconnaître (conformément d'ailleurs au diagnostic de Sabatier, que la malade avait aussi consulté) un caractère syphilitique aux ulcérations dont elle était atteinte, s'empressa de lui prescrire des remèdes *ad hoc*; c'est-à-dire qu'elle supporta quarante frictions mercurielles, l'introduction de tampons imprégnés de mercure, des purgations, des sudorifiques, et en définitive un cautère à la jambe; après quoi, M. le docteur ayant terminé son traitement, déclara la malade guérie. Mais hélas! irritée, exténuée, abîmée, sans sommeil, sans appétit, la pauvre dame souffrait plus que jamais; et telle était la douleur qu'elle redoutait de chaque défécation, qu'elle allait jusqu'à refuser la nourriture nécessaire au soutien de sa vie.

Cependant la cessation de tous remèdes, jointe à la bonté naturelle de son tempérament, lui ayant rendu quelques forces, elle se trouva, peu de mois après, en état de se rendre aux eaux de Bagnères, où elle passa deux saisons. Les bains et les injections améliorèrent sensiblement son état ; mais la fatigue du long voyage qu'elle fut obligée de faire pour regagner Paris neutralisa les bons effets qu'avaient produits les eaux. Plusieurs hommes de l'art furent de nouveau consultés. Les uns conseillèrent une opération que les autres déclarèrent impraticable. Un M. de Jenouville s'offrit de guérir la malade par le seul moyen d'injections d'une composition secrète ; mais cet infaillible ingrédient dont on fit l'essai, et qui n'était, comme on le reconnut trois mois plus tard, qu'une simple dissolution de sublimé, ne réussit pas mieux que le reste. Enfin, madame Périer, impatientée, désespérée, et trouvant sans doute qu'il était encore plus prudent de braver son mal que les *guérisseurs*, prit le parti de congédier ces derniers et de *vivre avec son ennemi*.

Elle passa donc ainsi plusieurs années, souffrant avec courage, et étonnant tous ceux qui la connaissaient par la prolongation même d'une vie que lui avaient refusée naguère de *savantes prévisions*. Cependant sa résignation l'abandonna. Le célèbre Boyer fut appelé à son tour. Après avoir visité la malade, il déclara l'opération impossible, et ordonna, avec des injections calmantes, l'introduction d'un tampon enduit de cérat ; mais la difficulté qu'il y avait à remplir cette dernière prescription fit rejeter tout le traitement.

M. Périer ayant été attaqué à cette époque d'une fluxion de poitrine compliquée de symptômes typhoïdes très-graves, sa femme trouva alors pour le soigner des forces qu'elle n'avait point pour elle-même ; mais le jour où le médecin déclare que son mari est sauvé, cette vigueur surnaturelle l'abandonne tout à coup ; elle se met au lit, ce qu'elle n'a point fait depuis quinze jours ; une fièvre brûlante se déclare, et bientôt on désespère de sa vie. Cependant, pour satisfaire aux désirs pressants de ses amis, elle consent à recevoir encore les secours de la médecine. MM. A. Dubois et Damiron, appelés en consultation, approuvent de point en point l'ordonnance de Boyer, et pour lever toute difficulté relativement à l'introduction des tampons, il est décidé que M. Damiron s'acquittera lui-même de ce soin quotidien, lorsque toutefois la malade sera un peu revenue de sa faiblesse. Une crise naturelle ne tarde pas à dissiper le danger du moment, et dès que madame Périer a repris les forces suffisantes, on commence le traitement, qui produit un mieux sensible pendant les premiers mois, et donne même quelque espoir de guérison ; malheureusement cet espoir n'était qu'un leurre, car cette apparente amélioration ne tarda pas à s'arrêter, et la malade à retomber dans toutes ses souffrances.

Or, il y avait trois mois que les choses en étaient à ce point, lorsqu'un heureux hasard fit connaître le magnétisme à M. Périer, et lui découvrit tous les avantages qu'il pouvait retirer de son emploi.

Ce fut au milieu d'une société nombreuse réunie chez lui, à toute autre intention sans doute, qu'un des assistants, M. Dupré, proposa à madame Périer de la magnétiser.

M. Périer, qui n'avait que des préventions contre le magnétisme, n'accorda pas même un moment d'attention à cette séance d'essai, et lorsqu'il vit sa femme bâiller en se plaignant d'éprouver des engourdissements dans tous les membres, il trouva la chose fort naturelle après une demi-heure d'immobilité et d'ennui. Cependant le besoin de dormir fut si bien marqué chez la malade, que tout le monde crut devoir se retirer pour la laisser libre. En effet, on fut obligé de la déshabiller et de l'aider à se mettre au lit, car elle dormait avant d'être couchée. M. Périer ne tarda pas à se coucher lui-même, et il ne songeait déjà plus à ce qui s'était passé, lorsque sa femme se mit à rire très-haut et à lui parler. Cette circonstance ne l'étonne pas beaucoup, attendu qu'il n'est pas très-rare d'avoir à l'observer pendant le sommeil naturel ; madame Périer la lui a même plusieurs fois présentée ; mais ici pourtant la conversation est si bien soutenue, les réponses sont si nettes, si précises, qu'il finit par se demander s'il n'y aurait pas là quelque effet du magnétisme. Il adresse donc à la malade diverses questions sur des personnes éloignées avec lesquelles elle devait être en rapport ; elle lui parle de ces personnes comme si elles étaient auprès d'elle. La curiosité s'empare de lui ; ses questions se multiplient ; et, nonobstant son scepticisme, le voilà qui voudrait être au matin, pour vérifier les révélations qu'on lui fait. Or, le matin il était irrévocablement converti, car *tout s'était réalisé*. Alors il n'y tient plus, la tête lui tourne, il court chez ses amis, il écrit partout et finit par s'entourer de magnétiseurs expérimentés, qui lui donnent le seul conseil raisonnable qu'il eût peut-être reçu relativement à sa femme depuis douze ans, celui de la traiter par le magnétisme.

Madame Périer est donc magnétisée par son mari, le 6 novembre 1813. Dès la première séance elle est assez lucide pour changer quelque chose aux remèdes qu'on lui fait prendre, et demande à n'être magnétisée qu'au bout de trois jours.

Le 9, elle dit que la vue de son mal l'afflige, et qu'il ne faut la laisser en somnambulisme que le moins possible.

Le 13, M. Périer, étonné de la précision avec laquelle, la malade décrit ses plaies et sentant tout le parti qu'un médecin éclairé pourrait tirer de pareils détails, témoigne à sa femme le désir que M. Damiron soit présent aux séances ; mais elle lui répond que M. Damiron se moquerait, comme tous ses confrères, d'une chose dont il n'avait nulle idée, et que, d'ailleurs, « ils n'avaient besoin de personne. »

Depuis cette époque, madame Périer voulut être magnétisée tous les jours.

Son mari lui ayant demandé le lendemain s'il fallait qu'il lui magnétisât l'eau qu'elle buvait, elle lui répondit que ce n'était pas nécessaire.

Le 15, elle dit que dans deux jours il se formerait une tumeur à l'extrémité du bras gauche, ce qui aurait lieu parce qu'on l'avait trop magnétisée de ce côté, où on avait ainsi attiré l'humeur.

Le 17, la tumeur annoncée ayant paru, M. Périer demanda à sa femme ce qu'il fallait faire : — Rien, répondit-elle ; il s'en est formé trois autres dans le côté gauche, qui ne sont pas apparentes.

Elle dit qu'elle était dans un moment de crise, que depuis cinq jours tous les vaisseaux sanguins étaient gonflés, et qu'elle avait beaucoup de peine à se régler.

— C'est le cas, ajouta-t-elle, de nous servir de toute la force du magnétisme. — Puis elle recommanda à son mari de modérer le désir qu'il avait de la guérir, parce que cela donnait à son sang (à elle) une trop grande effervescence.

Le 20, deux des plaies du rectum étaient guéries. La dernière, qu'en raison de sa situation élevée, les injections n'atteignaient que difficilement, fournissait encore une suppuration abondante. La malade étant oppressée, et ses règles ne paraissant pas, elle fit changer quelque chose à ses remèdes, parce qu'elle avait, dit-elle, d'autres maladies que celle qu'on lui connaissait.

Le 21, madame Périer éprouve un mieux sensible dans la partie malade. Le rectum a repris beaucoup d'élasticité, et les douleurs locales sont presque entièrement dissipées. La gaieté lui revient avec l'espérance, quoique son tempérament affaibli par tant d'années de souffrances ne se remette qu'avec lenteur. Elle annonce à son mari qu'elle se réglera bientôt, mais qu'il lui est indispensable de sortir et de se promener fréquemment.

Le 23, elle introduit elle-même, avec une grande adresse, les tampons qui lui sont nécessaires, parce que M. Damiron (qui redoute probablement la société du magnétisme) ne vient plus aussi régulièrement qu'autrefois.

Le 25, madame Périer se rétablit à vue d'œil, et tout fait espérer à son mari une guérison prochaine. Elle lui dit que les plaies sont guéries et que le trou fistuleux est fermé ; mais il la voit changer de physionomie et frissonner de tous ses membres, lorsqu'il la questionne sur le reste. Enfin, elle répond qu'il se forme *une nouvelle poche d'humeurs*, qu'il faut laisser agir les remèdes, et qu'elle le prie de ne plus la questionner là-dessus pendant onze jours, après lesquels elle changera de régime.

Le 1er décembre, la malade souffrait plus que de coutume. Sa dernière nuit avait été agitée ; et lorsque son mari, après l'avoir mise en somnambulisme, la força, par sa volonté, à s'occuper de son mal, l'agitation recommença tellement qu'il fut dans la nécessité de l'éveil-

1er. Le lendemain, elle lui déclara que le magnétisme seul lui faisait du bien, mais que le somnambulisme la fatiguait.

Dans la matinée du 3, madame Périer vomit une grande quantité de sang mêlé d'humeur. Dans la nuit du 3 au 4, elle rendit par les selles une quantité incroyable de pus, mêlé d'un peu de sang noir et de débris membraneux. Le 4, au matin, elle vomit encore beaucoup de sang. Le même jour son mari lui demanda, pendant la séance, si c'était là une des crises qu'elle avait annoncées. — Oui, répondit-elle; elle a commencé hier et finira demain; c'est cette poche remplie d'humeur que j'avais près du cœur, qui s'est ouverte, et que j'ai rendue presque entièrement : vois la place qu'elle occupait (1). Il est fort heureux que j'aie eu un retard ; car si cette humeur se fût mêlée avec le sang, cela m'aurait étouffée et je serais morte.

Dans la séance du 5, madame Périer dit qu'elle allait mieux ; elle se prescrivit quelques légers remèdes et dit à son mari de la forcer à sortir et à prendre de l'exercice ; qu'elle était désormais assez forte pour aller se promener avec lui. Elle lui recommanda également de lui faire faire ses injections plus souvent, et d'introduire deux tampons par jour (2). Le 6, une cause morale ayant encore une fois retardé les règles de la malade,

---

(1) Madame Périer avait l'habitude de parler à son mari comme s'il eût partagé sa clairvoyance.

(2) La plaie supérieure du rectum existait encore.

il advint, malheureusement pour elle, que, dans ce moment critique, où son état exigeait tant de ménagements, son mari fut attaqué d'une fièvre violente avec tous les symptômes d'une pneumonie aiguë. Cependant, malgré l'état dans lequel il se trouvait, M. Périer magnétisa sa femme, qui ne s'occupa que de lui. Le lendemain il il fallut décidément suspendre toute opération magnétique, et cette fâcheuse interruption faillit annuler tout d'un coup les résultats obtenus jusqu'alors. Cependant le 8 décembre, en dépit du malaise qu'il éprouvait lui-même, M. Périer endormit sa femme; mais comme il lui demanda s'il pouvait la magnétiser, elle lui répondit que non, et que son *fluide* à la dernière séance lui avait fait beaucoup de mal. Ensuite elle ajouta qu'il fallait continuer à l'endormir tous les jours, mais ne la magnétiser que lorsqu'elle le demanderait.

Le 10, elle annonça enfin que ses règles commençaient, qu'elles paraissaient en blanc, qu'elles dureraient quinze jours, et que, pendant trois ou quatre jours elles seraient si abondantes, que, si on ne la prévenait pas, elle croirait, étant éveillée, avoir une perte; que tous les médecins qui la verraient dans cet état penseraient comme elle.

Le 11, elle apprend à son mari qu'elle a eu sept *suppressions* : elle lui en cite les époques, et lui en nomme les causes. Elle ajoute qu'elle a dans les vaisseaux utérins, du sang arrêté depuis plus d'un an; qu'elle en rendra beaucoup les jours suivants, etc., etc.; enfin qu'il faut suspendre l'usage des tampons pendant tout le temps des règles.

Le 12, elle permet à son mari de la magnétiser; et comme celui-ci y met une grande force de volonté, la malade lui dit : — Voici une chose bien extraordinaire ; ton fluide redonne la vie à ce sang qui était mort et pourri depuis longtemps; mais c'est assez : ta volonté est trop forte; elle l'est plus que la mienne, et n'est plus en rapport avec ton fluide.

Le 13 et le 14, M. Périer parvint à déplacer des caillots de sang en magnétisant sa femme aux endroits qu'elle lui indiquait. Elle les rendait ensuite dans la journée. Lorsqu'elle éprouvait des coliques violentes, il suffisait qu'il portât sa main sur la partie souffrante pour la calmer. Enfin, comme la suspension du traitement avait laissé rouvrir les ulcérations inférieures, la malade dit à son mari qu'il fallait la guérir avait d'atteindre la plaie du haut, où les injections ne parviendraient que lorsque le rectum aurait repris de la force; mais que, dans tous les cas, le magnétisme aiderait beaucoup à sa guérison.

Le 15, madame Périer se trouva mieux. Elle se récria beaucoup sur l'incapacité des médecins, qui, lorsqu'elle avait eu, six semaines auparavant, une éruption à la peau, ne s'étaient point aperçus qu'elle était causée par *la décomposition de la partie aqueuse du sang!* La pauvre somnambule ignorait que la pénétration du médecin le plus capable n'était jamais allée si loin. Elle prit ensuite la main de son mari, et la posa sur son côté au point où elle souffrait ; mais elle l'éloigna presque aussitôt en lui disant que sa volonté était *trop active*, et que l'effervescence qu'elle donnait à son sang pourrait lui occasionner une perte.

Le 16, madame Périer s'étant ordonné des injections avec une décoction de morelle, de racine de persil, de mauve, etc., son mari lui rappela qu'un de ses chirurgiens (Boyer) lui avait également ordonné de la morelle. — Oui, répliqua-t-elle ; mais il y avait joint des pavots, chose qui paralyse la guérison plutôt que de l'activer : c'est l'*opium des plaies*.

Le 18, la malade était faible et souffrante, l'abondance des règles était effrayante, et pourtant elle ne fut pas plutôt en somnambulisme qu'elle s'ordonna la promenade, afin, dit-elle, d'accélérer l'issue des caillots, et de faciliter l'écoulement d'une eau rousse qui envenimait ses plaies en séjournant à leur surface. Elle se prédit ensuite deux autres crises semblables à celle qu'elle éprouvait, et devant avoir lieu à des époques assez éloignées.

Le 20, madame Périer apprit à son mari qu'elle avait eu une indigestion la veille, qu'elle en avait beaucoup souffert ; mais qu'elle aurait été plus mal encore, *si elle ne se fût approchée de lui*.

Depuis quelque temps la malade, à l'approche de l'heure où l'on avait coutume de la magnétiser, éprouvait de l'agitation, et demandait à être endormie. Le

21, cet état était plus marqué chez elle; la séance fut avancée de quelques moments. Aussitôt qu'elle fut en somnambulisme, elle posa la main de son mari sur son cœur : — Cette plaie, dit-elle, est la seule mortelle que j'aie; elle m'a causé bien des frayeurs, et aujourd'hui, pour la première fois, je l'examine sans souffrir. — Puis elle ajouta : — Si nous étions dans la belle saison, je pourrais prendre des dépuratifs; mais il suffit que tu poses ta main là tous les jours; et, pour diminuer la trop grande activité de ta volonté, ne pense qu'à me soulager, sans vouloir me guérir.

Le 23, madame Périer allait si bien, qu'elle accepta une invitation à dîner chez une de ses amies; mais lorsque son mari arriva le soir pour la chercher, il fut tristement étonné de la trouver souffrante. Il l'emmena, et, dès qu'il fut rentré, il la mit en somnambulisme pour savoir la cause de cette indisposition imprévue : c'était d'avoir été magnétisée le matin par son mari, tandis que celui-ci était contrarié par quelques affaires importantes et fâcheuses (1).

Le 25, la malade annonce enfin sa guérison. Son sommeil magnétique est doux et tranquille, et le contentement intérieur qu'elle éprouve s'épanouit sur sa physionomie. — Si j'écrivais, dit-elle, tous les accidents

(1) Il n'est pas de magnétiseur qui n'ait eu l'occasion de constater des circonstances analogues. Une de mes somnambules perdit sa lucidité pendant près de trois semaines, par suite de la mauvaise humeur que j'avais eue un jour en la magnétisant.

31.

qui peuvent naître de ma maladie, et que j'avais prévus, tous les moyens que j'avais trouvés de les détourner ou de les diminuer, les remèdes qui peuvent leur être appliqués, il y aurait de quoi remplir des volumes ; et, au bout de tout cela, je me contente de boire quelques verres de camomille et de limonade. Je compte bien guérir sans employer de remèdes plus compliqués. Je porte ma prévoyance plus loin, car je m'occupe de ce qu'il faudra que je fasse après ma guérison, lorsque j'aurai cessé de dormir.

Le 1er janvier 1814, M. Périer ayant été obligé d'endormir sa femme deux heures plus tôt que de coutume, il en résulta pour elle un malaise qui dura le reste du jour. Ce qu'elle éprouvait était une oppression considérable, accompagnée d'une telle extinction de voix, qu'elle ne pouvait plus qu'à peine se faire entendre.

Le lendemain, l'oppression et l'aphonie s'étaient à peu près dissipées ; mais la malade dit à son mari que, pour avoir été endormie la veille avant l'heure habituelle, elle avait beaucoup souffert, et qu'à onze heures, *l'humeur*, habituée à recevoir une impression étrangère, s'etait arrêtée sur sa poitrine. Enfin, elle annonça qu'elle aurait la fièvre jusqu'au 6.

Le 4, madame Périer se plaint de la promptitude de sa guérison : — Les maladies guéries trop vite reviennent, dit-elle, *ma plaie* est entièrement cicatrisée, et il serait plus facile maintenant d'en former une autre à côté que de rouvrir celle-là.

Le 5, la malade ne fut pas plutôt en somnambulisme qu'elle dit : — Je m'effraye facilement. Cette humeur qui passait par ma poitrine m'a fait craindre pour mes jours. Eh bien, aujourd'hui cela va passer entièrement, et il n'en restera rien, au moins de dangereux. J'aurai le dernier accès de fièvre de six à neuf heures. Il faudra que je prenne un remède composé de lait et de cassonade rousse, et que je le garde autant que possible. Il me produira un grand effet ; il déterminera la sortie de cette humeur qui sera mêlée de sang noir en caillots. Comme je ferai beaucoup d'efforts, les plaies du rectum en seront déchirées, et je reprendrai l'usage des tampons. — M. Périer, après avoir éveillé sa femme et l'avoir informée de tout ce qu'elle avait à faire dans la journée, sortit et ne rentra qu'après minuit. Il fut loin de la trouver alors dans les bonnes dispositions où il l'avait laissée. Selon ses prévisions, les efforts de défécation l'avaient exténuée ; mais une demi-heure de sommeil magnétique suffit pour la calmer et lui rendre des forces. Elle se coucha donc, et passa une bonne nuit.

Les séances du 6, du 7 et du 8 ne présentèrent rien de remarquable.

Le 9, la malade se plaignit de la trop grande activité que le magnétisme donnait à son sang, et elle défendit à son mari de la magnétiser. — Je devais avoir un retard dans mes règles, dit-elle, et elles paraissent dans ce moment : ainsi, au lieu de retarder, elles sont avancées de cinq jours (1).

Dans la soirée du 11, M. Périer ayant eu l'idée de magnétiser de l'eau, pria sa femme de tenir pendant l'expérience la carafe sur laquelle il agissait ; mais bientôt la pauvre femme, recevant l'influence destinée au liquide, se prit à rire du rire convulsif qui précédait chacun de ses sommeils, et conjura son mari de reprendre bien vite sa carafe, laquelle *devenait si lourde*, dit-elle, qu'elle n'avait plus la force de la soutenir. Cependant M. Périer acheva son opération, et voulut faire goûter de l'eau magnétisée à sa femme. Celle-ci en but avec répugnance l'épaisseur d'un doigt dans un verre, et ne lui trouva aucun goût particulier. Mais elle n'eut pas plus tôt vidé son verre, qu'elle fut prise de vives douleurs d'oreilles accompagnées de fièvre et de nausées, sorte de malaise qui persista toute la nuit.

A la séance du lendemain, la malade fut de très-mauvaise humeur. Elle reprocha à son mari de l'avoir, malgré sa défense, magnétisée à une heure qui n'était point celle de ses séances, puis elle ajouta :—Lorsque tu m'as fait tenir la carafe que tu magnétisais, ton fluide est venu en abondance dans moi ; je ne sais ce que c'est, mais le verre a quelque chose qui m'est contraire, et je suis persuadée qu'on pourrait me faire beaucoup de mal en s'en servant.

---

(1) Cet effet du magnétisme est fréquent.

— Que serait-il donc arrivé si, hier au soir, tu eusses bu plusieurs verres de cette eau magnétisée ?

— *J'aurais eu des convulsions qui auraient tenu de la folie.*

Elle refusa constamment de s'occuper de son mal, et continua à répondre avec mauvaise humeur à toutes les questions qui lui furent adressées sur ce sujet.

Le 13, la malade était découragée ; tout allait mal ; ses règles s'étaient subitement arrêtées, et la congestion sanguine qui, par suite de cette suppression, s'était faite à sa poitrine et à sa tête, l'empêchait de s'occuper de sa guérison. Cependant son mari mit tout en œuvre pour ranimer son courage ; et, après avoir épuisé toutes les ressources de sa logique, il finit par lui dire : — Quand même tu voudrais renoncer à ta guérison, tu n'en serais pas la maîtresse ; ma volonté est trop ferme pour changer, et je suis trop sûr de te guérir pour t'abandonner ainsi. Je ne t'éveillerai même que lorsque nous aurons trouvé ailleurs les moyens de te remettre dans l'état où tu te trouvais avant cet accident. — Ces paroles produisirent leur effet ; la malade indiqua la manière dont il fallait la magnétiser, et, dans la même séance, les règles reparurent, mais ne durèrent que trois heures.

Le 16, elle fit suspendre l'usage des tampons pendant trois jours, parce qu'il se formait dans le rectum un nouvel abcès, qui grossirait pendant ces trois jours, et s'ouvrirait dans cinq.

Le 18, elle se plaignit de nouveau de la trop prompte cicatrisation de ses plaies ; elle annonça qu'elle serait guérie au mois de mars, cinq jours après que son dernier abcès serait percé, et, qu'après cette époque elle ne dormirait plus.

Le 26, elle dit que, comme elle guérissait trop vite, elle craignait que sa fistule ne reparût dans *dix-huit mois*, mais qu'elle allait s'occuper des moyens de prévenir cette recrudescence. Elle se répandit ensuite en éloges sur la bienveillante volonté de son magnétiseur, et lui assura que personne n'aurait pu obtenir, même dans un temps très-long, les effets qu'il produisait sur elle en un moment.

La malade dit à la séance du 30 : — Mes plaies sont presque entièrement guéries, je ne puis m'en réjouir ; ce qui pourtant me console, c'est que j'espère pouvoir garder ma fistule aussi longtemps que je le jugerai convenable.

Le 5 mars, la révolution que lui causa l'idée de sa prochaine séparation magnétique avec son mari détermina l'apparition de la troisième et dernière crise. L'abcès qui s'était formé au rectum perça dans le moment même, et ne la fit pas trop souffrir en raison de sa proximité de l'orifice anal.

Le 11, M. Périer essaya d'endormir sa femme, et il ne put y parvenir. Il en fut de même les jours suivants. — Cependant, bien que les ulcérations fussent complétement cicatrisées, et qu'il ne restât plus rien du rétrécissement, la fistule existait encore. Mais lorsque madame Périer eut suivi jusqu'au mois de juin le traitement prescrit, cette fistule elle-même finit par se dessécher et s'oblitérer ; et, suivant sa prédiction du mois de décembre, la guérison de cette terrible maladie, que la faculté avait déclarée incurable, fut *entière et parfaite*.

Le magnétisme animal peut donc être d'une grande ressource à la chirurgie ; et si véritablement il est besoin d'être *médecin* pour soigner convenablement une affection chirurgicale, l'intervention du somnambulisme, ou pour le moins d'un somnambule, sera pour nous chose nécessaire dans le traitement de toute lésion externe. Je suis persuadé d'abord qu'on parviendra ainsi à éviter la plupart de ces douloureuses opérations qui, le plus souvent, n'offrent en échange de la mort, aux malades, qu'une mutilation ou une difformité presque aussi hideuses que la mort elle-même. Enfin, lorsqu'une funeste nécessité aura irrévocablement imposé aux chirurgiens l'obligation de pratiquer ces opérations, ne nous restera-t-il pas l'isolement, pour en dérober l'horreur et la souffrance aux malheureux condamnés à les subir ? Qu'on se rappelle les admirables observations de madame Plantain, de la jeune amputée de Cherbourg, etc. Eh bien, je soutiens que nos archives, si on le voulait, seraient bientôt encombrées d'une multitude de faits analogues. Les cris que vous arrachez à vos malades, mes maîtres, n'ajoutent point, que je sache, de fleurons à vos couronnes. Votre mission est de soulager vos semblables et non de les torturer. Songez-y donc, alors ; car s'il existe un moyen d'épargner à vos victimes les supplices que vous leur faites endurer, et que ce moyen, vous refusez de vous en instruire, n'êtes-vous pas très-coupables (1) ?...

DIX-HUITIÈME OBSERVATION.

Surdité chronique guérie en deux mois.

Je connais peu d'observations plus complètes et partant plus concluantes que celle qu'on va lire. La position sociale de la personne qui en est l'objet, l'étendue de ses relations, la considération qui l'entoure, la supériorité de son esprit, la gravité de son caractère, l'honorabilité de sa famille, enfin tous ses antécédents moraux ne permettent point de suspecter son témoignage.

M. Adam jeune dirige à Rouen (2) une institution considérable, qui le met nécessairement en rapport intime avec un grand nombre d'individus. Il a en outre enseigné la musique, d'après la méthode analytique de M. Aimé Paris, dans des cours fréquentés par plus de cent cinquante élèves. Il résulte de là qu'il est à peine dans toute la ville de Rouen un seul habitant qui ne soit en mesure d'affirmer : 1° qu'il n'a cessé forcément

---

(1) A l'époque où ceci fut écrit, le chloroforme n'était pas encore connu.

(2) Rue de l'Écureuil, 14.

ses cours de musique que parce qu'il n'entendait plus la voix des chanteurs ; 2° qu'il a été sur le point de renoncer à l'enseignement, parce qu'il n'entendait plus la voix de ses élèves. Pour professer, M. Adam était obligé de faire usage de cornets acoustiques dont il augmentait presque chaque mois les dimensions : encore lui fallait-il, malgré cet auxiliaire aussi importun qu'indispensable, s'approcher, à très-courte distance, de chacun de ses élèves auquel il s'adressait et dont il attendait une réponse.

Mais ce n'est pas tout : les justes exigences des corps savants, de l'Institut, par exemple, nous demanderaient, sans doute, à l'appui de ces assertions, des témoins compétents. Eh bien, nous ne serions nullement embarrassé pour en fournir ; car, sans compter un grand nombre de praticiens distingués de sa ville natale, plusieurs spécialistes de Paris ont constaté, à différentes époques, l'infirmité de M. Adam. Nous citerons, entre autres, MM. Itard, Deleau et Menière, dont le talent et la probité sont également connus. Tous trois ont successivement donné des soins à mon client, pendant des mois entiers, et tous trois se sont accordés pour déclarer incurable une maladie que j'ai eu le bonheur de guérir. Que ces messieurs ne prennent point d'ailleurs pour une critique la citation que je fais de leurs noms. Je suis de ceux qui considèrent leur personne et leur savoir, et je ne les nomme ici que pour en appeler à leur loyauté. Nul doute qu'ils n'obtiennent nos succès lorsqu'ils se décideront à faire usage de nos moyens.

Voilà donc un premier fait établi : M. Adam jeune a positivement été sourd, et il ne reste plus qu'à prouver qu'il a cessé de l'être. Or, pour ceci, je n'ai pas besoin d'évoquer le témoignage des savants, car toutes les personnes qui adresseront la parole à M. Adam seront en état de me démentir si j'en impose.

Ce petit préliminaire s'adresse évidemment à nos confrères en médecine qui ne croient pas encore au magnétisme. — Voyez, messieurs, voyez et prononcez-vous. Ce qui précède doit vous prouver suffisamment qu'il n'y a point ici de supercherie possible. Il ne s'agit ni d'un tour de force, ni d'un tour d'adresse, ni d'un miracle, mais bien d'un simple fait de pathologie : informez-vous-en donc, et décidez-en la valeur. — A présent j'entre en matière, et je commence mon récit sans me soucier davantage de l'effet qu'il pourra produire sur l'esprit de certains lecteurs. — Pour être plus vrai, je serai minutieux ; mais mon sujet est fécond, et, s'il n'intéresse pas, ce sera ma faute et non la sienne.

M. Adam est âgé d'environ trente-cinq à trente-six ans. Il est de taille moyenne et de constitution sèche et nerveuse. La prodigieuse activité intellectuelle dont il est doué dut avoir une large part, ainsi que nous le rappellerons plus bas, au développement de son infirmité. — Du reste, il croyait au magnétisme avant de s'y livrer, et la confiance qu'il avait en cet agent si puissant, mais encore si peu connu, augmentait naturellement celle que j'avais eu le bonheur de lui inspirer. Je mentionne ces circonstances, parce que j'ai la certitude qu'elles ont favorisé sa guérison. Rien de plus frappant, en effet, que l'influence sur le physique de certaines dispositions morales. Il semble quelquefois que l'espérance d'un succès soit, sans métaphore, un pas fait pour l'obtenir. Cela rentre tout à fait, d'ailleurs, dans les idées théoriques que nous avons publiées il y a quelques années (1). — Au surplus, le magnétisme était pour M. Adam une dernière planche de salut. Depuis dix ans, il venait régulièrement passer deux mois de l'automne à Paris, d'où chaque fois il remportait une déception nouvelle. Mais lorsqu'on sut, à l'époque de son dernier départ de Rouen, qu'il venait ici dans l'intention de se faire magnétiser, un fou rire de ses amis accueillit sa confidence. — Qu'ont-ils pensé du succès qui a couronné son *chimérique* espoir? Oh! je vous le dis en vérité, le magnétisme aura bientôt plus d'un néophyte dans la grande ville de Rouen.

État du sujet avant le traitement. — Ce fut le 26 août 1841 que M. Adam se présenta chez moi pour la première fois. Je lui fis raconter au long tous les détails de sa maladie; puis j'essayai moi-même d'en préciser le degré et la nature par un examen attentif. — Les oreilles

---

(1) *Transactions du magnétisme animal*, etc.

sont bien conformées ; mais leur pavillon, ainsi que la portion des muscles épicràniens qui les environnent, sont parfois le siége d'un gonflement œdémateux, qui rend pénible pour le malade le contact de ces parties, et s'accompagne d'une douleur sourde qui paraît devenir d'autant plus vive que les efforts d'audition sont plus longtemps soutenus. Ce gonflement est parfaitement visible. Les doigts, en comprimant les parties latérales et postérieures de la tête, y laissent évidemment une empreinte persistante ; mais la douleur que cause cette expérience ne permet point de la répéter. On ne remarque dans les oreilles aucune espèce d'écoulement. Un stylet pénètre sans obstacle, et à la profondeur ordinaire, dans chacun des conduits auditifs, où le *speculum auris* de MM. Deleau et Menière n'a rien fait découvrir d'anormal. L'introduction d'une sonde a également prouvé à M. Deleau qu'il n'existe aucune oblitération des trompes d'Eustache. Toute la maladie paraît donc se réduire à une paralysie incomplète des nerfs acoustiques : opinion que confirme une diminution notable de la sensibilité dans la peau qui recouvre immédiatement au-dessous des oreilles les régions supérieures et latérales du col. — Le genre d'expérience que nous avons choisi pour constater l'état de l'audition, et plus tard ses progrès, donne d'une manière assez précise le degré de cette paralysie. M. Adam *entend sa montre à huit centimètres seulement (un peu moins de trois pouces) de l'oreille gauche ; il l'entend* A PEINE *de la droite, lorsque la montre est immédiatement appliquée à l'orifice du conduit auditif.* La conversation à voix ordinaire lui est absolument impossible. Lorsqu'on veut être entendu de lui, il faut, non-seulement élever fortement la voix, mais s'approcher de son oreille gauche, où il se fait un cornet acoustique de la main correspondante. Encore est-on obligé, le plus souvent, de répéter deux ou trois fois la même interpellation, dont il finit par saisir plutôt le sens que les mots. Pour peu qu'il y ait de distance entre son oreille et le corps en vibration, les sons ne lui arrivent pas plus que s'ils n'étaient pas produits : aussi lui a-t-il fallu, depuis plusieurs années, faire violence à ses goûts favoris en se privant du spectacle, où non-seulement il n'entendait plus, mais où il était presque subitement atteint du gonflement dont nous avons parlé plus haut, par suite des efforts inutiles qu'il faisait pour deviner le sens des dialogues.

Le chant est mieux saisi que la voix parlée ;

Le bruit aigu infiniment mieux que les sons graves et par suite :

Un organe féminin mieux qu'une voix d'homme.

Cela est si tranché que M. Adam, tout en paraissant complétement sourd aux intonations graves qui bourdonnent presque à son oreille, entend encore à d'assez grandes distances le gazouillement aigu d'un oiseau. Enfin je ne terminerai pas l'énumération des symptômes présentés par cet intéressant malade, sans signaler une particularité qui lui est commune avec un grand nombre de sourds, et qui mérite réflexion ; voici le fait : *M. Adam entend positivement mieux au milieu du bruit que dans un silence parfait.*

Un jour que nous faisions ensemble le petit voyage de Versailles, je fus émerveillé de la facilité extraordinaire avec laquelle il suivait la conversation, lorsque assourdi moi-même par le roulement des wagons, je laissais échapper, sans les comprendre, les trois quarts de ses répliques. — Je prends ma revanche, me disait-il en riant, car vous voyez que pour l'instant c'est vous qui êtes le sourd. — Un monsieur qui écoutait notre entretien, et qu'à son langage technique et sentencieux je reconnus pour un docteur en médecine, s'empressa de nous donner l'explication d'un phénomène que j'avouais ne pas comprendre. — Par cela même que monsieur est sourd, nous disait-il, il est moins impressionné que nous par le bruit qui nous vient du dehors, et voilà pourquoi il entend mieux nos voix. — Malheureusement cette explication portait à faux, et par conséquent n'expliquait rien. En effet, de nombreuses expériences m'ont prouvé depuis que, non-seulement le bruit ne diminue pas, chez les sourds, le peu d'audition qui leur reste, mais encore qu'il la favorise et la développe momentanément d'une manière quelquefois surprenante. Cela est si vrai que lorsque M. Adam, chez moi ou dans sa chambre, mesurait la distance de laquelle il pouvait entendre sa montre, cette distance s'augmentait subitement de plusieurs centimètres lorsqu'une voiture venait à passer rapidement sous les fenêtres de l'appartement. Au reste, il n'est pas de spécialiste qui n'ait eu l'occasion d'observer ce phénomène ; mais je ne sache pas qu'on en ait déduit les conséquences qu'il me semble fournir. — Puisque les sons doivent être considérés comme les excitateurs spéciaux du sens de l'ouïe, ne peut-il pas se faire qu'il existe certaines espèces de surdités réclamant ce genre d'excitation? La détermination des cas où cette sorte de gymnastique de l'oreille est nécessaire me semble le sujet d'un travail important que je ferai bien certainement, lorsque je posséderai sur la matière des documents assez nombreux. Mais poursuivons notre récit.

Étiologie. — Rien n'est souvent plus difficile en pathologie que de déterminer la cause d'une maladie chronique, lorsque celle-ci n'a point débuté par l'état aigu. Bien plus, comme ces sortes d'états morbides se préparent et s'élaborent pour ainsi dire bien longtemps avant de donner conscience de leur existence, on est presque toujours embarrassé pour fixer avec certitude la véritable époque de leur origine. C'est en partie ce qui eut lieu chez M. Adam. Mais on va voir cependant que si nous ne possédons sur le principe de sa maladie que des données conjecturales, quelques-unes sont tellement rationnelles qu'elles peuvent être prises pour des certitudes.

Causes prédisposantes. — Pour éviter de m'étendre inutilement en lieux communs, je n'en signalerai qu'une seule; mais elle était terrible, désespérante. Le père de M. Adam est mort sourd, et trois de ses sœurs ont été atteintes de la même infirmité. Nous avions donc évidemment à lutter contre une prédisposition héréditaire : or, on sait combien il est difficile en général de vaincre ces tendances congéniales d'une organisation presque essentiellement affectée de la maladie qui doit l'envahir un jour.

Causes déterminantes. — Celles-ci étaient nombreuses en apparence, mais pouvaient, en résumé, se réduire à une seule : la surexcitation prolongée du cerveau. Ainsi, indépendamment des travaux de l'enseignement auxquels M. Adam se livre avec une ardeur extrême, ce professeur zélé et consciencieux consacrait encore à l'étude la plus grande partie du temps que lui laissaient ses devoirs. Incessamment tourmenté par le désir d'étendre le cercle de ses connaissances, il passait la moitié de ses nuits à apprendre les langues, l'histoire et la mnémotechnie. Dans les derniers temps surtout, lorsque la paralysie acoustique eut fait d'assez grands progrès pour le forcer à renoncer au monde, où naguère ses talents et son caractère aimable le faisaient rechercher, il vécut dans une réclusion presque absolue, n'existant, pour ainsi dire, plus qu'en lui-même, et poursuivant vainement dans une étude opiniâtre et presque forcenée une sorte de consolation au chagrin qui l'affligeait. Hélas! le pauvre M. Adam ne faisait sans doute qu'aggraver son mal en voulant y remédier, comme les malheureux qui se tuent pour ne plus souffrir.

Enfin, ainsi que nous l'avons dit, M. Adam, lorsque M. Aimé Paris eut quitté Rouen, remplaça cet ingénieux professeur dans sa chaire de musique analytique, et tout nous fait croire que ce nouveau genre d'enseignement dut porter une dernière atteinte à la sensibilité déjà presque éteinte de son système auditif. En effet, tout est relatif, et, si la détonation de pièces d'artillerie suffit pour assourdir quelquefois à tout jamais une oreille normale, rien d'étonnant que les bruyants accords de masses chantantes produisent le même effet sur une ouïe déjà gravement affectée : aussi M. Adam eut-il grand'peine à terminer son deuxième cours (1).

Ce fut à cette époque que parut, dans le second cahier de mes *Transactions*, la première observation de surdité guérie par le magnétisme que j'aie publiée jusqu'à présent. La lecture de ce fait remarquable changea le cours des idées de M. Adam, et ce fut avec une vive espérance, que devait justifier l'événement, qu'il se mit à attendre l'époque des vacances pour se faire magnétiser.

Marche. — Une parfaite égalité d'innervation dans les sens doubles est aussi rare qu'une parité absolue dans le développement et la force musculaire des membres correspondants. Presque toujours, si l'on y prend garde, on reconnaîtra que l'on voit mieux de l'œil

---

(1) Chaque cours durait trois mois.

droit que de l'œil gauche, ou *vice versâ,* comme on entend mieux d'une oreille que de l'autre, etc. Il s'ensuit que, lorsqu'une cause débilitante ou un agent morbifique quelconque vient à exercer son action sur un système sensitif, l'un des deux sens, celui qui se trouve être naturellement le plus faible, ressent le premier cette influence, ou plutôt en paraît le premier affecté. C'est précisément ce qui eut lieu chez M. Adam. Il y a quinze ans que l'oreille droite, devenue le siége de bourdonnements et de bruissements, précurseurs de la surdité, commençait à perdre sensiblement de sa délicatesse, tandis que l'oreille gauche ne semblait encore aucunement lésée. Les progrès du mal furent lents, mais réguliers, et tout ce qu'on fit pour les arrêter n'en modifia nullement la marche. Ce fut seulement douze années plus tard que des phénomènes, absolument semblables, commencèrent à se manifester dans l'oreille gauche. Ainsi, mêmes bruissements, même gonflement œdémateux au dehors, même extinction du bruit extérieur, et tout cela se développant avec la même régularité de progression ; de telle sorte que M. Adam, mesurant de mois en mois la nouvelle perte de sensibilité acoustique qu'il venait de subir, aurait pu rationnellement prédire l'époque très-approximative où il devait être complétement sourd. D'après ce que nous avons dit de son état au mois d'août 1841, cette époque, assurément, n'était pas fort éloignée : aussi n'était-ce pas sans raison qu'il s'effrayait de l'avenir.

Traitement. — Je me garderai bien de rapporter toutes les espèces de médications auxquelles M. Adam fut soumis de 1827 à 1841. A l'exception du magnétisme, je puis certifier qu'il eût été difficile de lui conseiller un moyen dont il n'eût déjà fait l'essai. Il y en eut un pourtant qui mit toute sa résignation aux abois. Je citerais volontiers, au risque de l'obliger, l'intrépide charlatan qui en avait formulé la prescription; mais je ne parviens point à retrouver son nom dans ma mémoire. Il s'agissait tout uniment de purgations énergiques et continuées sans relâche pendant quatre mois entiers. Mon Dieu, je ne suis point l'ennemi des purgatifs; je crois même que, dans certains cas de surdités, ils peuvent être utiles. Mais à pareilles doses, sur un sujet nerveux et débilité! Oh! monsieur Adam, vous étiez guéri de tous vos maux dès le second mois du traitement qu'on prétendait vous infliger; mais le magnétisme n'aurait point à vous compter à présent au nombre de ses plus fervents apôtres, et moi au nombre de mes amis. — Je m'abstiens, à dessein, de parler des diverses méthodes thérapeutiques de MM. Itard, Deleau et Menière. Venant d'hommes aussi éclairés, elles doivent être pour le moins rationnelles; mais enfin, dans le cas présent (comme en bien d'autres, soit dit sans malice), elles n'avaient pas le moins du monde réussi. Venons-en donc enfin à ce que nous avons fait nous-même.

26 août. — Il m'est à peu près démontré que la surdité de M. Adam ne consiste qu'en une demi-paralysie des nerfs acoustiques. Mon but, en conséquence, est de ramener la vie dans ces organes au moyen d'une magnétisation active, dirigée sur les régions qu'ils occupent. La première séance dure un quart d'heure. La sensation éprouvée par le sujet n'est pas très-vive, ce qui devait avoir lieu, jusqu'à ce que des rapprochements assez nombreux m'eussent mis complétement en rapport avec lui. Cette sensation consiste en un fourmillement particulier, accompagné de chaleur et d'un état de bien-être général. Cependant, au bout de quelques minutes, il se manifeste un peu d'oppression que je dissipe aisément en dégageant la poitrine. Des passes sur le trajet des principaux nerfs du tronc et des membres s'accompagnent également d'un fourmillement. Du reste, pas de pesanteur de tête non plus que de bâillements, de pandiculations et de picotements aux paupières; en un mot, nulle propension au somnambulisme.

Les résultats consécutifs de cette première séance furent absolument insignifiants. Le sommeil de la nuit suivante ne fut pas troublé, comme cela arrive assez souvent en pareil cas. Enfin, si le magnétisme n'a pas encore fait de bien, il est évident qu'il n'a point fait de mal.

5 *septembre*. — Comme, à partir de la fin d'août jusqu'au milieu de septembre, je demeurai souffrant, atteint que j'étais d'un rhumatisme vague, je n'exerçai sur mes sujets, à cette époque, qu'une action très-faible, et peut-être même peu salutaire. M. Adam, après

chaque séance, ressentait, dans le cou et les épaules, des douleurs de nature évidemment rhumatismale, et dont je ne cherchai pas à lui dissimuler la cause. En revanche, il me communiquait un bourdonnement d'oreilles analogue au sien, et dont je ne me défaisais, d'habitude, que deux ou trois heures après chacune de nos entrevues. Jusqu'alors nous avions oublié de mesurer d'une façon régulière les progrès que déjà semblait avoir faits l'audition. Faute d'instruments plus précis, nous nous servimes, ce jour-là, d'une brochure pour mesurer la distance de laquelle il entendait sa montre de l'oreille gauche. Or, à sa grande satisfaction, cette distance nous parut être environ de 16 à 17 centimètres, au lieu de 8. Quant à l'oreille droite, elle n'a pas encore gagné d'une manière sensible.

10 *septembre.* — Je pratique l'insufflation dans les oreilles. Il en résulte immédiatement une amélioration notable. Mais cette amélioration est-elle le résultat d'une véritable action magnétique, ou simplement de la chaleur humide que concentre mon haleine dans les conduits auditifs? c'est ce que je ne saurais dire. Quoi qu'il en soit, pendant les cinq ou six jours qui suivent, je ne manque jamais de terminer chaque séance sans faire usage de ce moyen, qui, en définitive, me paraît avantageux. — M. Adam commence à entendre sa montre à 10 centimètres de l'oreille droite, qu'il avait d'abord crue perdue sans retour. Il l'entend à plus de 20 centimètres de la gauche.

15 septembre. — Les deux oreilles semblent vouloir se mettre en équilibre sous le rapport de leur degré réciproque d'innervation. En effet, tandis que, depuis la séance du 10, la gauche ne gagne plus que d'une manière imperceptible, M. Adam entend sa montre à droite à plus de 20 centimètres. Mais, à partir de cette époque, son état reste stationnaire, et la magnétisation exclusive des parties supérieures du corps commence même à le fatiguer d'une manière évidente. Quelle que soit la direction de mes passes, quelle que soit celle de ma volonté, sa tête *s'emplit*, pour me servir de son expression, à l'approche de mes mains, et je me vois forcé de reconnaître qu'il y a dans le magnétisme un je ne sais quoi qui diffère essentiellement du pouvoir moral, et qui, dans certains cas, ne semble nullement subordonné à ce dernier. — Pendant huit jours, j'espère vainement quelque progrès nouveau. J'accuse mon état de malaise; j'accuse la température; mais je ne souffre plus, le baromètre est au beau fixe, l'hygromètre à la sécheresse, et les mêmes phénomènes négatifs reviennent me décourager. — Oh! vraiment, je l'avoue, il était temps que la Providence nous envoyât quelque colonne de feu pour nous éclairer dans ce désert, car je ne me sentais pas le courage d'y marcher plus longtemps. Mais qui osera n'attribuer qu'au hasard l'heureuse et singulière circonstance qui nous traça la route à suivre ?

28 septembre. — A l'instant où je commence à magnétiser M. Adam, suivant la méthode que j'ai suivie jusqu'alors, il me dit : « Croyez-vous aux rêves, monsieur Teste ? — C'est selon. — Il y en a donc, à votre avis, qui méritent explication ?—Hippocrate, du moins, le pensait, à en juger par son chapitre *des Songes*. — Eh bien j'en ai fait un cette nuit fort étrange : voyez donc ce qu'il signifie. Je rêvais que je vous suppliais de me magnétiser les pieds, mais les pieds seulement, et dans un bain d'eau chaude. Vous ne vouliez pas ; mais enfin, à force d'instances, j'avais fini par vous décider, et je m'en étais si bien trouvé, qu'au bout d'un quart d'heure, j'entendais aussi distinctement que si je n'eusse jamais été sourd.

Bien que cette singulière confidence me soit faite sur le ton de la plaisanterie, je ne laisse point d'en être vivement frappé. Il me revient à l'esprit qu'en plusieurs circonstances analogues, une sorte d'intuition avait subitement découvert à différents malades ce qu'il y avait à faire pour les guérir. — Si vous voulez, dis-je à M. Adam, nous allons mettre à l'épreuve la méthode qui vous a si bien réussi cette nuit. Qui sait ? votre rêve est peut-être une révélation d'en haut ! — Vraiment ! que Dieu le veuille ainsi ! mais je crains fort que ce ne soit une séance perdue. — Celle d'hier vous a si peu profité, qu'après tout la perte ne sera pas grande : essayons.

Et là-dessus je me mets en devoir de concentrer mon action sur les pieds de M. Adam, bien décidé, si je réussis à moitié, à compléter mon succès le lendemain au moyen du pédiluve indiqué. — Or, dès les premières passes, M. Adam se sent la tête dégagée. Un fourmillement, accompagné d'un *froid glacial*, se fait ressentir aux pieds ; mais qui pourrait décrire sa joie, son étonnement, son ivresse, lorsqu'il reconnaît, après la séance, que l'audition a gagné 10 centimètres de chaque oreille, progrès qui dépasse positivement celui que nous avons obtenu depuis quinze jours ! — Oh! mais je suis sauvé, s'écrie-t-il avec effusion, et vous serez pour moi un second père !.... — Et la Providence, monsieur, n'est-ce pas elle qui a tout fait ?

29 *septembre*. — Avant l'heure à laquelle M. Adam a coutume de se rendre chez moi, l'audition a peu perdu depuis la veille. La montre est entendue à 35 centimètres de l'oreille gauche et à 27 de la droite. Tout nous fait espérer que nous pourrons désormais compter sur la persistance des effets obtenus. Cependant M. Adam met ses pieds dans l'eau chaude, et je commence à le magnétiser comme la dernière fois. Mêmes sensations, sauf que le froid s'arrête à la surface du liquide. La tête se dégage de nouveau sous l'influence de l'action magnétique ; mais nous reconnaissons, en terminant la séance, que le bain de pied n'a rien ajouté de remarquable aux effets que nous obtenons, ce qui nous engage à nous dispenser, à l'avenir, de cet accessoire incommode. Du reste, l'audition a gagné, comme hier, 7 ou 8 centimètres de chaque oreille, et nous avons désormais la certitude d'être dans la bonne voie.

Parmi les différents phénomènes que nous venons de rapporter, il en est un surtout qui avait singulièrement attiré mon attention : c'était le froid intense ressenti aux pieds pendant la magnétisation de ces parties, tandis qu'une action semblable, dirigée sur les régions supérieures du corps, avait donné lieu à une sensation inverse. Était-ce là un fait général ou seulement une anomalie? L'expérience seule pouvait décider la question, et, dès la soirée même du 28, je m'empresse d'y recourir. Trois personnes sont successivement magnétisées par moi à la tête et aux pieds, et toutes trois éprouvent les deux sensations opposées dans l'ordre où les accuse M. Adam. Je ne doute plus alors d'avoir fait une découverte, et je songe déjà à la publication d'un principe que je crois invariablement généralisé. Malheureusement, le résultat inverse que j'obtiens le lendemain sur une cinquième personne vient détruire mon axiome. Me voilà donc obligé de renouveler et de multiplier mes expériences, dont je n'attends plus, d'ailleurs, qu'une statistique insignifiante; mais, en définitive, voici (relativement à mon organisation) le fruit de mes recherches sur ce point.

1° *Presque toujours* le magnétisme fait naître des sensations opposées, suivant qu'il est pratiqué à la tête ou aux pieds.

2° Le plus souvent la sensation de chaleur est éprouvée à la tête, et celle du froid aux pieds, mais le contraire peut aussi avoir lieu.

3° Quelques sujets éprouvent indifféremment ou du froid ou du chaud, c'est-à-dire une sensation identique à elle-même, quelle que soit la partie du corps où on les magnétise.

4° L'intensité de la sensation, quelle que soit sa nature, est constamment en rapport avec l'effort volitif du magnétiseur, et aussi avec l'intensité de la sensation que celui-ci éprouve dans les doigts (1).

5° Enfin le magnétiseur, indépendamment du fourmillement électrique qu'il ressent dans les mains, éprouve encore le plus souvent dans ces organes une sensation du chaud ou du froid, mais *toujours* inverse à celle que le sujet accuse.

15 *octobre*. — La température froide et humide qui règne depuis quelques semaines a rendu les progrès plus lents, mais pourtant n'en a point arrêté le cours. M. Adam entend sa montre à 75 centimètres de l'oreille gauche et à 40 de la droite. Il jouit du reste d'une santé parfaite, ce qui prouve que le magnétisme n'a pas ranimé la vitalité des sens au détriment d'autres organes. Loin de là, il semble que la vue, qui est naturellement faible, et de longue date fatiguée par l'étude, ait repris un peu de force pendant le cours du traitement. M. Adam s'est décidé, depuis quelques jours, à porter du coton dans les oreilles, pour les garantir du froid;

---

(1) Tous les praticiens connaissent ce fait, qui dépose fortement en faveur du fluide.

mais nous reconnaissons que dans les affections de ces organes il n'existe aucun moyen sûr de lutter avantageusement contre l'humidité. Au reste, le coton, indépendamment de ce qu'il préserve les conduits auditifs de l'impression de l'air, possède encore un autre genre d'utilité, c'est d'éteindre un peu les sons; de telle sorte qu'il devient pour l'ouïe ce que les conserves sont pour la vue. Je recommande donc à tous mes sourds d'en porter jusqu'au retour des chaleurs.

30 *octobre*. — L'audition s'est tellement rétablie, que l'on peut causer des heures entières avec M. Adam sans s'apercevoir qu'il est sourd ou plutôt qu'il l'a été. Nous conversons à voix ordinaire et même à voix basse d'une extrémité à l'autre de mon salon, c'est-à-dire à plus de 7 mètres de distance. Il est allé hier au théâtre du Vaudeville, et il a parfaitement entendu des acteurs d'une des banquettes du parterre (1). Enfin, il entend le mouvement de sa montre à plus d'un mètre de l'oreille gauche, et à 70 centimètres de la droite, ce qui est presque l'état normal. — Je regrette beaucoup néanmoins que les occupations de M. Adam ne lui permettent pas de séjourner un mois de plus à Paris. En effet, quelque satisfaisant que soit son état, je ne regarde point encore sa guérison comme complète. Ainsi les bruissements d'oreilles ne sont pas encore tout à

(1) Il entendit beaucoup moins bien à la dernière pièce, parce que l'organe était trop faible encore pour ne pas se fatiguer très-vite.

fait dissipés. Quelle que soit la cause de ces bruissements, il est clair qu'elle leur est commune avec celle de la surdité. Les deux phénomènes, il est vrai, ne doivent point s'amender dans les mêmes proportions; car on conçoit sans peine que l'ouïe, en recouvrant de sa délicatesse, n'en devient que de plus en plus sensible aux bruits internes dont elle est le siége, de telle sorte que ceux-ci paraîtraient augmenter si réellement ils ne diminuaient pas. Quoi qu'il en soit, je ne doute nullement qu'un traitement un peu plus long n'eût dissipé, avec le reste de la paralysie, ces fâcheux épiphénomènes, qui en sont le plus souvent les prodromes et la suite (1).

DIX-NEUVIÈME OBSERVATION.

Le 29 septembre dernier, M. le comte de ***, homme d'État, très-haut placé dans l'opinion, et que, pour cette raison, je ne puis nommer sans son assentiment, m'adressa la lettre suivante :

« R***, le 23 septembre 1845.

« Monsieur le docteur,

. . . .

« Si vous nous venez, je vous mènerai voir à Caen

---

(1) Un accident aussi malheureux qu'imprévu neutralisa en partie les bons effets que M. Adam avait obtenus du magnétisme. La diligence avec laquelle il retournait à Rouen ayant versé en route, le pauvre M. Adam fut obligé de faire deux lieues à pied

un prodige magnétique dont nous sommes dans la stupéfaction. Écoutez et ne croyez que quand vous aurez vu.

« Un artisan de Caen a un garçon de quatre ans grand et fort comme s'il en avait sept, mais qui, nanti de membres bien et solidement construits, *n'avait jamais pu marcher ;* ce pauvre enfant est muet *sans être sourd ;* et depuis sa naissance, il était dans une agitation perpétuelle, sa tête roulant sans cesse sur ses épaules, ses petites mains continuellement en action comme pour chasser des mouches qui lui auraient fatigué le visage ; le sommeil était pour lui chose très-rare, et, dans ses crispations nerveuses, il ne cessait d'égratigner et de mordre sa mère et sa bonne, dont le visage et les bras étaient couverts des traces de ces méchancetés, peut-être, probablement même, involontaires ; enfin, cet enfant était condamné par la faculté comme un méchant idiot incurable.

« La mère fut consulter Alexis, qui, dès le premier attouchement, déclara que *le siége du mal était dans le cerveau, et ne pouvait être traité que par l'application directe du magnétisme.* — M. Marie que vous connaissez voulut bien entreprendre ce traitement.

par une pluie battante. Une fluxion de poitrine s'ensuivit, et par suite de la fluxion de poitrine une nouvelle perte de l'audition. Heureusement cette rechute n'a pas eu la gravité que je redoutais d'abord ; M. Adam, que j'ai revu deux ans après l'avoir traité, entendait à cette époque d'une manière satisfaisante. — Je l'ai revu cette année (1852), il est redevenu complétement sourd.

« Dès la première séance, le malade éprouva un peu de calme, et après quelques jours il était arrivé presque à la somnolence.

« Pendant la magnétisation, l'enfant était tenu par une jeune fille de dix-huit ans sur laquelle M. Marie crut remarquer quelques effets magnétiques; il lui proposa de se laisser magnétiser, et, à la troisième passe, elle tomba dans le plus profond sommeil : de ce moment elle devint le meilleur médecin du petit malade, et cela avec une lucidité vraiment incroyable. — Interrogée à plusieurs reprises sur la cause du mal, voici le résumé de sa réponse : « Le cervelet est infiniment « trop développé ; les autres organes du cerveau en « souffrent, et l'on ne pourra rétablir l'équilibre qu'en « arrêtant ce développement contre nature. — Pour « atteindre ce but, il faut, tous les jours, faire à la base « du crâne et jusque sur la naissance de la moelle « épinière, de fortes frictions *avec un bâton de fer galvanisé*. — Il faudra ensuite, également tous les jours, « faire jaillir plusieurs étincelles électriques sur cette « même partie. — Enfin il sera nécessaire que tous les « jours, à la suite de la friction, l'enfant soit magnétisé « et complétement endormi. »

« Ce traitement a été scrupuleusement suivi, et, au bout de huit jours, l'enfant commençait à marcher ; aujourd'hui il court comme tous les enfants de son âge, et même mieux à raison de sa force précoce. En vérité, c'est à n'y pas croire.

« L'organe de la parole n'est pas encore rétabli ; mais la jeune somnambule affirme que l'on y arrivera en continuant le traitement.

« Tel est le fait en masse, et maintenant voici des épisodes bien étranges.

« La jeune fille est devenue d'une susceptibilité telle que M. Marie n'a plus besoin de passes d'aucune sorte, soit pour l'endormir, soit pour la réveiller : il lui suffit *de sa seule volonté*. Nous avons vu cette fille passer ainsi de la veille au sommeil comme elle tomberait frappée de la foudre, et se réveiller avec la même promptitude.

« M. Marie vient d'être nommé directeur de l'usine du Havre, et l'on craignait que son éloignement n'arrêtât ce curieux traitement ; pas du tout, du Havre à Caen, *par le seul effet de sa volonté*, il endort la jeune fille, et celle-ci endormie magnétise et endort le malade.

« Autre circonstance étrange : — Aux premières séances, M. Marie calmait bien l'enfant, mais ne pouvait l'endormir ; la somnambule lui dit que ce sommeil ne viendrait pas tant que la mère du malade serait présente : *Je vois*, dit-elle, *le fluide s'échapper de l'enfant, comme un nuage, et passer à sa mère à mesure que vous le magnétisez : il faut qu'elle s'éloigne...* La mère sortit et se tint sur le carré en dehors de l'appartement ; cela ne suffit pas, et la somnambule déclara que *tant que la mère et l'enfant se trouveraient sur le*

même niveau, ou plan, le sommeil ne viendrait pas.....
Cette mère descendit, et cinq minutes après l'enfant était endormi. Depuis lors, on a vingt fois renouvelé l'expérience, et toujours le même résultat a été produit : près de sa mère, l'enfant ne peut être endormi ; lorsqu'il est plongé dans le sommeil le plus profond, approche-t-elle de lui, il se réveille à l'instant.

« Dans une de ces curieuses séances, j'ai eu avec cette jeune fille de dix-huit ans, simple servante d'une famille du peuple, et profondément ignorante comme on l'est généralement dans cette classe (parfaitement pure et honnête d'ailleurs), la conversation la plus étrange sur les rapports qui existent entre cet organe du cervelet, trop développé chez son petit malade, et les organes sexuels ; et tout ce qu'elle nous a annoncé *devoir être*, s'est trouvé en effet parfaitement vrai.....

« Venez, docteur, venez voir cet admirable phénomène, et vous aurez la matière d'un beau chapitre de plus pour la prochaine édition de votre excellent cours.

« Bonjour, monsieur ; recevez, etc. »

***

Assurément, après avoir lu cette lettre je me serais immédiatement mis en route pour Caen, si mes affaires me l'eussent permis ; mais me trouvant alors dans l'impossibilité de m'absenter de Paris, j'écrivis sur-le-champ à M. Marie pour le prier de m'envoyer une relation plus complète du fait dont il s'agit. M. Marie dont rien n'égale la bienveillance et l'amabilité, s'empressa de me satisfaire. Voici donc sa lettre, sur laquelle je m'abstiendrai de commentaires et de réflexions :

« Le Havre, 11 novembre 1845.

« Mon cher docteur,

« Je crains fort que ce que j'ai à vous communiquer ne soit bien au-dessous de votre espérance. Vous vous attendez au récit de la guérison d'un épileptique, et je n'ai à vous offrir que le détail des améliorations qui font présager cette guérison.

« Lorsque je vis pour la première fois le jeune enfant qui fait l'objet de votre lettre du 27 octobre, il était dans les bras d'une servante qui a conçu pour lui un attachement extraordinaire; elle le tenait devant Alexis Didier, à qui la mère de l'enfant demandait une consultation. Le somnambule me désigna l'occiput comme le siége du mal, et comme remède l'emploi du galvanisme, de l'électricité et du magnétisme animal; il prescrivit encore des frictions avec de l'huile de camomille et des bains de pieds; puis il ajouta : —Du reste, la bonne de l'enfant indiquera ce qui convient tout aussi bien que moi, et M. Marie le magnétisera.....

« Je promis mon concours, et dès le lendemain la mère, l'enfant et la bonne arrivèrent chez moi : celle-ci s'effrayait de l'idée d'être plongée dans un sommeil pareil à celui où elle avait vu Alexis; elle résista pendant tout un mois à l'invitation que je lui adressais de se laisser magnétiser. Un jour pourtant il lui survint un violent mal de dents pour lequel elle demanda vainement un remède aux gens de l'art; je me proposai alors, et, en désespoir de cause, elle agréa mes offres de services. De l'extrémité du doigt je lui touchai la joue, près de l'articulation de la mâchoire, et, *ma volonté agissant*, A L'INSTANT MÊME la douleur disparut. Elle ne l'a jamais ressentie depuis. Par reconnaissance, elle consentit à se laisser magnétiser.

« Cependant j'avais chaque jour, pendant une heure et demie, magnétisé directement l'enfant malade que sa mère tenait sur ses genoux, et aucun progrès ne venait récompenser nos efforts et notre constance. Son état physique et moral ne présentait aucun changement. Agé de six ans, il paraît en avoir dix au moins. Il ne pouvait se tenir sur ses jambes, ni, par conséquent, faire un seul pas; son corps était presque constamment agité, et dès qu'une lumière un peu vive éclairait sa paupière, il imprimait à sa main, à la hauteur de ses yeux, un mouvement rapide et oscillatoire, comme celui du balancier de quelque machine. Il mordait et égratignait ceux qui l'approchaient, et semblait surtout se complaire à faire entrer ses doigts dans les yeux de sa mère. Quoique doué d'une voix pleine et sonore, il ne pouvait articuler un seul mot : cependant il imitait imparfaitement et avec une espèce de bégayement les airs qu'il entendait jouer à la musique des régiments sur les promenades publiques. Du reste, son appétit était bon et il digérait bien ; mais il n'avait aucune idée de propreté, et il exigeait sous ce rapport les soins les plus assidus. Enfin il lui survenait une *crise* périodique, par intervalles de dix à quinze jours, pendant laquelle il jetait ses père et mère dans les plus vives alarmes : ses yeux et ses lèvres s'injectaient ; il respirait avec peine ; la sueur lui ruisselait sur le visage, et il demeurait sans mouvement : on eût dit qu'il se mourait.

« Dès que j'eus touché sa bonne avec l'intention de la magnétiser, elle s'endormit, et depuis je n'ai besoin que de lui dire : *Dormez,* pour qu'elle dorme ; *Réveillez-vous,* pour qu'elle se réveille. Point de passes, nul prélude. Elle passe alternativement du sommeil à l'état de veille aussi vite et aussi souvent qu'il me plaît de prononcer ces mots. A la première fois que je fis sur elle l'essai de ma puissance, elle fut de la plus admirable lucidité, et déclara que la cause du mal de l'enfant était dans un développement excessif du cervelet.—La prépondérance de cet organe, dit-elle, sur les parties du cerveau, neutralise ses facultés intellectuelles au profit des propensions animales : de là son idiotisme et sa taille relativement athlétique. Il faut le magnétiser chaque jour ; je le tiendrai pendant l'opération ; sa mère devra s'éloigner, car elle absorbe tout votre fluide magnétique et le soustrait à l'enfant. Sa présence excite le système nerveux de celui-ci. Il est plus intraitable avec elle qu'avec tout autre. Prenez un tube en zinc et soudez-y un morceau de fer, et avec ces deux métaux réunis frottez rudement la nuque de l'enfant : n'ayez égard à ses larmes ni à ses cris. Je vous avertirai chaque jour quand il faudra cesser cette friction et l'endormir magnétiquement. A son réveil il faudra lui donner quelques secousses électriques ; et selon que l'occasion l'exigera, je prescrirai des bains chauds, des lavements, des lotions, etc.

« Nous avons suivi ces prescriptions, et, au bout d'un mois, l'enfant ne mordait ni n'égratignait personne ; il se tint successivement debout sans aide, fit quelques pas, puis s'échappa dans la rue, et enfin se baissa pour ramasser des objets tombés à terre ; il balbutie les mots *papa* et *maman ;* son regard prend de l'expression ; son attention se fixe évidemment sur les personnes et les choses ; il prend des habitudes de propreté ; il manifeste de la joie et la petite honte des enfants devant ceux qui leur imposent ; enfin, *l'occiput a diminué de volume* et la somnambule déclare que l'activité des organes cérébraux correspond à cette diminution et aux manifestations de la naissante intelligence de l'enfant.

« J'en étais à cette période de notre entreprise, quand je dus quitter la ville où se passaient ces prodiges. J'en conçus beaucoup de contrariété, car je m'intéressais vivement au sort de cet enfant. La somnambule me tranquillisa bientôt : — Votre pouvoir sur moi, dit-elle, est sans bornes : vous m'endormiriez d'un pôle à l'autre. Vous n'avez qu'à vouloir chaque jour, et non-seulement je dormirai, mais encore j'endormirai l'enfant et lui transmettrai votre fluide magnétique. Sa guérison sera plus lente que si vous étiez près de nous ; mais nous en viendrons à bout. Fixons seulement une heure précise, afin que votre ordre de dormir ne vienne pas me surprendre loin de ma demeure ou au milieu d'occupations embarrassantes.

« Depuis six semaines que je suis éloigné d'elle à la distance de quinze lieues, je l'endors régulièrement chaque jour. Elle m'écrit pendant son sommeil pour me tenir au courant des progrès que fait la guérison de l'enfant et des remèdes qu'elle prescrit selon les circonstances. Elle m'avertit également des soins que réclame ma propre santé, et me donne d'utiles conseils pour la gestion de mes intérêts personnels. Elle entretient ses maîtres de ce que je fais, de ce que je dis et de ce que je pense, et plus d'une vérification a démontré l'exactitude de toutes ces indications. Les ordonnances médicales sont vraiment merveilleuses, et ne manquent jamais de produire l'effet qu'elle en attend. La semaine dernière, elle annonçait que l'enfant était tourmenté par la présence de vers intestinaux : personne n'y croyait. Elle indiqua un remède qu'on suivit, et j'apprends par le dernier courrier que l'enfant a rendu une quantité de ces annélides.

« Qu'ajouterai-je, mon cher docteur ? Nous sommes en bonne voie ; mais notre tâche n'est point remplie.

Aucuns qui voient l'enfant chaque jour conviennent qu'il est mieux qu'il n'était sous une foule de rapports, mais ne croient point que le magnétisme y soit pour rien ; et d'autres, qui savent que les médecins avaient déclaré le mal irrémédiable, pensent que les améliorations, qu'ils ne peuvent nier, sont l'effet ordinaire de l'âge sur le tempérament.

« Faites de cette lettre l'usage que vous jugerez convenable : je vous écris sur votre invitation pour vous témoigner de ma déférence et de mon désir de mériter votre bienveillance ; car je suis accablé de travail, et ne pensais pas encore, il y a deux heures, que je pusse trouver le loisir de vous répondre. Corrigez le style, abrégez les longueurs, effacez les redites, je vous en saurai gré ; mais comptez sur l'exactitude des faits, je vous les garantis sur mon honneur. Je n'indique les noms ni des personnes ni des lieux, parce que je ne me crois pas autorisé à désigner d'honnêtes gens qui seraient contrariés peut-être de ce genre de publicité ; mais, comme mon nom est ma propriété, je vous prie de le conserver au bas du récit des faits que je vous signale.

« Agréez, cher docteur, l'expression de mon sincère attachement.

« A. Marie. »

Une nouvelle lettre de M. le comte de ***, en date du 7 janvier 1846, contient, touchant cette observation curieuse, des détails si extraordinaires, que je ne puis m'empêcher de l'insérer à la suite de celle qu'on vient de lire, sans accepter, toutefois, la responsabilité des faits qui y sont rapportés :

« *** le 7 janvier 1846.

« Monsieur,

« Je vous ai parlé de la cure entreprise par M. Marie, d'un enfant idiot, qu'une jeune somnambule a promis de guérir, au moral comme au physique. Pour mieux suivre le traitement, M. Marie a fait venir près de lui, au Havre, et le petit malade et son étrange médecin, et si CELLE-CI dit vrai, un succès complet est sur le point d'éclater. Toujours est-il certain, quant à présent, qu'une amélioration étonnante est déjà obtenue : l'enfant prononce quelques mots; son intelligence se développe ; ses facultés physiques prennent un accroissement visible de jour en jour, et tout porte à croire qu'en effet, d'ici à quinze jours ou trois semaines, ce miracle pourrait bien s'accomplir. Eh bien, ce miracle ne serait rien en comparaison du reste. La somnambule, jeune servante de dix-huit ans, que l'on peut, sans lui faire injure, mettre au niveau de la Marie de M. Marcillet, cette jeune fille a entrepris d'écrire le journal de la maladie de son petit patient ; chaque jour, depuis six semaines, pendant son sommeil magnétique, elle écrit quinze à vingt pages, dans lesquelles elle traite les plus hautes questions de la médecine, de la philosophie, de la psychologie, et cela avec une propriété d'expression, une richesse de style, une profondeur de pensée qui feraient la réputation d'un académicien.

« Je vous le dis, en vérité, jamais, de mémoire de magnétiseur, on ne vit chose aussi stupéfiante, et vous vous rendriez traître envers la science si vous ne partiez à l'instant même pour aller vérifier par vous-même ce prodige inouï.

« M. Marie conserve soigneusement ces cahiers et sera heureux de vous faire partager son enthousiasme. Si j'avais assez de place, je vous transcrirais des phrases admirables sur les mystères de la psychologie et les plus grandes questions philosophiques; mais il faut voir l'ensemble pour bien juger sa valeur. Toutefois, je ne puis résister à la tentation de vous répéter ces paroles de notre charmant philosophe en jupon :

« Je vais dire quelques mots des principes.

« Il existe un Dieu incréé : *Dieu.*

« Il existe dans la nature deux principes créés : la
« matière et le mouvement.

« La matière élémentaire est celle qui a été em-
« ployée par le Créateur pour la formation de tous les
« êtres.

« Le mouvement opère le développement de toutes
« les possibilités.

« On ne peut se faire une idée positive de la matière
« élémentaire; elle est placée entre l'être simple et le
« commencement de l'être composé; elle est comme
« l'unité à l'égard des quantités arithmétiques.

« L'impénétrabilité constitue son essence. »

« Et dans son traité sur les divers tempéraments, cette définition du sanguin :

« Le tempérament sanguin présente la modification
« musculaire ou athlétique, laquelle est caractérisée par
« une tête petite, des cheveux courts, le cou large et
« court, la poitrine développée, les membres gros, les
« muscles fortement dessinés, traits dont l'Hercule Far-
« nèse offre une trop belle exagération. »

« Et cette réflexion, enfin, dont vous comprendrez mieux que moi toute la portée :

« Je ne vois aucune étude d'un intérêt plus vif que
« celle des rapports admirables qui existent entre la con-
« formation de nos parties et les objets extérieurs aux-
« quels elles s'appliquent ; rapports calculés avec une
« telle précision, établis avec une si grande justesse,
« que les organes des sens et du mouvement, considérés
« sous cet aspect, m'offrent le modèle de tout ce que
« l'art a conçu et exécuté de plus ingénieux.

« Je vois que la nature a tout fait avant l'art.

« Les hommes ont-ils jamais appliqué plus heureu-
« sement les lois de l'hydraulique que ne l'a fait la na-
« ture dans la construction de ce réseau merveilleux,
« *rete admirabile,* que figurent à la base du cerveau les
« carotides internes des quadrupèdes? J'y vois une dis-
« position remarquable, sans laquelle le sang qu'y ap-
« portent les artères, lancé par une force supérieure à
« celle qui anime le cœur de l'homme, et n'étant point

« obligé de vaincre la résistance que sa propre pesanteur
« lui oppose, eût infailliblement désorganisé cet organe,
« si peu consistant. »

« Je ne sais si tout cela est conforme aux principes admis et aux faits constatés ; mais figurez-vous donc la Marianne de Marcillet s'exprimant ainsi et vous parlant de la *matière*, du *mouvement*, d'*Hercule Farnèse*, de la *conformation de nos organes*, etc., le tout flanqué de bribes de latin ! C'est à n'y pas croire : aussi, ne croyez pas, mais allez voir, et hâtez-vous.

« Bonjour, monsieur, recevez nos affectueux compliments.

*** »

Nos lecteurs reconnaîtront sans doute avec moi que dans les principes développés par la somnambule du Havre, il n'y a guère que des réminiscences ; mais quel style pour une servante !

Nous allons terminer ce chapitre par le récit d'un de ces événements dont toutes les particularités se gravent en traits de feu dans l'esprit de celui auquel ils adviennent, et décident pour jamais de la profession de foi scientifique de ceux qui en sont témoins. Les émotions de l'âme, en effet, sont peut-être plus durables encore que les plus rigoureuses déductions de l'intelligence, et rien ne saurait effacer de l'esprit les impressions qui n'y sont arrivées qu'en passant par le cœur. C'est qu'il est de ces instants terribles et solennels où l'observateur le plus circonspect ne songe plus à se défier des hommes. C'est que la retentissante parole d'un orateur à sa tribune est souvent moins persuasive que la faible et presque inintelligible voix d'un agonisant sur son lit de mort, car il semble que c'est Dieu lui-même qui parle du seuil de l'éternité. Et pourtant, quel est-il ce mourant? un homme comme vous, que vous ne connaissez pas, que peut-être vous n'avez jamais vu. Mais que serait-ce donc, juste ciel! s'il était votre ami, s'il était votre frère, s'il était plus encore? Oh! oui, je vous le répète, chacune de ses dernières paroles resterait au fond de vous-même comme une révélation de l'Éternel, et vous auriez beau vivre, vous auriez beau vous mêler de nouveau aux conflits du monde, votre croyance serait fixée et ne mourrait qu'avec vous. — Que le lecteur juge donc de la mienne : l'observation que je vais rapporter est celle de ma propre femme.

VINGTIÈME OBSERVATION. — *Madame Teste.*

Madame Teste n'a que vingt-deux ans (1), mais sa constitution est frêle et maladive. Plus mobile que le thermomètre à air, sa prodigieuse impressionnabilité ne lui laisse pas un instant de repos. Elle se réjouit d'un rayon de soleil, s'émeut d'une bouffée de vent, et s'a-

(1) Date relative à l'époque où fut publiée la première édition de ce *Manuel*. Madame Teste n'est plus, je la perdis le jour même où mourut mon pauvre ami Frapart.

larme de la chute d'une feuille. Un nuage qui passe au ciel va l'attrister ; elle *sent* et prédit un orage plusieurs jours à l'avance ; enfin, souvent elle perçoit et partage, à mon insu, toutes les alternatives de mon humeur. On conçoit donc combien il lui serait difficile, avec une organisation semblable, de jouir d'une santé parfaite : aussi ma femme est-elle si souvent souffrante, que je suis pour ainsi dire tenté de regarder la maladie comme sa manière d'être normale, et que, lorsqu'il lui arrive de se bien porter, j'en éprouve un je ne sais quoi qui ressemble presque à de l'inquiétude. Je dois dire pourtant que, depuis qu'elle s'est soumise au magnétisme, son état s'est singulièrement amélioré ; assertion dont nos amis (même ceux qui sont les plus éloignés de partager nos convictions) ne se refuseront point à certifier l'exactitude. Mais je vais avoir besoin d'évoquer leurs témoignages à l'appui d'une circonstance plus sérieuse, ou tout au moins plus décisive.

Le 28 juin 1840, madame Teste se plaignant d'éprouver une sorte de malaise indéfinissable et nouveau pour elle, je l'endormis avec l'espérance d'obtenir d'elle-même à ce sujet quelque utile éclaircissement.

L'événement vérifia mes conjectures et contenta mon désir. Mais qu'il en coûte quelquefois pour vouloir pénétrer un mystère ! Je me le suis répété souvent : Nous avons à remercier la Providence du voile impénétrable qu'elle a jeté par pitié pour nous sur nos destinées futures ; et, pour mon compte, j'en prends Dieu à témoin, si quelque infernal génie me gratifiait jamais d'un miroir magique où l'avenir se réfléchit, je me hâterais de briser ce miroir, de peur d'être tenté de le regarder.

Madame Teste, dont le sommeil magnétique est ordinairement très-calme, n'est pas plutôt cette fois en somnambulisme, qu'elle s'émeut, se trouble et s'agite. Sa figure pâlit, ses traits s'altèrent, sa respiration s'accélère, tout son corps frissonne, et tandis que sa main serre convulsivement la mienne, l'horreur et la souffrance se peignent sur sa physionomie.

— Oh! mon Dieu! mon Dieu! s'écrie-t-elle enfin d'une voix sourde et désespérée. Et ses deux mains se portent et se pressent sur son cœur, comme si elle voulait y étouffer, avant sa naissance, quelque chagrin cuisant.

— Qu'as-tu? lui dis-je, que vois-tu qui t'afflige?

Elle ne répond rien; mais je n'en deviens que plus pressant. Je réitère deux fois, trois fois, dix fois ma question. Une secrète terreur se mêle à ma curiosité. Je frémis d'avance de ce que je vais apprendre, mais je ne voudrais pour rien au monde l'ignorer plus longtemps.

— Je t'en conjure, mon ami, me dit-elle enfin, cesse de m'interroger.

— Eh! pourquoi?

— Parce qu'il est toujours trop tôt pour apprendre un malheur.

— Mais si cette prévision peut fournir quelque moyen de l'éviter ?

— Non, non ; c'est impossible.

— Je te le demande à genoux, mon amie, dis-moi ce que tu as vu.

— Mais cela va t'affliger, me répond-elle en me reprenant les mains et en versant des larmes.

— N'importe! je te jure que cela ne saurait m'affliger plus que ton silence.

— Eh bien, écoute.... je vois.... oh! qu'ai-je donc fait au ciel! je vois une grande maladie.

— Pour lequel de nous deux ? pour moi ?

— Non, pour moi, grâce à Dieu!

— Toujours! c'est donc toujours à toi de souffrir!

— Mais ce n'est pas tout..... Sois calme, n'est-ce pas ?

— Oui, je te le promets.

— Eh bien!.... je vois mon *agonie!*

— Oh! mon Dieu! — Ces terribles paroles ne me laissèrent point la force de poursuivre. Il me semblait que j'étais descendu dans un abîme où la tête me tournait contre mon attente, et dont je n'osais plus mesurer la profondeur parce que je cessais d'en voir le fond. Cependant je rassemblai tout mon courage, et je fis un dernier effort :

— Et après ? lui dis-je.

— Après.... répéta-t-elle lentement.... après.... je

ne vois rien. Puis, quelques secondes s'étant écoulées, elle s'écria d'une voix déchirante :

— Éveille-moi! éveille-moi!... Alphonse, éveille-moi, car je me sens défaillir.

Je n'y voyais plus. Il me semblait que les battements tumultueux de mon cœur mêlaient un son réel à celui de nos souffles oppressés. *Rien!* ce mot fatal ne cessait de retentir à mon oreille, plus horrible que la mort elle-même.

Cependant je me suis mis en devoir d'éveiller la malade. Chacune de mes passes semble dissiper un peu des visions qui l'obsèdent; le sang revient à ses joues; son maintien reprend son abandon, et bientôt enfin, lorsque ses paupières s'entr'ouvrent, un sourire vient errer sur ses lèvres, qu'il n'y a pas une minute encore contractait le désespoir!.... Ah! que ne puis-je oublier comme elle!....

29 *juin*. — Hélas! je n'avais rien oublié! La fatale prédiction que j'avais entendue bourdonnait sans cesse à mes oreilles; il m'était impossible de penser à autre chose. Cependant je ne pouvais me faire encore une idée nette de ce qui devait arriver; mais on sait que le doute est quelquefois plus insupportable encore que la plus triste certitude. Il est donc facile à nos lecteurs de se figurer dans quelle situation d'esprit je passai la nuit du 28 au 29; ce fut pour moi une nuit d'angoisse comme toutes celles qui suivirent. Ma femme non plus ne dormit point; mais l'agitation dans laquelle je me trouvais,

et celle qu'elle avait elle-même éprouvée pendant son somnambulisme, m'expliquaient suffisamment cette insomnie. Enfin le jour parut, et je me sentis soulagé. Pendant la nuit, l'âme se concentre en elle-même; peines ou félicité, elle ressent tout plus vivement, parce que, durant le silence et les ténèbres, elle se repaît à loisir de ses jouissances ou de ses émotions, qu'aucune distraction ne lui empêche alors d'analyser. L'aurore, au contraire, ranime le courage et les forces des affligés : il leur semble toujours qu'elle leur apporte quelque rayon d'espérance. Cependant, comme madame Teste ne devait être magnétisée qu'à midi, la matinée passa lentement. Elle était fatiguée de ne pas avoir dormi ; mais elle avait, à tout prendre, sa physionomie habituelle, et était loin d'être triste. Moi aussi, je m'efforçais de paraître tranquille et joyeux ; mais cet effort me coûtait, et quoi que je fisse pour composer mon maintien, il m'arrivait parfois d'oublier mon rôle. Cependant je ne faisais que d'entrer en scène, et cette douloureuse contrainte devait durer longtemps encore! Enfin, comme l'heure approchait, nous nous préparâmes à recommencer l'expérience de la veille. Ma femme, contre sa coutume, ne s'y soumit qu'avec une répugnance extrême.

— A en juger par notre séance d'hier, me disait-elle, je crois que le magnétisme fait plus que de m'ennuyer, et qu'il me fatigue. As-tu remarqué comme j'étais agitée hier au soir?

— Oui; mais ce n'était point la faute du magnétisme.

— C'était donc la tienne?

— Peut-être; j'avais pris du café contre mon habitude, et comme depuis que le magnétisme a mis en commun notre *fluide nerveux*, tu ne peux t'empêcher de partager tout ce que j'éprouve, l'excitant que je n'avais bu que pour moi seul, aura servi pour nous deux.

— C'est merveilleux! répliqua-t-elle en riant; mais il est bien fâcheux pour moi que tu ne me cèdes que le vilain côté de tes sensations; je te jure, par exemple, que je ne me suis pas le moins du monde douté de l'arome que pouvait avoir ton café d'hier soir.

— Cela viendra par la suite.

— Ma foi, Dieu le veuille! mais en attendant, ne va pas t'empoisonner, car je risquerais d'en mourir. — Elle n'avait pas prononcé ces derniers mots que le sommeil s'était emparé d'elle. Il était alors midi moins quelques minutes. L'expression du rire était restée sur ses traits; mais, sans qu'aucun des muscles de son visage eût paru subir une contraction nouvelle, cette expression se dénatura et devint sardonique : c'était le rire de la mort. Quelques mouvements nerveux ébranlèrent tous ses membres. Sa pâleur devint extrême, et vous eussiez dit une statue de marbre. A la fin elle s'écria :

— Je vois! oh! oui, je vois... mais laisse-moi pleurer, mon ami, et je te parlerai après.

Elle pleurait en effet, et moi j'avais le cœur si serré, que je n'aurais pu articuler un mot. Ce sont là de ces émotions que les âmes bien faites peuvent deviner et comprendre, mais qu'aucune plume ne saurait décrire. Elle me dit enfin, après quelques minutes :

— Mon ami, ce ne sera pas seulement pendant une heure que nous aurons à souffrir, mais pendant toute une nuit !...

— Mais quand donc, si tu peux le dire ?

— Samedi prochain.

— Seulement !

Et nous n'étions qu'au lundi ! et il y avait encore presque une semaine tout entière à s'écouler pour moi dans cette horrible attente ! Que de jours ! que d'heures ! que de minutes à compter ! Qu'allais-je devenir ? Pendant six longues journées avoir le sourire à la bouche et la mort dans l'âme ! Oh ! j'étais anéanti.

Cependant ma femme me prit la main et me dit avec une angélique douceur :

— Aie courage, mon ami, je te comprends : mais le ciel est juste, et il ne nous abandonnera pas, et puis, nous ne savons point encore quel sort il nous réserve.

— Mais enfin quelle est donc la maladie dont tu dois être atteinte ?

— Écoute : samedi soir, à huit heures précises, j'aurai des convulsions... Oh ! bien violentes... telles que je n'en ai jamais eu de ma vie. Ces convulsions dureront jusqu'à neuf heures.

— Et alors?

— Alors je serai bien malade!

— Et pendant la nuit?

— Je serai bien malade encore.

— Auras-tu ta connaissance?

— Attends... Non.

— Tu ne me reconnaîtras pas?

— Non. Lorsque tu me magnétiseras, je pourrai te parler; mais, éveillée, je ne t'entendrai plus.

— Jusqu'à quelle heure seras-tu ainsi?

— Jusqu'au matin. A six heures tout sera fini.

— Qu'entends-tu dire par là? lui demandai-je en tremblant.

— J'entends qu'à six heures... j'irai mieux, ou bien... ah! mon Dieu! s'il fallait que je te quittasse!

— Eh! non, enfant : ne parle point ainsi, tu t'exagères le mal qui doit nous arriver.

— Oh! non; si tu savais! c'est affreux ce que je vois!

— Et dimanche, que vois-tu?

— Je ne vois rien.

— Les jours suivants?

— Rien, rien, éveille-moi.

— Mais que faudra-t-il te faire?

— Je te le dirai demain. Éveille-moi. Éveille-moi, ou j'aurai encore une faiblesse.

J'obéis. Rentrée dans la vie réelle, madame Teste ne conserve des émotions de son sommeil qu'une vague agitation dont elle méconnaît la cause. Elle reprend, avec un air d'insouciance qui ne fait que m'attrister davantage, la conversation badine qu'elle a commencée avant de s'endormir; mais cette fois je ne l'entends plus, et je réponds si mal à ses interpellations, qu'elle se décide à me laisser seul, en se récriant sur la bizarrerie de mon humeur. Je réfléchis alors au parti que j'avais à prendre. La première chose que je fis fut d'aller instruire mes amis de ce qui m'arrivait. Les uns rirent de ma *crédulité;* les autres partagèrent mes appréhensions; tous m'assurèrent de leurs sympathies et de leur dévouement. Merci donc à tous; mais aucun d'eux, j'en suis sûr, s'il se trouvait aujourd'hui dans les circonstances où ils me virent alors, ne serait moins alarmé que je ne l'étais. Une ou deux fois je fus tenté de mettre aussi dans ma confidence quelques-uns de nos médecins à réputation qui ne croient point encore au magnétisme, lorsqu'on me fit observer avec raison que je ne devais, en pareille occurrence, réunir autour de moi que des personnes bienveillantes et dévouées, et qu'à l'instant où la vie de ma femme était mise en question, les convictions scientifiques de MM. tels ou tels ne devaient plus m'intéresser. Ces réflexions étaient justes sans doute; je les avais faites avant qu'on ne me les soumît; et j'avoue pourtant que si j'eusse pu connaître alors la véritable issue de l'événement que je redoutais, cet événement aurait eu pour témoins d'autres hommes que des intimes dont les dépositons seront toujours suspectes. Oh! oui; s'il ne se fût agi que de moi, je n'aurais point balancé; et si ma mort devait faire un jour le triomphe du magnétisme, je voudrais que tout Paris assistât à mon agonie. Mais dans les conjonctures où j'étais, des devoirs sacrés m'imposaient un sacrifice que je ne me fusse pas fait à moi-même. Il n'y eut donc qu'un petit nombre de personnes prévenues.

Le 29 au soir, madame Teste continuait à se porter passablement. Rien, à coup sûr, n'indiquait chez elle l'invasion prochaine d'une maladie grave. Cependant elle ne trouva point d'appétit à dîner, et prit à peine un peu de potage. La nuit suivante fut encore pour elle et pour moi une nuit d'insomnie.

Au reste, la chaleur étant considérable et le temps orageux, je ne vis rien que d'assez naturel dans son peu d'appétit et son manque de sommeil; peut-être même n'y eussé-je pas pris garde en toute autre circonstance. Néanmoins, comme cette sorte de désordre fonctionnel se maintint et persista jusqu'au bout de la semaine, force me fut bien à la fin d'y voir le prodrome d'une affection morbide. Mais n'anticipons pas, car les choses ne se passèrent pas aussi vite que je les raconte!

(30 *juin.*) — M. le docteur Frapart et M. Thévenot, pharmacien, se rendirent chez moi d'après l'invitation que je leur en fis, à deux heures de l'après-midi. Madame Teste fut magnétisée devant eux à deux heures et demie. Les choses se passèrent à peu près comme à la séance du 29, sauf que la malade, concentrant mieux

sa douleur, ne répondit qu'avec un stoïque sang-froid aux questions qui lui furent adressées. Ses révélations ne diffèrent en rien de celles qu'elle m'a faites la veille. Quant aux prescriptions que nous aurons à remplir, elles se réduisent à très-peu de chose. D'abord rien au monde ne saurait conjurer la crise et l'empêcher d'avoir lieu ; toute médication serait donc superflue jusqu'au jour décisif (samedi 4 juillet). Ce jour-là même il n'y aura rien à faire de particulier jusqu'à sept heures et demie du soir, heure à laquelle deux sangsues devront être appliquées à la malade (sur la région du cœur). De huit à neuf heures on lui mettra de la glace dans la bouche de quart d'heure en quart d'heure ; de neuf à dix heures elle prendra un bain à vingt-huit degrés ; enfin, à dix heures, je devrai la magnétiser, afin de recevoir d'elle les indications à suivre pour le reste de la nuit : madame Teste nous promet d'ailleurs de revenir sur ces divers points dans les séances prochaines. Au surplus, sa détermination est irrévocablement fixée relativement à ce qu'elle vient déjà de se prescrire. Ainsi Frapart lui présente en vain une *boîte homœopathique*, en lui assurant qu'elle doit y trouver infailliblement quelque spécifique approprié à son mal à venir. Elle prend machinalement quelques-uns des tubes, les débouche, les porte à ses narines, et les remet incontinent, en nous assurant derechef qu'en plus des sangsues, de la glace et du bain qu'elle s'est ordonnés, nulle espèce de médicament ne saurait lui être utile. — Je l'éveille donc après avoir mis en note tous les détails qu'elle vient de nous donner, et ces messieurs, en nous quittant, prennent secrètement avec moi l'engagement de se trouver au rendez-vous de samedi soir.

A partir de cette époque, je me fis involontairement une tâche d'observer et d'enregistrer les moindres vicissitudes qui survinrent dans la santé de madame Teste. Les dispositions morales dans lesquelles elle se trouva pendant les derniers jours de la semaine constituèrent pour moi une circonstance remarquable et dont je dois compte à nos lecteurs. Personne ne lui avait découvert l'événement que lui réservait sa destinée; aucune indiscrète parole n'avait pu le lui faire soupçonner, et pourtant elle en *eut le pressentiment*. Ainsi, comme si quelque voix intérieure lui eût insinué qu'il ne nous restait plus qu'un petit nombre de jours à passer ensemble, un irrésistible instinct l'attachait à mes pas; elle ne me quittait pas d'une seconde, et si quelque raison plausible me forçait à m'éloigner d'elle, elle en pleurait comme si elle eût craint de ne plus me revoir. Cependant elle ne souffrait pas; elle répétait sans cesse qu'elle n'était point malade; cent projets d'avenir se mêlaient à l'indéfinissable terreur qu'elle éprouvait; mais elle avait beau faire, elle ne parvenait pas à dissiper sa tristesse; et nonobstant toute sa joyeuse expansivité, il était aisé de voir qu'elle ne parlait et ne s'agitait ainsi que pour s'étourdir, comme un mourant cherchant à se persuader qu'il s'endort.

— Il doit nous arriver quelque chose, me disait-elle ; je sens que je ne suis pas tranquille, et lorsque tu n'es pas là, j'ai peur.

— Peur de quoi ?

— Je n'en sais rien, mais c'est plus fort que moi ; tiens, je suis sans cesse dans l'état d'une personne qui, encore tout émue à son réveil du rêve effrayant qu'elle vient de faire, ne parvient pourtant pas à se le rappeler.

— Tu as donc rêvé?

— Non, répond-elle en riant, puisque je n'ai pas dormi.

— D'où vient donc que tu ne dors plus ?

— Eh ! ce serait plutôt à moi de te le demander, monsieur le docteur.

— C'est vrai ; eh bien, j'y réfléchirai... donne-moi pour cela jusqu'à dimanche.

— Volontiers ; mais pourrais-tu me dire de suite pourquoi toi-même tu ne dors plus ?

— Oh ! moi... c'est l'étude, la fatigue, la tension d'esprit enfin, qui me privent de mon repos.

— C'est possible ; mais je présume, mon ami, qu'il y a quelque chose avec cela.

— Quoi donc ?

— Peut-être un avant-goût du malheur qui doit nous arriver !

— Folle que tu es !

— Oui, je suis folle, je n'en disconviens pas ; mais

crois-moi, mon ami, les pressentiments ne sont pas choses chimériques, et il n'y a que les esprits forts qui s'en moquent.

— Il faut, dans ce cas, que je sois esprit fort, car mon scepticisme sur ce point sera toujours complet.

— Tant pis pour toi ; mais j'espère au moins que ton incrédulité respectera ma faiblesse, et que tu ne m'empêcheras pas de suivre mon idée?

— Quelle idée as-tu donc?

— Une de celles qui ne te viennent pas souvent : je veux *aller me confesser.*

— Aujourd'hui?

— Aujourd'hui même.

— Pourquoi?

— Eh! mon Dieu, ne me le demande pas, car je ne te répondrais pas mieux sur cela que sur le reste.

Ce subit et étrange désir me bouleversa l'esprit. Je sentis mon vieux matérialisme médical s'ébranler au fond de ma pensée en désordre; et moi aussi, je fus tenté de voir un instant dans ces pressentiments de muettes révélations de la Divinité.

— Suis ton inspiration, ma femme, repris-je donc avec une gravité dont madame Teste s'étonna à son tour; elle te vient peut-être du ciel.

Notre séance magnétique de ce jour-là (2 juillet) ne m'apprit rien de plus que n'avait fait celle de la veille, sauf qu'il faudrait voir un très-fâcheux présage dans la tristesse et l'abattement extrême qui probablement commenceraient à se manifester le lendemain. Une grande gaieté serait au contraire de bon augure, mais il n'y avait guère à y compter. Le lendemain, en effet, ma femme était triste et abattue. Chaque jour m'emportait donc une espérance !

3 *juillet*. — Cependant le prétentieux et chimérique désir de lutter contre la destinée s'était emparé de moi, et pour mieux parvenir à égayer ma femme, j'avais convié à déjeuner plusieurs de mes amis. Le docteur Amédée Latour était du nombre, mais il avait été convenu qu'on ne parlerait ni médecine ni magnétisme, attendu que de la rencontre de ces deux irréconciliables ennemis naissent inévitablement d'interminables et fastidieux débats, dont l'unique effet est d'aigrir les interlocuteurs, en assourdissant ceux qui ont la mauvaise fortune de les entendre. Il n'y a donc ici ni magnétiseurs ni médecins, mais seulement de joyeux convives, dont chacun, pour obéir à l'ordre du jour, s'efforce de fournir son contingent de bons mots et de gaieté. Madame Teste se plaint, à plusieurs reprises, de l'inconcevable lassitude qu'elle ressent dans tous les membres ; mais, en définitive, elle ne paraît pas beaucoup plus mal que la veille. Elle ne mange point, il est vrai, mais elle prend part à la conversation, elle plaisante avec nous, et semble rire de bon cœur des saillies qui nous échappent. On eût dit, en un mot, qu'elle eût deviné et partagé nos intentions. Quant à moi, j'y ai mis tant d'opiniâtreté, que je suis presque parvenu à surmonter

ma tristesse. — Tant il est vrai que l'excitation des sens est le meilleur antidote du *spleen*, et qu'il est peu de chagrins capables de résister sans interruption à de violentes émotions physiques. Le plaisir, en effet, s'il est loin de nous rendre heureux, jouit au moins du privilége de nous faire oublier nos peines. — A la fin du repas, madame Teste nous ayant laissés quelques instants, le docteur Latour me dit :

— Eh bien, mon ami, que devient votre foi ?

— Ma foi est la même, lui répondis-je.

— Bah ! que dites-vous là ?

— Je dis que ma foi est plus inaltérable encore que votre incrédulité.

— Comment ! vous avez toujours les mêmes idées sur madame Teste ?

— Toujours.

— Mais, mon ami, c'est de la folie !

— Dieu le veuille ! Mais, quoi qu'il en soit, cette folie-là, jusqu'à dimanche prochain, sera incurable chez moi.

— Vous m'étonnez tellement que je ne vous reconnais plus.

— C'est que vous ne me connaissiez point encore assez.

— Mais enfin, voyons, mon ami, réfléchissez : quelles que soient vos préventions contre la médecine, votre bon sens médical doit vous rester encore. Examinez, interrogez votre femme, et dites-moi, si vous le pouvez, quel est chez elle l'organe affecté, et quelle est sa maladie.

— J'avoue avec toute l'humilité possible que je ne saurais vous satisfaire sur ce point; mais quand encore je le pourrais, il est certain que mon appréciation d'aujourd'hui ne prouverait rien pour demain soir.

— Jusqu'à un certain point, que diable! car enfin faut-il être malade pour mourir.

— Vous savez aussi bien que moi qu'il n'est pas nécessaire de l'être longtemps.

— Ce qu'il y a de très-clair, c'est que madame Teste ne l'est pas du tout.

— C'est ce que vous ne savez pas; et ce que je sais très-bien, c'est qu'elle le sera demain soir.

— Pourquoi ?

— Un musulman vous répondrait : *Parce que c'était écrit;* et moi je vous répondrai : *Parce qu'elle l'a dit.*

— Alors, mon ami, je vous plains, et votre conviction m'afflige doublement.

— Je vous jure qu'elle m'afflige plus que vous encore; mais, quelque douloureuse qu'elle me soit, rien ne parviendrait à l'ébranler. — Amédée Latour, que ces derniers mots devaient laisser sans réplique, haussa les épaules et se retira.

— Eh bien, dis-je à ma femme lorsqu'il nous eut quittés, nos amis sont-ils parvenus à te distraire un peu?

— Non, me répondit-elle; car si j'étais seule, je pleurerais.

4 juillet. — Ce matin madame Teste est si faible, qu'elle ne peut plus qu'à peine se soutenir. Le pouls est un peu fréquent, mais pourtant régulier ; elle accuse une vague douleur à la région précordiale. Ce fut à dix heures du matin que je la magnétisai, pour la dernière fois. Ses prédictions se trouvèrent conformes à celles des jours précédents, et j'écrivis sous sa dictée le programme de la nuit prochaine. Madame Teste ne se rend pas compte des causes de sa maladie. —*Cela devait être ainsi,* dit-elle, *et le magnétisme, que tu serais tenté de soupçonner, n'y est absolument pour rien.* — Enfin, relativement à la nature du mal, elle ne me donne qu'une explication fort peu de nature à satisfaire les exigences d'un médecin. Elle prétend que c'est du sang qui doit *remonter* et l'*étouffer*, si la glace n'y met obstacle.

— Je suis bien malade, ajoute-t-elle, et si ce soir, à neuf heures, je ne parle pas ou je ne souris pas... il ne faudra plus rien espérer. — A peine avait-elle prononcé cette dernière phrase que je me vis obligé de l'éveiller précipitamment pour éviter une syncope.

Le reste du jour s'écoula lentement, bien lentement ! Les visiteurs m'étaient importuns, et la solitude plus importune encore. Je voulais parler, et je ne trouvais rien à dire ; je voulais lire, et je ne comprenais pas ce que je lisais ; enfin je passais les heures à en compter les minutes, et chacune d'elles me paraissait sans fin.

Dans l'après-midi, madame Teste souffrait davantage

de la poitrine, en même temps qu'elle se plaignait d'une céphalalgie violente. Une de ses joues (la gauche) était injectée de sang comme celle d'un phthisique ; il était donc évident, cette fois, que madame Teste était réellement malade ; et si pourtant quelqu'un de nos confrères m'eût encore demandé le nom de sa maladie, j'eusse éprouvé à lui répondre le même embarras que la veille. Comment, en effet, qualifier le bizarre ensemble des symptômes qu'elle présente? Je ne me rappelais point, de toutes mes lectures médicales, un seul nom qui lui eût pu convenir.

Nuit du 4 au 5 juillet. — Enfin, le voilà qui s'approche le suprême moment où cette affreuse question de vie ou de mort va recevoir une solution définitive. Les impressions qu'il m'a laissées sont encore fraîches dans ma mémoire, et ma plume pourrait les retrouver toutes au fond de mon cœur, s'il m'importait de décrire une à une à mes lecteurs toutes les péripéties de cette terrible nuit. Mais il ne s'agit ici que d'une relation scientifique dans laquelle le narrateur doit s'oublier lui-même pour ne parler que des faits.

A sept heures, madame Teste se sent défaillir et se trouve tellement accablée qu'elle éprouve le besoin de se mettre au lit. Je lui déclare alors qu'elle s'est prédit le matin une légère indisposition, qu'elle évitera sûrement en se couchant, mais qui, dans tous les cas, ne doit pas se prolonger au delà de neuf heures. Quelques instants après, je lui présente un jeune médecin de sa connaissance, mon spirituel ami, M. Edouard Le Carpentier. Madame Teste le reçoit avec son aménité habituelle, et cause avec lui de manière à ne pas le laisser s'apercevoir qu'elle souffre. Cependant elle s'inquiète des allées et des venues qui se font dans les appartements voisins ; mais l'insignifiante explication que je lui donne sur ce sujet la satisfait et dissipe tous ses soupçons.

A sept heures un quart MM. les docteurs Frapart, Amédée Latour, Millardet, MM. Le Carpentier, Guinier et quelques autres personnes sont silencieusement réunis dans une des pièces adjacentes à celle où est couchée la malade. Celle-ci déclare se trouver mieux depuis qu'elle s'est mise au lit : je suis seul auprès d'elle.

A sept heures et demie, madame Teste ne paraît pas plus mal ; cependant elle a dit qu'il fallait à sept heures et demie lui appliquer deux sangsues sur la région du cœur. Certes, je suis bien éloigné d'avoir oublié cette injonction, et néanmoins j'hésite à m'y rendre. Si, en effet, la crise de huit heures allait ne pas venir? si elle s'était trompée? s'il n'y avait rien de vrai dans ses prophéties? si... que sais-je? Mais tirer du sang à une femme déjà si faible, qui ne paraît pas malade, et qui, en dernière analyse, pourrait bien ne pas l'être, cela me révolte, et je sens chanceler ma foi. J'entre donc dans la chambre où sont ces messieurs.

— Il est sept heures et demie, leur dis-je ; faut-il appliquer les sangsues ?

— Comment! s'il le faut! s'écrie le docteur Frapart avec cette voix pénétrante et cette mimique animée dont les personnes qui ont connu notre ami peuvent seules se faire une idée; allez donc, malheureux! allez donc; il y va de la vie de votre femme. Depuis une minute ces sangsues devraient être prises.

— Mais si elle ne veut pas qu'on les lui mette?

— Allez donc! vous dis-je, il s'agit bien de savoir si elle le veut ou ne le veut pas!

Hélas! le docteur Frapart était alors chez moi ce que j'eusse sans doute été chez lui en occasion pareille : il avait tout son sang-froid. Les sangsues sont donc appliquées à sept heures et demie quatre-vingts secondes. Ces secondes supplémentaires pourront sembler ridicules à plus d'un de nos lecteurs; mais aujourd'hui que le calme m'est revenu, et que j'ai recouvré, je ne dirai pas toute ma logique, car il n'est pas question de logique, mais tous mes souvenirs, je suis persuadé que cette misérable erreur de quatre-vingts secondes eut une influence marquée sur la manière dont les choses se passèrent pendant le reste de la nuit.

A huit heures moins quelques minutes, nos confrères entrent dans l'appartement; ils se rangent en silence autour du lit; mais la malade ne les voit plus, car elle paraît être en syncope. Les yeux sont fermés, les traits sont mornes et sans expression, tous les membres sont sans mouvement. Cependant le pouls est régulier, c'est-à-dire à peu près normal, tant sous le rapport de son développement que de sa fréquence. Nous attendons!

Enfin huit heures sonnent, et tous les yeux sont fixés sur la malade. Or, le timbre de la pendule frémit encore à nos oreilles, que la voilà qui commence à s'émouvoir. Tout ce qu'elle a prédit s'accomplira donc! oh! mon Dieu! — Ici commence pour moi une de ces horribles scènes qui marquent et font époque dans la vie d'un homme, et dont l'impression reste à jamais alors même qu'on vivrait mille ans. Oh! oui, je vois encore au fond de cette grande alcôve où n'arrive qu'en se brisant péniblement la blafarde clarté des bougies, je vois encore ma pauvre femme étendue sur son lit de douleur et dévorant muettement ses souffrances. D'abord ce sont ses doigts, ses mains qui s'agitent; puis ses bras qui se tordent en tous sens comme s'il ne leur restait plus ni articulation ni os; puis cela gagne les membres inférieurs, puis les muscles de l'épine dorsale, puis tout le corps. A huit heures dix minutes la scène s'anime. Les profonds soupirs qui soulèvent la poitrine ne tardent pas à devenir des cris étouffés, et bientôt après des cris déchirants. Le mouvement clonique, qui tour à tour éloigne et rapproche les arcades dentaires, produit de loin en loin un grincement qui fait mal à entendre. On donne de la glace de quart d'heure en quart d'heure; mais on ne parvient que difficilement à l'introduire dans la bouche. Tantôt l'occlusion des mâchoires s'y oppose invinciblement, tantôt, à l'instant où l'on présente le morceau de glace, une subite contraction des masséters en fait voler une partie en éclats, tandis que le reste est d'un seul coup broyé sous les dents. A huit heures et demie, l'agitation est à son comble. Quatre personnes vigoureuses maintiennent à peine madame Teste dans son lit. On dirait à chaque instant qu'elle est sur le point de se briser le front ou quelque membre. A la fin, l'exaltation convulsive perd progressivement de sa continuité, et se remplace par des paroxysmes marqués qui s'éloignent de plus en plus. Le dernier a lieu à neuf heures moins dix minutes; il est plus fort que les autres, il est terrible; c'est un cri qui nous consterne tous. Mais enfin, il s'apaise, il est suivi d'un grand calme, ou plutôt d'un grand affaissement, et pourtant l'heure!.... l'heure est sonnée, mais nous ne l'avons pas entendue (1).

Neuf heures! et elle m'a dit que si à neuf heures elle ne parlait pas ou ne souriait pas, tout serait fini, et qu'il n'y aurait plus d'espoir. Eh bien! il est neuf heures passées, et elle n'a point parlé! et elle n'a point souri! En vain je l'appelle cent fois par son nom; elle a cessé de m'entendre, car elle ne me répond plus! C'est donc maintenant son agonie! oh! je souffre plus qu'elle! — On l'a mise dans son bain; mais sauf une insensible haleine et d'imperceptibles pulsations artérielles, rien, absolument rien ne traduit ce qui lui reste d'existence.

(1) Madame Teste m'avait dit le matin qu'en la magnétisant pendant ces convulsions, je ne ferais que retarder la crise sans l'empêcher d'avoir lieu.

Ses cheveux tombent et se mouillent dans l'eau du bain, où, pour l'empêcher de se noyer, j'ai besoin de la soutenir par les épaules. Sa tête oscille et s'incline suivant la position qu'on lui donne, et cède sans résistance aux lois de la pesanteur : y a-t-il donc encore une pensée dans cette tête qui tombe ainsi? c'est ce que pas un de nous ne pourrait dire.

Cependant, à l'autre extrémité de la chambre, une discussion animée, et que néanmoins je n'entendis pas, s'était élevée entre deux de nos assistants.

— C'est abominable! disait l'un, cette femme se meurt, c'est évident, et vous ne lui faites rien!

— Que voudriez-vous qu'on lui fît?

— Que sais-je, moi! *appelez des médecins;* qu'on la saigne, qu'on lui administre des antispasmodiques, un lavement d'asa fœtida. Mais, pour Dieu, qu'on ne la laisse pas ainsi!

— Elle ne s'est prescrit ni lavement, ni saignée, ni antispasmodiques.

— Mais ce qu'elle s'est prescrit est absurde!

— Qu'en savez-vous?

— Ah! laissez-moi donc avec votre magnétisme!

— Eh! laissez-nous donc avec vos médecins!

— Soit! mais vous aurez à répondre de la mort d'une femme.

A ces mots, le premier interlocuteur, qui n'était autre que le docteur Amédée Latour, sortit indigné, et laissa le docteur Frapart continuer tranquillement la lecture de son journal. — Je n'en pouvais plus, et la fatigue corporelle que j'éprouvais à soutenir ma femme depuis trois quarts d'heure dans son bain ajoutait à mes angoisses et pensait me faire défaillir. Et puis, c'était un fait : je la voyais mourir.

— Est-il l'heure, Frapart ?

— Il y a encore dix minutes, me répond l'impassible lecteur, après s'être contenté de jeter un coup d'œil à la pendule. — Dix minutes ! que c'est long ! Enfin, s'il ne faut que du courage, nous irons jusqu'au bout.

Dix heures sonnent enfin. Je magnétise madame Teste, qu'on vient de remettre dans son lit. Cette fois elle parle ! mais si bas que j'ai peine à l'entendre.

— Cela va bien mal, me dit-elle, et je suis bien malade.

— Pourras-tu bientôt parler éveillée ?

— Non.

— Mais enfin, quand la parole doit-elle te revenir ?

— Je n'en sais rien.

— Et tu souffres beaucoup ?

— Oh ! oui.

— Que faut-il te faire ?

— …. de la moutarde.

— Aux jambes ?

— ….et aux pieds.

— Combien de temps à chaque place ?

— Dix minutes.

— Faut-il continuer la glace ?

— Oui.

— Toute la nuit?

— Oui. Laisse-moi dormir un peu, et ne me fais point parler, cela me fatigue.

— Combien de temps faut-il te laisser dormir?

— Un quart d'heure.

J'obéis, et je ne l'éveillai qu'après ce quart d'heure écoulé. Dès qu'elle fut éveillée, elle retomba dans le même état qu'auparavant, et elle ne parla plus. Il était évident qu'elle était alors sans connaissance, particularité qui me suggéra cette nuit même certaines réflexions que je veux soumettre à nos lecteurs. Certes, ce n'est guère ici l'occasion de discuter sur la nature et l'immortalité de l'âme : et pourtant, puisque cette question métaphysique s'est agitée dans mon esprit à l'instant même dont je parle, il faut bien qu'elle se rattache directement aux événements que je raconte. N'est-ce point une chose étonnante, en effet, que cette femme agonisante recouvrant à la porte de son tombeau toute l'intégrité de son intelligence?

Le plus puissant argument qu'on ait jamais émis contre l'immortalité de l'âme m'a toujours paru celui-ci : L'âme ne peut exister sans organes; elle naît avec le corps, se développe avec lui et vieillit avec lui. La pensée est évidemment et essentiellement subordonnée à des conditions physiques. En effet, l'enfant pense à peine; l'homme mûr (en bonne santé) jouit de toutes ses facultés intellectuelles; celles-ci déclinent chez le vieillard, se pervertissent dans un âge très-avancé, s'annulent à peu près chez les mourants, et abandonnent complétement les morts. Que devient donc l'âme lorsqu'un homme expire?

Mais ce n'est pas tout : interrogez les phrénologistes ; à la simple inspection des crânes, ils vous diront : Voilà un homme qui *pense* bien ; en voilà un autre qui *pense* mal ; en voilà un troisième qui *pense* de telle façon. Les phrénologistes ne se trompent pas ; il faut donc admettre avec eux que toutes les manifestations de notre âme dépendent de la conformation de notre crâne, ou, si l'on veut, de notre cerveau ; de telle sorte que, s'il était possible d'enlever successivement à un homme, sans le tuer, les parties de son encéphale qui correspondent à chacune de ses facultés mentales, on réduirait progressivement le domaine de son intellect jusqu'au point de ne lui laisser ni idée ni sensation. Dans ce dernier cas encore, que deviendrait donc son âme? Or, cette fiction est presque journellement réalisée par des faits. Entrez dans une maison d'aliénés : l'un a perdu la mémoire, l'autre ses affections, un troisième son jugement, un quatrième jusqu'à l'instinct de sa conservation. Mais quelle est l'origine de tous ces malheurs? Quelles causes ont donc pu altérer ainsi l'inaltérable essence qui nous anime? Un accident tout physique, une chute, un coup sur la tête, ou bien encore une violente émotion ; voilà ce qui, depuis dix années et davantage, fait délirer toutes ces âmes en peine. Mais quoi ! notre âme est ainsi soumise aux moindres éventualités de la matière ! Son existence est liée à ce point à celle de l'organisme ! Pas de souffrances, pas d'altérations qui ne soient communes aux deux ! Et vous voulez qu'ils ne meurent pas ensemble ! Paradoxe ! vous dis-je, orgueilleux paradoxe dont se bercent les hommes, qui, pour se rendre moins amères les approches d'une dissolution totale, se sont plu à rêver la consolante chimère d'une vie éternelle. — Eh bien ! retenons encore un instant notre jugement, car voici la contre-partie de tout ce qu'on vient de lire. — Magnétisez un idiot... il pense juste ; magnétisez un fou (1) : il pense raisonnablement ; magnétisez un mourant (2) : il vous parlera avec tout son bon sens tant qu'il lui restera la force de parler. Le magnétisme isole donc notre

(1) Voyez, page 189, l'observation de Henriette L***. Je magnétisais cette jeune fille au milieu d'un accès de délire aigu. Aussitôt qu'elle fut en somnambulisme, elle me dit : — Je suis folle, bien folle, mais cela ne durera pas longtemps si vous me soignez convenablement. Mon état tient à la suppression de mes règles. Il faudra me saigner dans une heure. Je ne le voudrai pas, mais il faudra me saigner malgré moi. Seulement, pour m'y décider, employez plutôt la douceur que la force, car vous augmenteriez mon mal en m'irritant. — J'espère que ce n'était plus là de la folie.

(2) Ayant fait cette réflexion devant un de nos confrères, il me dit : — Qui vous prouve maintenant que madame Teste était réellement aussi malade qu'elle le paraissait ? — Rien, lui répondis-je, mais si vous ne vous contentez pas de cet exemple, je vais vous en citer un autre : Mademoiselle Clary D*** (Voyez page 116), une demi-heure avant de mourir, fit, en somnambulisme, appeler ses parents, et leur parla avec toute sa raison. — Mais qui sait ? mademoiselle Clary contrefait peut-être la morte depuis cette époque.

âme et l'affranchit en quelque sorte de ses liens terrestres. L'observation que nous rapportons en est la preuve. Mais poursuivons maintenant notre récit.

Onze heures. — L'état de la malade n'a pas changé. Elle est calme, ou plutôt immobile ; sa figure est sensiblement injectée ; les veines du cou sont gonflées et saillantes ; les pulsations du pouls sont isochrones et parfaitement régulières : mais il n'y a toujours point de connaissance.

— Qu'en pensez-vous, mon ami ? dis-je au docteur Frapart.

— Apparemment ce que vous en pensez vous-même, me répondit-il, c'est-à-dire qu'il n'y a pas à se faire illusion, et qu'elle me paraît très-mal ; mais je crois pourtant que, Dieu aidant, vous parviendrez à la tirer de là.

— Vous ne voyez rien de particulier à faire, messieurs ? — Personne ne me répondit, et il n'y eut pas jusqu'à ce silence qui ne me parût désespéré et n'ajoutât à ma consternation.

J'étais accablé, et comme je m'étais retiré dans une autre pièce, mon ami Frapart m'y suivit ; il me comprit, et resta plus d'un quart d'heure avant de m'adresser la parole. Enfin il me demanda si je pensais que sa présence pût m'être de quelque utilité pour le reste de la nuit. Je lui répondis que non. Alors il me prit la main, me la serra affectueusement, et me promit d'être de retour chez moi avant six heures du matin.

M. Le Carpentier me quitta quelques instants après, et MM. Millardet et Guinier restèrent seuls avec moi.

Les sinapismes avaient été appliqués; mais, excepté la rougeur des mollets et de la plante des pieds, ils n'avaient produit aucun effet sensible. On continuait d'ailleurs de donner la glace de quart d'heure en quart d'heure.

Minuit. — La malade est magnétisée de nouveau; sa voix est toujours si faible qu'elle ne peut être entendue que de moi seul; encore faut-il que mon oreille soit à sa bouche.

— Comment te trouves-tu, mon amie?

— Toujours bien mal.

— Où souffres-tu donc?

— A la poitrine; j'étouffe.

En effet, ses mains, qu'un mouvement automatique ramène sans cesse à la région sternale, s'y crispent comme si la malade voulait en arracher quelque chose qui la gênerait.

— Je vais donc te quitter! continua-t-elle douloureusement.

— Eh! non! Dieu ne le voudra pas.

— Que lui ai-je donc fait!

A ces mots, ses yeux s'ouvrirent et se tournèrent en haut. Ils étaient mornes et sans reflet, quoiqu'une expression mystique parût les animer. Je lui parlai encore; mais elle cessa de me répondre, et demeura ainsi pendant quelques minutes ; enfin ses paupières s'abaissèrent, et je lui dis :

— Tu ne veux donc plus me parler ?

— Si, mais je priais Dieu de ne pas nous séparer. Je voudrais bien le voir, Dieu.

— Seras-tu encore longtemps sans connaissance ?

— Oui.

— Quand donc, éveillée, pourras-tu m'entendre ?

Elle hésite, et paraît souffrir de ma question. Je sens sur mon épaule une légère pression de son bras ; puis enfin elle pousse un cri étouffé et répond :

— Jamais !

A mon tour je garde le silence, car ma pensée vient expirer sur mes lèvres. Cependant je reprends quelques minutes après :

— Y a-t-il quelque chose de nouveau à te faire ?

— Non, tout serait inutile.

— Quand faudra-t-il te magnétiser ?

— A trois heures (1).

— Faut-il t'éveiller ?

— Oui.

(1) A cet instant, M. le docteur M*** adressa à la malade cette étrange question : — *Madame, quelle heure est-il ?*
— Est-ce donc le cas de songer à des expériences ! m'écriai-je brusquement. Mais madame Teste m'avait déjà prévenu en disant : Minuit et vingt minutes ; réponse dont la justesse étonna encore moins l'*expérimentateur* que son intempestive apostrophe ne m'avait scandalisé. — Je n'ai d'ailleurs pas besoin de faire observer qu'il ne s'agit point ici d'un phénomène de vision.

Je l'éveille, et j'ai la certitude qu'elle ne dort plus dès l'instant où elle cesse de m'entendre.

De une à trois heures, il se manifeste de légers mouvements convulsifs, que j'apaise au moyen de quelques passes. La respiration est évidemment gênée, et la malade continue à porter les mains à sa poitrine. Enfin, à trois heures sonnantes, je la magnétise. Sa voix est un peu plus forte qu'à minuit. Elle dit aussi qu'elle croit se trouver moins mal ; mais pourtant elle donne encore peu d'espérance sur l'issue de sa maladie.

— A six heures tout sera terminé.

— Que veux-tu dire par là ?

— Qu'à six heures j'irai beaucoup mieux, ou bien..... Ce serait un grand malheur pour le magnétisme, continua-t-elle, car on ne manquerait pas de lui attribuer ma mort (elle pensait à tout) !

— Mais vois-tu au delà de six heures ?

— Non.

— Demain, par exemple, comment vas-tu ?

Pour toute réponse elle jette un nouveau cri qu'accompagnent des mouvements convulsifs. L'avenir pour elle ne s'étend donc plus au delà de quelques heures ! Elle aussi, mademoiselle Clary D***, avait déclaré qu'elle ne voyait plus rien au delà du 4 juin, et ce jour-là elle avait cessé de vivre ! Quoi que je fisse pour l'éloigner, cette pensée me revenait sans cesse, et je ne passai guère de minutes sans être obsédé de ce triste et frappant souvenir.

Madame Teste a demandé à être magnétisée à quatre heures et demie. Nonobstant les appréhensions qu'elle-même vient encore d'exprimer, je commence à partager l'espoir de mes amis ; car, bien qu'elle ne parle toujours point, l'amélioration de son état me semble incontestable. En effet, si elle ne parle pas, il est évident qu'elle me comprend, puisqu'elle cherche à retenir ma main dans les siennes. Enfin je la magnétise : elle avoue qu'elle se trouve mieux ; mais à cinq heures et demie doit survenir un nouvel accès de convulsions pour le moins aussi violentes que celles du soir, accès qui doit décider du reste. Cette révélation, à laquelle nous ne nous attendions pas, me remet la mort dans l'âme.

— Vous le voyez, mesieurs, dis-je à mes amis, nous espérions trop vite, et lorsqu'un somnambule s'alarme, c'est qu'il a raison de s'alarmer. Mais, puisqu'il faut attendre jusqu'au bout, nous attendrons, et je veux m'efforcer de ne plus me faire d'illusion, puisque le ciel paraît en être jaloux. — Cette nuit dut me vieillir de dix ans.

Fidèle à sa promesse, le docteur Frapart venait de rentrer, lorsque cinq heures et demie sonnèrent. Les convulsions prenaient en même temps, et je ne crois pas en avoir jamais vu de pareilles. Hélas ! c'est que les malades que j'avais observés jusqu'alors ne me touchaient pas d'aussi près. Les larmes qui remplissent mes yeux sont bien faites pour me grossir et me défigurer les objets. Enfin six heures sonnent ! le timbre de la pendule retentit à mon oreille comme un glas funèbre! Je n'y vois plus : mais j'entends un cri terrible, déchirant! Puis, au milieu du lugubre silence qui lui succède, l'impassible voix de mon ami Frapart, qui prononce ces deux mots : *C'est fini!*

— C'est fini!!! quoi? la vie?

— Non, la crise.

— Elle vit donc encore?

— Attendez... oui... Dans quelques instants nous en jugerons mieux.

A sept heures, madame Teste ouvrit les yeux et parla. *Elle avait pris une léthargie pour la mort!*

L'observation qu'on vient de lire soulève plusieurs questions importantes, et que nous tenons infiniment à résoudre.

1º On peut dire que la maladie de madame Teste n'avait point la gravité que nous lui avions supposée, ce qui est possible, et se fût aussi bien dissipée par les moyens employés ordinairement en pareils cas que sous l'influence des sangsues et de la glace que s'est prescrites la malade, dernière assertion que nous ne croyons pas encore dénuée de vraisemblance. Mais à supposer qu'on eût *appelé des médecins*, comme le voulait M. A. Latour, et qu'on s'en fût rapporté à leurs avis, savons-nous au juste quels eussent été les résultats ultérieurs de leur savoir-faire? Il y a dix ans que j'eus l'occasion de donner mes soins, en tant que médecin, à madame Teste, atteinte déjà alors d'une affection nerveuse. Eh bien!

c'est une chose connue de tous ses proches, j'eus l'*insigne honneur* de triompher assez rapidement de ses accès ; mais qu'advint-il de mon triomphe? que la pauvre malade fut réduite à garder le lit pendant cinq ans ! Et qu'on n'aille pas s'imaginer qu'il s'agisse ici d'un fait exceptionnel ; à peine s'il est à ma connaissance un seul cas d'affection nerveuse guérie par la médecine des écoles.

2° Que faut-il penser de l'erreur de prévision qui, chez madame Teste, avait fait redouter la mort ? Je répondrai que cette erreur est une de celles que les somnambules peuvent commettre, mais qu'à coup sûr ils commettent rarement. Voici ce que nous lisons à ce sujet dans l'opuscule de Koreff (1) : « Vous faites mention dans votre cinquième chapitre (l'auteur s'adresse à Deleuze) d'une prédiction des somnambules qui m'a plusieurs fois inquiété, et que j'ai souvent trouvée en défaut : celle de leur mort. J'ai reconnu plus tard que les somnambules se font souvent illusion sur ce point, en prenant des crises dangereuses, des syncopes violentes, pour la mort ; confondant peut-être ce qu'il y a d'analogue entre ces brusques transitions et l'irrévocable terminaison de la vie. C'est un des points les plus incertains dans cette obscure région, où nous manquons tout à fait de signes positifs pour distinguer la vérité de l'erreur. Il m'est arrivé que des

(1) *Lettre d'un médecin étranger*, etc., p. 30.

somnambules ont prédit avec justesse la mort de plusieurs personnes, et se sont complétement trompés sur d'autres, etc. »

CHAPITRE XV.

Médecine des somnambules.

Il faut convenir que, jusqu'à présent, la conduite de l'Académie royale de médecine envers le magnétisme animal fut pour le moins étrange. Voici les faits : que le public en soit juge !

Le 11 octobre 1825, M. le docteur Foissac adresse une lettre à l'Académie de médecine, afin d'obtenir de ce corps savant un examen circonstancié des phénomènes magnétiques qu'il s'offre de présenter à son observation. Une commission est alors nommée pour examiner la question de savoir si l'Académie doit ou non s'occuper du magnétisme. Messieurs les membres délégués à cet effet, Adelon, Pariset, Marc, Burdin aîné et Husson, se décident pour l'affirmative, et après les bruyants débats que fait naître leur rapport pendant les séances qui se succèdent, du 13 décembre au 14 février, l'Académie vote enfin au scrutin secret, et adopte, à une majorité de *dix voix seulement,* les conclusions de ce rapport! Cependant, malgré les inconcevables et inqualifiables préventions de la minorité, la commission réclamée par M. Foissac est à la fin nommée. Nous avons donné dans notre premier chapitre le nom des honorables membres qui la composent. Or, pendant cinq années consécutives, ces recommandables savants se livrent à d'incessants travaux pour remplir la mission qu'on leur a confiée, et ce n'est qu'après ces cinq années écoulées, pendant lesquelles il est absurde d'admettre que d'aussi habiles observateurs aient constamment été dupes, qu'ils se décident à soumettre à leurs collègues la relation des faits qu'ils ont vus. Eh bien! quel effet produit ce rapport à l'Académie? encore des discussions, toujours des discussions (comme si l'on pouvait discuter des faits), et rien de plus! — Mais, messieurs, les commissaires que vous avez nommés vous-mêmes étaient compétents ou ne l'étaient pas. S'ils ne l'étaient pas, pourquoi les nommer? Mais s'ils l'étaient...., d'où vient donc que vous ne songez pas plus aujourd'hui au rapport de M. Husson que s'il n'eût jamais existé? N'est-ce de votre part qu'une inconséquence? Par respect pour vous, messieurs, je consens à le croire; mais aussi, vous ne trouverez pas mauvais que, pour populariser un peu la remarquable relation de vos collègues, si indignement raillés par plusieurs d'entre vous, j'y puise textuellement les éléments des convictions que je m'efforce de propager. J'emprunte donc au rapport de

1831 mes premiers faits relatifs à la médecine des somnambules (1) :

« Mademoiselle Céline a été mise en somnambulisme en présence de la commission, les 18 et 21 avril, 17 juin, 23 décembre 1826, 13 et 17 janvier et 21 février 1827.

« En passant de l'état de veille à celui du somnambulisme, elle éprouve un refroidissement de plusieurs degrés appréciable au thermomètre; sa langue devient sèche et rugueuse de souple et humide qu'elle était auparavant; son haleine, douce jusqu'alors, est fétide et repoussante.

« La sensibilité est presque abolie pendant la durée de son sommeil, car elle fait six inspirations ayant sous les narines un flacon rempli d'acide hydrochlorique, et elle n'en témoigne aucune émotion. M. Marc la pince au poignet; une aiguille à acupuncture est enfoncée de trois lignes dans la cuisse gauche, une autre de deux lignes dans le poignet gauche. On réunit les deux aiguilles par un conducteur galvanique; des mouvements convulsifs se développent dans la main, et mademoiselle Céline paraît étrangère à tout ce qu'on lui fait. Elle entend les personnes qui lui parlent de près et en la touchant, et elle n'entend pas le bruit de deux assiettes que l'on brise à l'improviste à côté d'elle.

(1) Foissac, *Rapports et discussions de l'Académie royale de médecine sur le magnétisme animal*. Paris, 1833, in-8, p. 189.

« C'est lorsqu'elle est plongée dans cet état de somnambulisme que la commission a reconnu trois fois chez elle la faculté de découvrir les maladies des personnes qu'elle touche, et d'indiquer les remèdes qu'il convient de leur opposer.

« La commission trouva parmi ses membres quelqu'un qui voulut bien se soumettre à l'exploration de cette somnambule ; ce fut M. Marc. Mademoiselle Céline fut priée d'examiner avec attention l'état de la santé de notre collègue. Elle appliqua la main sur le front et la région du cœur, et au bout de trois minutes elle dit : que le sang se portait à la tête ; qu'actuellement M. Marc avait mal dans le côté gauche de cette cavité ; qu'il avait souvent de l'oppression, surtout après avoir mangé ; qu'il devait avoir souvent une petite toux ; que cette partie (elle désignait la région de l'appendice xiphoïde) était rétrécie ; que, pour guérir M. Marc, il fallait qu'on le saignât largement, que l'on appliquât des cataplasmes de ciguë, et qu'on fît des frictions avec du laudanum sur la partie inférieure de la poitrine ; qu'il bût de la limonade gommée, qu'il mangeât peu et souvent, et qu'il ne se promenât pas immédiatement après le repas.

« Il nous tardait d'apprendre de M. Marc s'il éprouvait tout ce que cette somnambule annonçait. Il nous dit qu'en effet il avait de l'oppression lorsqu'il marchait en sortant de table ; que souvent il avait de la toux, et qu'avant l'expérience il avait mal dans le côté gauche de la tête, mais qu'il ne ressentait aucune gêne dans le passage des aliments.

« Nous avons été frappés de cette analogie entre ce qu'éprouve M. Marc et ce qu'annonce la somnambule, nous l'avons soigneusement annoté, et nous avons attendu une autre occasion pour constater de nouveau cette singulière faculté (1). Cette occasion fut offerte au rapporteur, sans qu'il l'eût provoquée, par la mère d'une jeune demoiselle à laquelle il donnait des soins depuis fort peu de temps.

« Mademoiselle de N***, fille de M. de N***, pair de France, âgée de vingt-trois à vingt-cinq ans, était atteinte depuis deux ans environ d'une hydropisie ascite, accompagnée d'obstructions nombreuses, les unes du volume d'un œuf, d'autres du volume du poing, quelques-unes du volume d'une tête d'enfant, et dont les principales avaient leur siége dans le côté gauche du ventre. L'extérieur du ventre était inégal, bosselé, et ces inégalités correspondaient aux obstructions dont la capacité abdominale était le siége. Dupuytren avait déjà pratiqué dix ou douze fois la ponction à cette malade, et avait toujours retiré une grande quantité d'albumine claire, limpide, sans odeur, sans aucun mélange. Le soulagement suivait toujours l'emploi de ce moyen.

« Le rapporteur a été présent trois fois à cette opé-

(1) Voilà du diagnostic, j'espère! Quel membre de l'Académie se fût piqué d'en porter un aussi juste?

ration ; et il fut facile à Dupuytren et à lui de s'assurer du volume et de la dureté de ces tumeurs, par conséquent de reconnaître leur impuissance pour la guérison de cette malade. Ils prescrivirent néanmoins différents remèdes ; ils attachèrent quelque importance à ce que mademoiselle de N*** fût mise à l'usage du lait d'une chèvre à laquelle on ferait des frictions mercurielles.

« Le 21 février 1827, le rapporteur alla chercher M. Foissac et mademoiselle Céline, et il les conduisit dans une maison rue du Faubourg-du-Roule, sans leur indiquer le nom, ni la demeure, ni la nature de la maladie de la personne qu'il voulait soumettre à l'examen de la somnambule.

« La malade ne parut dans la chambre où se fit l'expérience que quand M. Foissac eut endormi mademoiselle Céline ; alors, après avoir mis une de ses mains dans la sienne, elle l'examina pendant huit minutes, non pas comme le ferait un médecin, en pressant l'abdomen, en le percutant, en le scrutant dans tous les sens, mais seulement en appliquant légèrement la main à plusieurs reprises sur le ventre, la poitrine, le dos et la tête.

« Interrogée pour savoir d'elle ce qu'elle aurait observé chez mademoiselle de N***, elle répondit que tout le ventre était malade, qu'il y avait un squirrhe et une grande quantité d'eau du côté de la rate ; que les intestins étaient très-gonflés, qu'il y avait des poches où des vers étaient renfermés ; qu'il y avait des grosseurs du volume d'un œuf dans lesquelles étaient contenues des matières puriformes, et que ces grosseurs devaient être douloureuses ; qu'il y avait au bas de l'estomac une glande engorgée de la grosseur de trois de ses doigts ; que cette glande était dans l'intérieur de l'estomac et devait nuire à la digestion ; que la maladie était ancienne, et qu'enfin mademoiselle de N*** devait avoir des maux de tête. Elle conseilla l'usage d'une tisane de bourrache et de chiendent nitrée, de cinq onces de suc de pariétaire, pris chaque matin, et de très-peu de mercure pris dans le lait. Elle ajouta que le lait d'une chèvre que l'on frotterait d'onguent mercuriel une demi-heure avant de la traire conviendrait mieux (1) ; en outre, elle prescrivit des cataplasmes de fleurs de sureau constamment appliqués sur le ventre, des frictions sur cette cavité avec de l'huile de laurier, et, à son défaut, avec le suc de cet arbuste uni à l'huile d'amande douce, un lavement de décoction de quina coupé avec une décoction émolliente. La nourriture devait consister en viandes blanches, laitage, farineux, point de citron. Elle permettait très-peu de vin, un

(1) Sans attacher une grande importance à cette singulière rencontre de la prescription faite par la somnambule, de l'usage du lait d'une chèvre frictionnée d'onguent mercuriel, avec cette même prescription recommandée à la malade par Dupuytren et par le rapporteur, la commission a dû consigner dans son travail cette coïncidence. Elle la présente comme un fait dont le rapporteur garantit l'authenticité, mais dont ni elle ni lui ne peuvent donner aucune explication. (*Note du rapporteur.*)

peu de rhum à la fleur d'orange ou de la liqueur de menthe poivrée. Ce traitement n'a pas été suivi : et l'eût-il été, il n'aurait pas empêché la malade de succomber. Elle mourut un an après ; l'ouverture du cadavre n'ayant pas été faite, on ne put vérifier dans tous ses détails ce qu'avait dit la somnambule.

« Dans une circonstance délicate où des médecins fort habiles, dont plusieurs sont membres de l'Académie, avaient prescrit un traitement mercuriel pour un engorgement de glandes cervicales, qu'ils attribuaient à un vice vénérien, la famille de la malade qui était soumise à ce traitement, voyant survenir de graves accidents, voulut avoir l'avis d'une somnambule. Le rapporteur fut appelé pour assister à cette consultation, et il ne négligea pas de profiter de cette occasion d'ajouter encore à ce que la commission avait vu. Il trouva une jeune femme, madame la comtesse de L. F., ayant tout le côté droit du cou profondément engorgé par une grande quantité de glandes rapprochées les unes des autres. L'une d'elles était ouverte, et donnait issue à une matière purulente jaunâtre.

« Mademoiselle Céline, que M. Foissac magnétisa en présence du rapporteur, se mit en rapport avec la malade, et dit que l'estomac avait été attaqué par une substance *comme du poison;* que les intestins étaient légèrement enflammés ; qu'il existait à la partie supérieure droite du cou une maladie scrofuleuse qui avait dû être plus considérable qu'elle ne l'était à présent ; qu'en sui-

vant un traitement qu'elle allait prescrire, il y aurait de
l'amélioration dans quinze jours ou trois semaines. Ce
traitement consistait en huit sangsues au creux de l'estomac, quelques grains de magnésie, des décoctions de
gruau, un purgatif salin toutes les semaines, deux lavements chaque jour, l'un de décoction de quina, et, immédiatement après, un autre de racine de guimauve,
des frictions d'éther sur les membres, un bain toutes les
semaines; et, pour nourriture, du laitage, des viandes
légères, et l'abstinence du vin. On suivit ce traitement
pendant quelque temps, et il y eut une amélioration notable; mais l'impatience de la malade, qui trouvait que
le retour vers la santé n'était pas assez rapide, détermina la famille à convoquer une nouvelle réunion de
médecins. Il y fut décidé que la malade serait soumise
à un nouveau traitement mercuriel. Le rapporteur cessa
alors de la voir, et apprit qu'à la suite de l'administration du mercure elle avait eu, du côté de l'estomac, des
accidents très-graves qui la conduisirent au tombeau,
après deux mois et demi de souffrances. Un procès-verbal d'autopsie, signé par MM. Fouquier, Marjolin,
Cruveilhier et Foissac, constata qu'il existait un engorgement scrofuleux ou tuberculeux des glandes du cou,
deux légères cavernes remplies de pus, résultant de la
fonte des tubercules au sommet de chaque poumon; la
membrane muqueuse du grand cul-de-sac de l'estomac
était presque entièrement détruite. Ces messieurs constatèrent, en outre, que rien n'indiquait la présence

d'une maladie vénérienne, soit récente, soit ancienne.

« Il résulte de ces observations : 1° que, dans l'état de somnambulisme, mademoiselle Céline a indiqué les maladies de trois personnes avec lesquelles on l'a mise en rapport ; 2° que la déclaration de l'une, l'examen qu'on a fait de l'autre, après trois ponctions, et l'autopsie de la troisième, se sont trouvés d'accord avec ce que cette somnambule avait avancé ; 3° que les divers traitements qu'elle a prescrits ne sortent pas du cercle des remèdes qu'elle pouvait connaître, ni de l'ordre des choses qu'elle pouvait raisonnablement recommander, et 4° qu'elle les a appliqués avec une sorte de discernement. »

Il faut convenir que si, dans les observations qu'on vient de lire, les diagnostics portés par la demoiselle Céline ne furent que l'effet du hasard, ce hasard fut si grand qu'il doit paraître miraculeux. Mais les miracles de ce genre sont aujourd'hui tellement communs qu'il est impossible de les récuser sans admettre que pour le moment tout le monde civilisé est plein de gens honorables, abjurant toute espèce de principes honnêtes pour se faire magnétiseurs, c'est-à-dire fourbes et fripons. Mais laissons définitivement pour ce qu'elles valent ces plates récriminations dont quelques années feront justice : car les démentis en polémique ne comptent pas plus que les injures, et nier l'existence d'un fait est bien loin de démontrer son impossibilité. « Brûler n'est pas répondre, » disait Camille Desmoulins.

Quelles sont les facultés que doivent présenter les

somnambules pour être aptes à donner des consultations aux malades? Tel est l'important problème que nous allons tâcher de résoudre.

Et d'abord je dirai que, quelles que soient ces facultés, il s'en faut beaucoup que tous les somnambules les présentent. J'en ai même connu de parfaitement lucides qui ne les possédaient pas ou qui du moins ne les possédaient qu'incomplétement. Ceux-ci, toutefois, en décrivant exactement les altérations organiques qu'ils *voyaient*, pouvaient encore rendre quelques services en appelant l'attention sur des maladies graves qu'on n'eût quelquefois pas soupçonnées, ou sur la nature desquelles on eût beaucoup risqué de se méprendre. Mais à cela se réduisait toute leur utilité, puisqu'ils ne savaient ni pronostiquer les crises ni indiquer sûrement les remèdes propres à guérir ou à soulager; double faculté qui constitue, à proprement parler, l'aptitude médicale des somnambules, et que nous allons étudier séparément.

De la prévision médicale externe.

Nous avons dit ce que c'était que la prévision intérieure. Eh bien! il s'agit actuellement de l'extension de cette faculté aux modifications pathologiques à venir dans un organisme étranger au somnambule, et simplement mis en contact avec lui.

D'après les faits que nous avons extraits du rapport

de M. Husson, faits tendant à prouver que les somnambules ont aussi bien la conscience de ce qui se passe dans l'économie des individus mis en rapport avec eux que de ce qui se passe en eux-mêmes, les phénomènes de prévision externe ne doivent pas plus étonner que les phénomènes de prévision intérieure. J'avoue pourtant que les premiers s'observent beaucoup plus rarement, et que presque toujours les prédictions des somnambules relativement à autrui n'ont pas la précision de celles qui les concernent personnellement. J'ai eu pourtant l'occasion de constater plusieurs cas très-concluants de prévision externe, un entre autres que je vais rapporter.

Le 4 juin 1840, je fus consulté pour un enfant de seize mois, atteint depuis six semaines environ d'une affection pulmonaire, dont au premier abord je ne soupçonnai point la gravité. Le petit malade avait l'embonpoint ordinaire à son âge; il était faible, il est vrai, mais on m'assurait qu'il n'avait jamais eu plus de force, et que depuis environ quatre mois qu'on lui avait retiré sa nourrice, on n'était point encore parvenu à le faire marcher. Il avait d'ailleurs de l'appétit, un peu de diarrhée, mais surtout une toux très-fréquente accompagnée d'oppression considérable et d'une supersécrétion muqueuse dont il n'était pas aisé de constater la nature, attendu que la déglutition chez les enfants remplace l'expectoration. Cependant je pris celui-ci sur mes genoux, et je lui trouvai la peau sèche et brûlante. Je l'avais entendu tousser, et ses quintes n'étaient pas celles de la coqueluche. N'était-ce donc qu'une simple bronchite? Les régions sous-claviculaires sont parfaitement sonores à la percussion; le murmure respiratoire m'y parait normal, sauf quelques grosses bulles muqueuses qui crèvent de loin en loin dans les bronches et la trachée-artère. Le pouls est fréquent, il est vrai; mais cette fréquence n'est pas plus explicable pour moi que l'oppression. Quoi qu'il en soit, ce n'est qu'après cet examen préalable, fait à *huis clos*, que je présente l'enfant à une somnambule, qui ne le voit pour la première fois que dans son sommeil. Celle-ci examine longtemps le petit malade *sans le toucher*, après quoi elle se tourne près de moi, et me dit à mi-voix :

— Cet enfant est bien mal, plus mal que vous ne le pensez.

— Qu'a-t-il ?

— Il a les deux poumons gorgés de sang et de mucosités presque purulentes.

— Y voyez-vous des ulcérations?

— Oui, à la partie inférieure du poumon droit. — Cet enfant a eu une fluxion de poitrine, on ne s'en est pas aperçu, et vous aurez de la peine à le tirer de là.

— Mais enfin, que faut-il lui faire?

— Lui placer un très-large vésicatoire sur la poitrine. — Lui faire prendre chaque jour deux cuillerées à café de sirop d'ipécacuanha. — Frictionner les membres avec une flanelle sèche; enfin donner de l'eau de gruau et des crèmes de pain pour nourriture.

— Et avec cela, pensez-vous que les accidents se dissipent ?

— Si Dieu le veut.

Lorsque les parents du petit malade se furent retirés, la somnambule me dit :

— Cet enfant est perdu, il mourra *dans vingt jours*.

Le 26 juin suivant, l'enfant mourut. L'erreur ne fut donc que de deux jours.

De l'instinct des remèdes.

Je ne nie pas que les prétentions des magnétiseurs ne soient allées bien loin, lorsqu'ils ont avancé que les somnambules connaissaient et prescrivaient dans l'occasion tous les remèdes possibles, même ceux dont, pendant leur état de veille, ils ignoraient jusqu'au nom. Cependant, des observateurs exacts, probes, éclairés, ont rapporté beaucoup d'exemples semblables.

Quoi qu'il en soit, la thérapeutique des somnambules se compose en général de moyens nombreux, mais presque toujours fort simples. Les substances qu'ils emploient ne sont guère que des produits naturels, et l'on trouve plutôt dans leurs prescriptions des indications générales que de véritables formules. Quelquefois cependant ils s'attachent d'une façon toute particulière à la précision des doses, et cette circonstance, lorsqu'elle est confirmée par une grande exactitude de diagnostic, est une garantie de plus en faveur de la lucidité du sujet.

Certains détracteurs du magnétisme ont prétendu que les somnambules, en se laissant dominer par la pensée de leur magnétiseur, devaient en conséquence partager les opinions médicales de celui-ci, s'il était médecin, et, en définitive, conformer leur pratique à la sienne. Mais il n'en est point ainsi. Sur toutes les propositions qu'on peut lui faire, un somnambule a toujours sa critique et son *veto*, que rien ne saurait ébranler : M. Koreff nous en fournit la preuve. « Une position extrêmement singulière, dit-il (1), est celle dans laquelle je me suis trouvé vis-à-vis la femme d'un jardinier en chef de Sans-Souci. Dans son somnambulisme, qui était fort extraordinaire, cette femme, qui était âgée de cinquante ans, m'engagea à lui proposer des remèdes, parce qu'elle n'était pas douée de l'espèce de clairvoyance par laquelle on peut les indiquer soi-même : elle n'avait que le don de la critique. Je vis, avec un étonnement auquel se mêlait une humiliation pénible, qu'elle rejetait comme nuisibles la plupart de ceux que je lui proposais d'après ma conviction médicale, et qu'elle choisissait ceux que je croyais le moins appropriés à son état. » Aussi le même auteur ajoute-t-il un peu plus loin : « Je ne conteste nullement la possibilité que les idées d'un somnambule portent en elles

(1) *Lettre d'un médecin étranger*, etc., p. 68.

le reflet et les couleurs des idées de son pays, de son temps et même de son magnétiseur ; mais je prie les hommes qui ont fait cette objection ingénieuse de bien peser si la difficulté est plus grande de voir une plante, une substance, que de lire dans la pensée d'un autre être. »

D'après ce que nous avons établi, la lucidité d'un somnambule ne garantit pas infailliblement son aptitude médicale. Mais ici s'élève une de ces questions auxquelles les magnétiseurs ne paraissent pas avoir suffisamment réfléchi, ou du moins qu'ils n'ont pas résolues, selon moi, d'une manière satisfaisante : Est-il indispensable à un somnambule médical d'être clairvoyant, ou, si l'on veut, l'instinct des maladies et des remèdes ne saurait-il exister indépendamment de la vision magnétique ? Je déclare que de nombreuses expériences me portent à croire que les deux facultés peuvent exister séparément, et je ne serais même pas éloigné d'admettre, d'après la théorie que je me suis faite sur l'isolement, que chacune d'elles n'obtient réellement son maximum de perfection qu'autant qu'elle existe seule (1). Mais alors comment constater

---

(1) Ces principes de compensations sont incontestablement vrais pour les facultés qui ne dépendent que de l'exaltation sensitive. Ainsi, je fis, un jour, l'expérience suivante : après avoir isolé un somnambule, en lui laissant seulement le sens de l'ouïe par rapport à moi, je m'en éloignai et entretins longtemps avec lui une conversation à voix basse, tandis qu'un des spectateurs lui criait dans l'oreille. Ceci excita tellement l'ad-

l'existence de l'instinct des remèdes, et quel sera le *criterium* de cette faculté? J'avoue qu'il n'en est pas d'autre pour moi que l'expérience. Cependant les somnambules qui auraient donné de grandes preuves d'intuition et de prévision, ceux surtout qui, durant le cours de maladies sérieuses, se seraient à ma connaissance soignés eux-mêmes; ceux-là, dis-je, m'inspireraient particulièrement de la confiance. « Ce qui a dû rendre cette faculté beaucoup moins fréquente chez les extatiques démoniaques ou religieux, dit Bertrand (1), c'est que leur santé n'étant pas en général dérangée, il n'y avait pas lieu d'observer chez eux un instinct qui ne peut servir que dans l'état de maladie. » Il suivrait de là que l'instinct médical s'acquerrait et se développerait par l'habitude, ce que je ne crois pourtant pas vrai sans restriction. En effet, je soutiens *ex professo*, c'est-à-dire après l'avoir bien vu, que dès l'instant où l'état de somnambulisme est parfait, toutes les facultés que cet état comporte sont à leur dernier degré de développement.

Pour ce qui est de l'instinct médical chez des somnambules non lucides, le fait est incontestable. J'ai magnétisé hier (4 août 1842), pour la troisième fois seulement, une femme de vingt-huit ans, qui est tombée

miration de mes amis, qu'ils me prièrent de recommencer le lendemain la même expérience. Mais cette fois, elle ne réussit que très-incomplétement, le somnambule étant lucide.

(1) Ouvrage cité, p. 116.

dans le somnambulisme dès la première séance, mais qui n'est pas lucide et ne le sera peut-être jamais. Eh bien, ce défaut de clairvoyance ne l'empêche pas de jouir déjà d'une pénétration et d'un tact médical véritablement surprenants. Dès la seconde séance, l'ayant priée de s'occuper de ma santé, elle me dit que je souffrais de l'estomac et dans le genou gauche; ce qui était exact. Ayant ensuite été mise en contact avec une dame qu'elle voyait pour la première fois et dont certainement elle n'avait jamais entendu parler, elle lui dit :

— Vous avez des maux de tête (ce qui n'était pas vrai); vous avez des étouffements (ce qui n'était encore pas vrai); mais *surtout* de continuelles envies de vomir ; ce qui était parfaitement vrai. Or, il est certain que dans les deux cas, les principaux points du diagnostic porté par ma somnambule sont irréprochables. Il n'y en a pas moins erreur, me dira-t-on : j'en conviens; mais ces erreurs sont de celles qu'au bout de huit jours peut-être ma somnambule n'eût plus commises.

Il arrive quelquefois que des somnambules prescrivent des substances dangereuses et sur l'effet desquelles on a quelque raison de s'inquiéter. Il importe beaucoup alors au magnétiseur d'insister et de revenir à plusieurs reprises sur le point douteux, et de recourir même, s'il le faut, aux lumières d'un second somnambule. Cette précaution serait d'ailleurs un hors-d'œuvre, s'il s'agissait d'un somnambule se soignant lui-même. « J'ai vu une femme, dit M. Koreff, insister pour prendre des substances qui me paraissaient dangereuses pour son état. La croyant dans l'erreur, je combattis son opinion, je fixai son attention sur l'état de ses organes, tel qu'il me semblait être. Je fis apporter plusieurs drogues parmi lesquelles se trouvaient celles qu'elle avait désirées ; elle les reconnut, elle insista. Je luttai avec elle pendant plusieurs heures, et je finis par céder, m'étant convaincu, par tous les moyens mis à ma disposition, de sa parfaite lucidité. L'hémorragie utérine, qui était le symptôme alarmant de sa maladie, s'arrêta aussitôt sans qu'il en résultât aucun inconvénient. »

En résumé de ce qui précède, et nonobstant ce que nous avons dit de l'instinct médical dont peuvent être doués des somnambules non lucides, la lucidité, dans l'état actuel de la science, doit encore être regardée comme le plus sûr cachet de cet instinct, puisqu'à peu près dans tous les cas, le diagnostic porté par les somnambules clairvoyants s'est au moins trouvé juste. Il est au reste malheureux que nous n'ayons rien de plus précis à dire sur ce sujet ; car rien n'importerait plus actuellement que de trouver un moyen de dépister le charlatanisme et l'imposture, qui depuis longtemps déjà ont commencé à s'emparer du magnétisme. Mais aussi, à qui la faute, sinon aux médecins, qui abandonnent dédaigneusement à des mains équivoques une philanthropique ressource dont l'investiture leur appartenait de droit ? Que l'on s'y attende en effet : avant que la pratique du magnétisme ait décidément pris son assise, l'ignorance et la cupidité l'auront discrédité (1); car jamais rôle humanitaire comme celui de magnétiseur ne put convenablement appartenir à des gens sans aveu, sans lumières, et quelquefois sans mœurs. On dirait véritablement que, pour atteindre au sommet de l'échelle sociale, la grande vérité que nous défendons ait besoin d'en franchir un à un tous les échelons. Mais soit; elle prendra enfin son essor, ou nous mourrons à la peine.

Des sensations éprouvées par les somnambules au contact des malades.

Quelques somnambules sont doués du triste privilége de ressentir momentanément les douleurs qu'éprouvent les malades avec lesquels on les met en rapport, et même de présenter les symptômes des affections dont ceux-ci sont atteints. Cette observation a été faite depuis longtemps, et Georget s'exprime en ces termes sur ce sujet :

« Si mes somnambules, dit-il (1), étaient mises en communication avec une personne malade, sur-le-champ elles éprouvaient un malaise dans les membres,

---

(1) C'est là une des raisons qui m'ont fait abandonner la pratique du magnétisme.

(1) *Physiologie du système nerveux*, etc., p. 281, t. II.

qui se propageait promptement à la tête, puis dans tous les muscles, et de plus, un malaise plus grand, une gêne, ou une vive douleur dans la même partie où celle-là souffrait; plusieurs fois des hystériques ou des épileptiques, sur le point d'avoir leurs attaques, ont causé subitement une violente céphalalgie, et une attaque à celles qui étaient déjà affectées de ces maladies. Ces accidents m'ont empêché de multiplier les expériences autant que je l'aurais voulu. Un jour, trois somnambules étaient ensemble dans une chambre. L'une, au pied du lit, souffrait de violents maux de tête et d'estomac; une autre, sur le lit, se portait assez bien; la troisième, à côté du lit, prenait un bain de pieds. La seconde va pour causer avec la première, la touche, et est immédiatement prise d'une attaque. Pendant que j'aide à tenir celle-ci, la troisième, qui ne se doutait pas de ce qui se passait, ne voulant pas tenir ses pieds dans l'eau sinapisée, j'appuie l'une de mes mains sur ses genoux pour l'y forcer : aussitôt elle ressent une vive commotion, qu'elle compare à une secousse résultant d'une forte décharge électrique, et elle a une forte attaque. Toutes les fois que, ayant quitté mes somnambules, je les retrouvais éprouvant des accidents insolites et imprévus, j'étais certain que cela provenait de ce qu'elles avaient eu des communications avec des malades, malgré ma défense expresse. » Ceci n'est point difficile à expliquer; on sait avec quelle promptitude certaines névroses peuvent se transmettre d'un individu à un autre. Il est impossible, par exemple, de voir un individu bâiller dans une réunion, sans qu'il ait bientôt des imitateurs. On a même vu des épileptiques être pris de leur accès à l'aspect d'un autre épileptique en crise. Mais voici qui est plus frappant encore. Une femme sur le point d'accoucher risque fort d'être prise des douleurs de l'enfantement à la vue d'une autre femme qui accouche. J'ai observé un fait semblable, il y a quatre ou cinq ans, à un cours particulier d'obstétrique : les élèves eurent deux accouchements au lieu d'un (1). Or, si l'influence de l'imitation peut s'exercer à ce point durant l'état de veille, que l'on juge de ses effets pendant le somnambulisme, pendant lequel toutes les impressions sont si promptes et si vives. Au surplus, les faits signalés par Georget sont loin de pouvoir être généralisés. Parmi les somnambules à consultations, il en est qui ne ressentent au contact des malades qu'une sensation pénible, mais sans analogie avec ce qu'éprouvent les malades eux-mêmes ; enfin il en est (c'est, il est vrai, le plus petit nombre), qui ne ressentent rien du tout. J'avoue que ces derniers ne m'inspireraient qu'une médiocre confiance, et, de tous, les premiers sont à coup sûr les plus parfaits. Mais leur perfection même est peut-être un défaut, car ils ne sauraient tenir longtemps à l'affreux métier de partager sans cesse les douleurs d'autrui. J'en ai vu une dernièrement qui, consultée devant moi pour

(1) Voyez, dans *le Magnétisme animal expliqué* (2ᵉ leçon), ce qui a rapport à l'imitation.

un malade en si grand danger qu'il mourut trois jours après, jetait des cris déchirants, et faisait de telles contorsions que je la crus elle-même à l'agonie. Cette fille recevait, m'a-t-on dit, cinq ou six francs pour chacune de ses consultations; mais, certes! elle gagne l'argent qu'on lui donne, si elle répète à chaque séance la scène dont je fus témoin.

De la manière dont les consultations doivent être données.

Dans la crainte que le somnambule ne se fasse ou n'ait l'air de se faire quelque idée préconçue sur le compte du malade qui vient le consulter, il est convenable qu'il soit endormi avant d'être mis en relation avec ce dernier. Introduit dans le cabinet de consultation, celui-ci doit garder le silence; car toute espèce de commentaire sur sa maladie serait, de sa part, d'une parfaite superfluité. Vous-même vous n'avez pas à l'interroger ou du moins vous ne pouvez le faire qu'après la consultation prise. Votre somnambule seul a donc la parole. Il doit être isolé jusqu'à l'instant où, mettant une des mains du malade dans l'une des siennes, vous lui demandez de s'occuper attentivement de la santé de ce tiers, de vous en dire tout ce qu'il en pense, et d'entrer dans tous les détails nécessaires relativement au traitement. Cela fait, vous le laissez parler sans l'interrompre, et en prenant note de ses paroles, après quoi vous revenez avec lui sur les points équivoques. Enfin vous rédigez vous-même la consultation, et vous congédiez le malade sans éveiller le somnambule, qui, à son réveil, ne doit pas même se douter de ce qu'il a dit ou fait.

Remarque importante. — Si quelques parents du malade, quelques-uns de ses amis, son médecin, etc., demandent à assister à la consultation, ayez grand soin que votre somnambule reste étranger aux discussions qui peuvent s'élever entre ces personnes et vous. Il faut même (et vous n'avez pour cela qu'à lui en exprimer le désir) qu'il n'entende pas votre voix, lorsque vous ne vous adressez pas à lui. Au reste, les discussions en pareil cas sont toujours déplacées; chaque chose doit avoir son temps.

Il s'est élevé dans ces derniers temps une question fort singulière que l'on peut rappeler en ces termes : Est-il juste que les somnambules reçoivent des honoraires pour les consultations qu'ils donnent? — Si par juste on entend légal, je dirai qu'il faut que le magnétiseur soit médecin; mais si par juste on n'entend exactement que ce que le mot signifie dans son sens absolu, la réponse est si simple que je m'abstiens de la faire. Chacun vit de ce qu'il a dans ce bas monde : celui-ci des rentes qu'il tient de son père, celui-là de sa tête, un troisième de ses bras; les uns de leur plume, les autres de leurs pinceaux, presque tous enfin des services qu'ils rendent ou sont censés rendre à leurs semblables. Eh bien, une belle lucidité magnétique est un don de la nature tout aussi rare, au moins, qu'un beau talent d'artiste ou d'avocat ; et si l'on paye les médecins, pourquoi voudriez-vous qu'on ne payât pas les somnambules? — Mais quoi! dira-t-on, le somnambulisme va donc devenir un métier? Ma foi, pourquoi pas? Est-ce que messieurs les officiers de santé, par hasard, trouveraient ce métier moins honorable que celui qu'ils font? Si cela était, je m'écrierais comme Almaviva dans *les Noces de Figaro* : « Où diable va-t-on fourrer l'honneur ! » Que le magnétisme devienne par la suite une médecine d'intérieur, une médecine de famille, suivant l'expression dont je me suis servi, eh! mon Dieu! je ne demande pas mieux. Mais en attendant que chacun ait un frère, une sœur ou une femme somnambule pour le soigner, il faut bien, si l'on est malade, que l'on recoure aux somnambules de profession ; et, comme tous les services se vendent et s'achètent entre gens qui ne se connaissent pas, il est juste, très-juste, que l'on paye ces derniers lorsqu'on les emploie (1).

(1) Cela est juste, sans doute. Mais il n'en est pas moins vrai que là est une des pierres d'achoppement du magnétisme. D'abord il est rare que le somnambule de profession ne soit pas routinier dans sa thérapeutique. Il connaît une douzaine de drogues, et, par paresse d'en chercher d'autres, il ne conseille jamais que celles-là. Ce n'est pas tout encore ; les somnambules les plus lucides ne le sont pas toujours. Il arrive même un temps où tous cessent de l'être. Or, que le somnambule *de profession* ne soit pas lucide, ou ait définitivement cessé de l'être, il n'en continue pas

Enfin, je ne terminerai pas ce chapitre sans examiner une proposition faite par Deleuze et acceptée par bon nombre de magnétiseurs. Il s'agit de savoir s'il conviendrait ou non d'associer le magnétisme à la médecine. Or, écoutons ce que nous dit là-dessus Koreff : « Je m'oppose, mon respectable ami (il est toujours question de Deleuze), au conseil que vous donnez de combiner ces deux méthodes qui ne peuvent marcher de front. Ma conscience me fait un devoir de ne pas s'en rapporter légèrement à un somnambule, de s'informer d'abord de sa bonne foi, et d'examiner ensuite le degré de clairvoyance dont il est doué ; enfin d'invoquer plutôt la science que de faire un mélange de deux éléments hétérogènes ou de se jeter avec une crédulité déraisonnable dans le vague des rêveries alimentées par des souvenirs, et provoquées par le désir d'exciter la surprise, ou par d'autres motifs qui existaient dans l'état de veille. Plus je révère le somnambulisme dans son isolement et sa pureté, moins j'en fais cas lorsqu'il n'est pas entièrement étranger à l'état ordinaire. Beaucoup de personnes qui n'ont aucune idée du but auquel la nature l'a destiné, et qui sont dépourvues des connaissances nécessaires pour l'apprécier et le diriger, ont

moins à donner ses consultations... parce qu'il faut vivre. De là des abus déplorables. Aussi, bien que les somnambules, je ne m'en défends pas, m'aient appris beaucoup de choses en thérapeutique, je me défie volontiers des remèdes qu'ils emploient journellement (1852).

souvent cherché à le produire, soit pour satisfaire leur curiosité, soit dans des vues d'intérêt. C'est principalement à cet abus que j'attribue la décadence du magnétisme en France, et le mépris dont les savants l'accablent. Dans les pays du Nord, où l'étude du magnétisme porte un caractère grave et scientifique, l'observation du somnambulisme est devenue féconde en résultats qui ont déjà été très-utiles, et qui promettent de répandre le plus grand jour sur l'aliénation mentale, et sur mille phénomènes de psychologie qui jusqu'à présent sont sur la terre inconnue dans la géographie de notre monde intellectuel et moral (1). »

CHAPITRE XVI.

Du besoin de moralité chez les magnétiseurs.

Malheur à ceux qui ne trouvent pas en eux-mêmes des raisons suffisantes pour les déterminer à être honnêtes, car ils ne me paraissent pas susceptibles de le devenir jamais. Ce chapitre ne sera donc point une fade

(1) Il est une chose digne de remarque, c'est que parmi les magnétiseurs, ce sont toujours ceux qui n'étaient pas médecins qui ont proposé l'association de la médecine et du magnétisme, tandis que les médecins-magnétiseurs la rejetaient. Veut-on savoir la

homélie à l'adresse des esprits corrompus qui seraient tentés d'exploiter le magnétisme au profit de leur perversité. L'unique but que je me propose en l'écrivant est de mettre en garde mes lecteurs contre les basses et misérables convoitises des hommes dont je parle ; et voilà pourquoi, sans être arrêté par la crainte d'ouvrir à l'immoralité de nouvelles voies que tôt ou tard elle eût fini sans doute par découvrir, je dévoile hardiment des abus qu'à la honte de l'humanité je ne crois que trop réels. Je ne sais si véritablement la pudeur n'est, comme l'ont avancé quelques cyniques rêveurs, qu'une chose de convention ; mais ce que je sais bien, c'est que, préjugé ou non, l'honneur de leurs femmes et de leurs filles est cher à tous les maris et à tous les pères. Or, j'ai la douleur de le prédire, le magnétisme portera la flétrissure et la désolation dans plus d'une famille ; comme si c'était une nécessité que les meilleures choses dussent avoir leurs compensations dans les dangers qu'entraîne leur usage !

Indépendamment des relations intimes et plus ou moins fréquentes qu'établit nécessairement le magnétisme entre celui qui l'exerce et celui qui s'y soumet, il est pour moi hors de doute que, dans l'immense majorité des cas, il donne au premier sur le second une puissance absolue, sans bornes, et dont le dépositaire

cause de cette bizarrerie ? la voici : c'est que les magnétiseurs ont en général une aussi fausse idée de la médecine que les médecins du magnétisme.

peut ne se montrer pas toujours digne. Non-seulement la personne que vous magnétisez est irrésistiblement contrainte de céder à votre instigation dans l'accomplissement de tous ses actes physiques ; mais il peut se faire encore que, réglant sur vous, à son insu comme au vôtre, toutes les transactions de son intelligence, elle pénètre vos désirs les plus cachés, s'associe à tous les émois de votre âme, et prévienne même, sans s'apercevoir qu'elle ne fait qu'obéir à votre volonté, jusqu'à vos plus secrètes intentions. Une somnambule, en un mot, dès l'instant où le sommeil la livre seule à son magnétiseur, ne voit plus, n'entend plus, n'agit plus que par lui ; et, quoiqu'il lui reste encore le discernement du bien et du mal, corps et âme elle lui appartient s'il a l'infâme lâcheté d'abuser de ses droits. — Les diverses observations que nous avons disséminées dans les précédents chapitres devraient peut-être nous dispenser de fournir de nouvelles preuves à l'appui de cette assertion ; mais afin de corroborer aux yeux de nos lecteurs le jugement que nous formulons, nous allons en quelques mots leur rappeler les faits.

1° Un magnétiseur paralyse à son gré tel ou tel membre ou tel ou tel organe de son somnambule. C'est ainsi qu'il le rend sourd pour tout autre que pour lui (paralysie du nerf auditif), en lui adressant seulement ces paroles : « Je veux que vous n'entendiez que moi seul ; » c'est ainsi qu'il le rend insensible à tout autre contact qu'au sien (paralysie de la peau) ; enfin, c'est encore ainsi qu'il le paralyse à la fois dans tous ses organes et dans tous ses membres, jusqu'au point de le condamner à une immobilité complète et à la passiveté extérieure d'une vie tout intuitive.

2° Le magnétiseur peut, au contraire, par une simple admonestation, et quelquefois même par un désir inexprimé, substituer le mouvement à la paralysie dans l'être qu'il tient sous sa dépendance. Il peut exalter sa sensibilité comme il peut l'amortir, déterminer dans ses sens un prodigieux éréthisme, et agiter même tout son corps de spasmes et de convulsions ! — Voilà pour la question physique ; examinons maintenant la question morale.

1° Le développement extraordinaire des facultés instinctives pendant le somnambulisme est un fait depuis longtemps démontré, et à peu près généralement admis ; mais ce qui est beaucoup moins connu, c'est la possibilité où est le magnétiseur de donner à ces exubérantes facultés l'aliment et la direction que lui inspire son caprice. L'expérience est délicate, et ne réussit pas toujours ; mais enfin je suis parvenu à la faire, et à la répéter plusieurs fois ; c'est-à-dire qu'en isolant successivement par ma volonté chacun des instincts d'un somnambule, je suis arrivé à le rendre tour à tour vaniteux, menteur, gourmand et sensuel dans tous les genres ; d'où il suit qu'on peut, au moins jusqu'à un certain point, susciter éventuellement dans l'esprit d'un somnambule la propension qu'on a quelque raison de lui désirer (1).

2° Non-seulement il est possible de contraindre la personne qu'on magnétise à avouer la pensée qui l'occupe, mais on peut encore anéantir cette pensée chez elle et lui en imposer une autre; c'est-à-dire, en un mot, qu'on peut modifier à son gré la disposition intellectuelle d'un somnambule, comme nous avons dit avoir modifié chez un des nôtres la disposition instinctive.

On conçoit aisément de quelle monstrueuse application peuvent être de pareils faits entre des mains obscènes. Aussi, sans chercher à nous étendre davantage sur un sujet que peut-être nous avons traité déjà avec trop de détails, nous laissons à nos lecteurs la tâche de nous commenter.

Au surplus, comme tout ce que nous venons d'écrire ne se rapporte absolument qu'au temps, ordinairement fort limité, que dure chaque séance, nous avons à examiner maintenant cette autre question, pour le moins aussi importante, à savoir : ce qu'il reste des influences magnétiques pendant l'état de veille, c'est-à-dire lorsque le somnambule, rentré dans la vie réelle, s'est en apparence affranchi de ses liens. Ceci est grave, je le déclare, et en abordant un pareil sujet, je ne me dissimule

(1) Il se peut, et je me plais à le croire, que mes assertions ne reposent ici que sur des faits exceptionnels; mais enfin, rares ou fréquents, ces faits se sont produits, et j'ai dû les mentionner.

40.

aucun des arguments qu'il pourrait fournir à nos détracteurs, s'ils nous traitaient avec moins de dédain ; mais quel qu'il soit, je vais dire ce que j'en sais ; car je ne vois rien de déplorable que la manie où sont certains auteurs de plaider la cause d'un système scientifique comme un avocat ferait celle d'un coupable, c'est-à-dire de ne montrer jamais que le beau côté d'une vérité, comme s'ils craignaient de la diffamer en la montrant tout entière.

S'il n'est heureusement qu'un petit nombre d'hommes dont la turpitude s'accommode et se contente de jouissances usurpées, il en est peu dont la vanité résiste à cette préférence délicate qui constitue le véritable amour. Les premiers ne se rencontrent guère que dans les classes inférieures de la société, ou parmi ces êtres malheureux dont de stupides conventions ont exigé une continence absolue et contre nature ; les seconds, au contraire, se trouvent partout. Aussi, à bien considérer, les affections morales dont on pourrait attribuer la cause au magnétisme, par cela seul qu'elles ne déshonorent point et qu'elles échappent aux lois, seraient-elles beaucoup plus à redouter que les immondes mais rares emportements des instincts brutaux. Voyons donc maintenant si l'inculpation est fondée, et si le magnétisme peut devenir coupable de ces illicites et irrésistibles attachements qu'on lui reproche. La question de droit est jugée d'avance, et quant à la question de fait, qui ne se discute pas, l'expérience me force à la résoudre affirmativement.

Oui, cela est vrai, trop malheureusement vrai ; le magnétisme peut faire naître entre deux personnes de sexes différents un attachement profond, extrême, insurmontable.

Qu'on cesse donc de s'étonner à présent du désir que j'ai plusieurs fois exprimé de voir le magnétisme exercé par les médecins. C'est, en effet, un public hommage que je dois à nos confrères : il n'est peut-être pas dans toute la société de classe d'hommes plus honorables, plus désintéressés et surtout plus moraux. A peine si de loin en loin quelques rares exceptions ont démenti cet éloge que presque tous méritent ; mais n'est-il point de magistrats qui ne soient déshonorés ? de prêtres qui n'aient souillé et même ensanglanté leur soutane ? Qu'est-ce que cela prouve, sinon que dans toutes les conditions l'homme peut quelquefois oublier ses devoirs les plus sacrés ? — Les médecins offrent en outre la garantie d'une bonne éducation première, et c'est beaucoup. Bien nés en général, ils connaissent et pratiquent les bienséances, et si leur *décorum* n'est pas toujours de la vertu, leur dépravation du moins ne fait jamais scandale. Enfin, ils sont habitués de longue date à l'observation de la nature et des phénomènes physiologiques ; vérité si incontestable, qu'en parcourant les archives mêmes du magnétisme, il n'y a guère que les faits rapportés par des médecins auxquels j'ai cru devoir attacher quelque valeur. Que nos anciens frères nous pardonnent la sévérité des paroles qui nous sont quelquefois échappées ; ce n'était point à eux qu'elles s'adressaient, mais à leur prétendue science, que nous aussi nous avons étudiée avec ferveur, et qui ne fût pour nous qu'une amère déception (1).

CHAPITRE XVII.

Conclusion.

Une de nos célébrités contemporaines, M. le professeur Bouillaud, m'ayant dit un jour : — Je crois au magnétisme animal, mais je ne crois point à vos miracles,— je cherchai pendant longtemps le sens de ces paroles. A la fin, pourtant, je découvris qu'elles n'en renfermaient aucun, M. Bouillaud ne s'étant pas expliqué sur celui qu'il attachait au mot miracle.

Serait-ce, par hasard, que M. Bouillaud entendrait par miracle tout ce qu'il ne comprend pas? Je lui crois trop d'intelligence pour lui supposer tant d'orgueil.

En effet, que la nature nous prive d'un de nos sens, et la production fortuite des perceptions dues au sens éliminé va devenir pour tous les hommes une succes-

(1) Il est certain que le vide et la fausseté des doctrines allopathiques furent pour beaucoup dans l'enthousiasme avec lequel, il y a douze ou treize ans, j'embrassai l'étude du magnétisme.

sion de miracles. Qu'un sixième sens, au contraire, vienne à se développer en nous, et nous aurons avec nos sensations nouvelles l'entendement des phénomènes qui jusque-là dépassaient toutes les bornes de notre raison. — Or, tout nous porte à croire que le magnétisme, quand il produit le sommeil lucide, développe véritablement un sens supplémentaire, dont le système nerveux tout entier est peut-être l'organe. Mais revenons sur une idée qu'un exemple fera mieux comprendre.

Imaginez, au milieu d'une population d'aveugles, un seul individu doué du sens de la vue : il est certain que les perceptions visuelles de cet individu seront autant d'impossibilités, et ses révélations autant de mensonges pour les êtres incomplets qui recevront ses confidences. Jamais personne ne parviendrait à leur faire comprendre qu'il soit possible d'atteindre par un sens jusqu'aux limites de l'horizon, de *voir* par exemple le ciel et les astres à plusieurs millions de lieues ; ils diront sans doute comme M. le professeur Bouillaud : Nous ne croyons point aux miracles.

Poursuivons, néanmoins. Supposons que d'une manière quelconque notre *voyant* finisse par prouver ce qu'il avance. Miraculeux ou non, le fait existe, force est d'y croire ; il ne reste plus qu'à l'expliquer, et on l'explique ; mais comment ? Dans le vaste champ des conjectures qu'il soulève, chacune des connaissances acquises apporte tour à tour son contingent d'analogie ; on interroge dans toutes leurs modifications possibles les organes des sensations : l'ouïe, le toucher, l'odorat et le goût lui-même sont successivement mis en jeu ; enfin, pour se rendre compte du fait de vision qui confond leur entendement, nos pauvres aveugles n'oublient de tous les sens qu'un seul, celui de la vue qu'ils n'ont pas. — Voilà, trait pour trait, l'histoire des théories magnétiques.

Ainsi l'impossibilité presque absolue de systématiser les phénomènes que le magnétisme produit dépend de notre inaptitude à juger de perceptions étrangères à notre état habituel : le plus grand mal qui en résulte, c'est que le magnétisme n'est point et ne sera peut-être de bien longtemps une science régulière.

Cependant, qu'on laisse la théorie de côté, c'est-à-dire l'interprétation dogmatique des faits (ce qui n'altère en rien ni leur manifestation ni leur utilité, s'ils en ont une), et la pratique du magnétisme n'en reste pas moins subordonnée à des règles générales fondées sur l'expérience. L'ensemble de ces règles forme réellement un *art*, et c'est uniquement l'exposition de cet art nouveau que nous nous sommes proposé pour but dans ce manuel.

FIN.

TABLE DES MATIÈRES.

Préface...	V
Chap. I... — Coup d'œil historique........................	1
§ 1er. Mesmer et sa théorie.............................	ib.
Réflexions sur le rapport de Bailly.................	13
Conclusions du rapport de Jussieu..................	14
§ 2. Découverte du somnambulisme....................	15
§ 3. Conclusions du rapport de M. Husson en 1831.....	21
Chap. II. — Des causes qui ont retardé la propagation du magnétisme...	31
Chap. III. — Conditions nécessaires a la production des phénomènes magnétiques...............................	35
§ 1er. Du sexe...	37
§ 2. De l'âge...	39
§ 3. Du tempérament...................................	42
§ 4. De l'état physiologique..........................	44
§ 5. Conditions morales...............................	46
§ 6. Conditions phrénologiques........................	47
§ 7. Des lieux, des témoins, etc......................	ib.
Chap. IV. — Classification et description des phénomènes magnétiques..	49

§ 1er. Signes précurseurs du sommeil.................. 51
§ 2. Du sommeil magnétique......................... 58
§ 3. Du somnambulisme............................. 59
    Du somnambulisme proprement dit.............. 60
§ 4. Intelligence et facultés morales.................. 62
§ 5. De l'isolement................................. 65
§ 6. Du toucher.................................... 70
    Observation de madame Plantain................ ib.
    Observation communiquée à l'Académie par M. Oudet. 73
§ 8. De l'isolement incomplet........................ 78
    Des fonctions de la vie organique pendant le somnambulisme................................... 79

Chap. V. — Du somnambulisme lucide.................... 80
  1° Vision sans le secours des yeux.................... 83
    Observation de madame Hortense ***............. 85
      Ire séance.................................. 89
      IIe séance.................................. 93
      IIIe séance................................. 97
      IVe séance (à laquelle assistent MM. Bousquet, Amédée Latour, Ch. d'Orbigny, etc.)........... ib.
      Ve séance (témoins : MM. Bouillaud et Cornac)... 101
      VIe séance (témoins : MM. Frapart, Latour, Jeanselme, d'Épagny, etc.)....................... 105
    Lecture d'un papier renfermé dans une boîte......... 107
  2° De l'intuition.................................... 109
  3° De la prévision intérieure........................ 112
    Observation de mademoiselle Clary D***........... 115
  4° De la prévision extérieure........................ 119
    Observation remarquable......................... 120
    Observation de madame B***..................... 128

TABLE DES MATIÈRES. 481

5° De la pénétration de la pensée.....................	133
Observation empruntée à M. Barrier (de Privas).....	135
Observation de Calixte...........................	139
6° Transposition des sens...........................	144
7° De quelques autres particularités qu'on a remarquées ou cru remarquer pendant le somnambulisme........	152
a. Facultés extraordinaires du somnambulisme lucide (extrait de *la Pandore*, 1ᵉʳ juin 1845)..........	156
b. Lettre de monseigneur l'évêque de Lausanne à la sacrée pénitencerie........................	168
8° Du réveil.....................................	171
Observation de Pradhier.........................	177
CHAP. VI. — DES DIFFÉRENTES MANIÈRES DE MAGNÉTISER.....	181
Méthode ordinaire d'après Deleuze.................	183
Magnétisation par la tête........................	187
— au moyen du regard................	190
— par la simple volonté..............	192
Expériences de M. Dupotet à l'Hôtel-Dieu de Paris...	*ib.*
Méthode de Faria...............................	198
De l'insufflation................................	199
Magnétisation d'un somnambule par un autre somnambule.....................................	200
De la foi......................................	205
Du nombre et de l'heure des séances, etc..........	207
CHAP. VII. — DES PROCÉDÉS A SUIVRE POUR ÉVEILLER LES SOMNAMBULES...................................	211
CHAP. VIII. — DU FLUIDE MAGNÉTIQUE.................	214
CHAP. IX. — DE LA FATIGUE ÉPROUVÉE PAR LES MAGNÉTISEURS. — DU SOMNAMBULISME DÉTERMINÉ PAR CERTAINS MÉDICAMENTS. — QUELQUES CONSIDÉRATIONS SUR LA NATURE DU MAGNÉTISME.	223

Chap. X. — De la magnétisation des aliments, des boissons, des anneaux et des substances inanimées en général.... 230
Lettre de M. Cloquet, relativement aux traitements de Busancy.. 231
    Ire expérience sur l'eau magnétisée............... 241
    IIe expérience.................................... 244
    IIIe expérience................................... 246
Considérations sur l'eau magnétisée.................. 248
Expérience de M. le docteur Foissac................. 250
Manière de magnétiser de l'eau...................... 252
    —   les arbres.................... 253
    —   des baquets, etc.............. 254
    —   des bains.................... 255
Faits tendant à prouver l'existence d'un fluide magnétique.. 257
Chap. XI. — Magnétisation des animaux................ 269
Chap. XII. — Influence du magnétisme animal sur l'économie.. 270
Chap. XIII. — Du magnétisme considéré comme agent thérapeutique.. 272
Ire observation. — Asphyxie chez un enfant naissant, etc., par M. Thiriat.. 274
IIe observation. — Paralysie et atrophie des deux avant-bras, etc.. 278
IIIe observation. — Paralysie, etc................... 280
IVe observation. — Paralysie des cuisses et des jambes, vomissements, affection nerveuse, etc............... 281
V^e observation. — Chlorose........................ 284
VIe observation. — Épuisements, sueurs, etc......... 297
VIIe observation. — Surdité datant de quinze ans, et

guérie en un mois............................. 298
VIIIe observation. — Attaque de goutte, etc.......... 302
IXe observation. — Goutte sciatique, maux de tête, étourdissements, etc........................... 304
X^e observation. — Rhumatisme.................... 306
XIe observation. — Convulsions partielles........... 309
XIIe observation. — Épilepsie..................... 313
XIIIe observation. — Épilepsie..................... 317
XIVe observation. — Frénésie avec fureur........... 320
CHAP. XIV. — DES TRAITEMENTS MAGNÉTIQUES.............. 329
XVe observation. — Madame Comet........... 332
XVIe observation 349
XVIIe observation. — Fistules et ulcères au rectum ... 353
XVIIIe observation.— Surdité chronique guérie en deux mois... 372
XIXe observation. — Guérison d'un épileptique........ 392
XXe observation. — Madame Teste................. 407
CHAP. XV. — MÉDECINE DES SOMNAMBULES................ 443
De la prévision externe........................ 453
De l'instinct des remèdes..................... 456
Des sensations éprouvées par les somnambules au contact des malades........................... 462
De la manière dont les consultations doivent être données............................. 465
CHAP. XVI. — DU BESOIN DE MORALITÉ CHEZ LES MAGNÉTISEURS. 469
CHAP. XVII. — CONCLUSION........................... 476

FIN DE LA TABLE.

www.ingramcontent.com/pod-product-compliance
Lightning Source LLC
Chambersburg PA
CBHW051128230426
43670CB00007B/726